绿色隧道建造技术著作丛书

隧道噪声控制环保技术与实践

黄 俊 李大鹏 张忠宇 董 飞 著

科 学 出 版 社
北 京

内 容 简 介

本书基于隧道噪声现状，通过现场实测建立隧道噪声案例库，获得隧道洞内与洞口噪声分布与传播规律，结合理论研究给出隧道噪声预测和实测方法。在隧道声环境等级划分的基础上，从“总体、吸声、隔声、装修、路面与机电”等方面介绍了隧道噪声控制方案。对噪声控制材料（结构）的原理与评价方法进行研究，测试并给出了部分材料的吸声系数，最后介绍了永定路一号隧道中噪声控制方案的实施情况。

本书可供隧道工程设计、施工和管理人员，以及声环境控制和环保专业的相关从业人员阅读，也可作为隧道结构装修设计、施工与高校相关专业师生的参考书。

图书在版编目(CIP)数据

隧道噪声控制环保技术与实践/黄俊等著. —北京：科学出版社，2021.11

(绿色隧道建造技术著作丛书)

ISBN 978-7-03-068853-8

Ⅰ. ①隧… Ⅱ. ①黄… Ⅲ. ①隧道-噪声控制-环境工程-工程技术 Ⅳ. ①U453.8

中国版本图书馆 CIP 数据核字(2021)第 095346 号

责任编辑：姚庆爽 / 责任校对：王 瑞
责任印制：吴兆东 / 封面设计：蓝正设计

科学出版社 出版
北京东黄城根北街 16 号
邮政编码：100717
http://www.sciencep.com

北京中石油彩色印刷有限责任公司 印刷
科学出版社发行 各地新华书店经销

*

2021 年 11 月第 一 版 开本：720×1000 1/16
2022 年 11 月第二次印刷 印张：12 3/4
字数：250 000

定价：98.00 元

(如有印装质量问题，我社负责调换)

序　一

十八大以来，党中央把生态文明建设和绿色发展提到新的战略高度，党的十八届五中全会更是把“绿色”列入中国国家建设发展的五大理念之中。中国的绿色发展正在进入世界绿色发展的先进行列。

地下空间是一个巨大而丰富的空间资源，对其进行合理开发利用能够促进我国的绿色发展。建设城市地下空间，是转变城市发展模式、治理“城市病”、建设绿色城市的主要着力点，城市建设向注重内涵的集约绿色可持续发展模式转变。

把城市交通尽可能转入地下，可以实现土地多重利用，提高土地综合利用率。在城市局部核心商务区或大型集中居住区，城市隧道不仅发挥着缓解交通拥堵的作用，还改善了中心城区地面景观及步行环境。随着城市建设规模和品质的不断提升，城市隧道在长度、宽度和维度上出现了新的发展需求，地下环路、地下互通、公路-铁路两用隧道等成为城市地下空间发展的热点。近年来城市隧道爆发式增长，在建设和运营中的节能、环保等问题日益突出，绿色隧道建造技术的研究与应用迫在眉睫。

该系列丛书从隧道的装配式建造、噪声控制、通风环保、照明节能、智慧化管养、新能源利用等方面阐述了绿色隧道的建造理念和方法。绿色隧道的建设不是一蹴而就的，唯有持之以恒、久久为功。因此，需要我们坚持世界眼光，积极利用城市地下空间，加强和保护城市生态环境，实现城市更好的绿色发展。该系列丛书的出版，将为我国绿色隧道建造起到积极的推动作用，为广大工程技术人员提供参照。

中国工程院院士　钱七虎

序　二

生态文明建设是关系中华民族永续发展的根本大计，“生态兴则文明兴，生态衰则文明衰。”中共中央政治局审议通过的《生态文明体制改革总体方案》指出，人与自然是生命共同体，强调要树立尊重自然、顺应自然、保护自然的理念，要加快生态文明体制建设，建设美丽中国。

我国于 2006 发布的《绿色建筑评价标准》(GB/T50378)中首次提出了绿色建筑的概念，并进行了一系列技术研究和工程应用，“十二五”期间完成新建绿色建筑 10 亿 m^2，取得了丰富的成果。随着城市化进程不断加快，快速交通和绿色交通要求日益提高。隧道在城市交通建设中体现出极大的优越性，越来越受政府和百姓的青睐，建设规模和体量呈爆发式增长。隧道越修越长、断面越修越大、地下空间利用形式越来越复杂，传统的建设理念与交通出行的安全、舒适性之间矛盾凸显。隧道建设中要求对交通疏解、地下水流失、地基变形和周边建筑物的影响降到最低，同时，实现隧道内的车、人安全舒适，周边环境影响小，养护成本可控的节能、环保指标，形成绿色隧道建造技术。

该系列丛书从“绿色建筑”出发，通过对其内涵的理解及发展理念的深入分析，结合目前隧道实际需求与发展状况，提出了“绿色隧道”概念。丛书包含《绿色隧道建造技术》《隧道噪声控制环保技术与实践》《隧道照明节能技术与实践》及《隧道装配式绿色建造技术》等分册。针对隧道在设计、施工、运营、维养等阶段的关键问题，从隧道的装配式建造、噪声控制、通风环保、照明节能、智慧化管养、新能源利用等方面分析了绿色隧道的技术发展水平，并结合其特征要素进一步提出了绿色隧道的发展方向，为初步构建绿色隧道基本框架体系提供了有益参考。

中国工程院院士　陈湘生

前　言

隧道是公路交通运输体系的重要组成部分，满足车行和人行的交通需求。但随着各类隧道不断投入使用，也呈现出了舒适性的问题，即隧道噪声两大污染。其一，当隧道洞口附近建(构)筑物密集时，隧道口噪声的放大和扩散效应(又称喇叭效应)对隧道出入口附近居民形成长期噪声困扰。其二，封闭的隧道空间使噪声难以快速消散，并且经壁面多次反射和叠加，产生相对于开放空间更大的噪声值，且混响时间长(音箱效应)。强噪声环境下，极易使人产生烦躁和紧张等情绪，严重影响交通环境和人身安全，尤其对于人车混行的长隧道，行人会较长时间暴露于高噪声环境，有可能对听觉神经造成不可恢复的损伤。随着绿色发展的要求和人们对美好生活的需求，隧道噪声污染的防治成为新的课题。

近年来，随着我国隧道工程的迅猛发展，隧道降噪技术研究也快速推进。基于江苏省住房和城乡建设厅科技项目“降噪技术在城市隧道中的应用”(2014ZD09)和“2015 年江苏省住房和城乡建设厅标准编制计划”《城市隧道噪声控制技术规程》(DGJ32/TJ 216—2016)等项目，在隧道噪声的产生机理、预测与实测、传播扩散规律、隔音降噪措施、监测技术方案等方面取得了一定的成果；同时，新材料和新工艺的应用，使隧道降噪效率得以大幅提升。在前述研究工作的基础上，获得授权发明专利“一种城市隧道洞口噪声预测方法”(ZL 201610430052.1)。然而，隧道的形式复杂性和区域特征，使噪声控制成为一项长期而艰巨的任务，当前研究所取得的成果与人们对噪声控制的目标期望还有不少差距。如何在经济适用的前提下，制定科学合理的降噪措施仍然是一项十分复杂的系统工程。

全书主要内容如下。

第 1 章介绍了我国隧道工程的发展现状，从隧道噪声预测模型、隧道噪声测量以及隧道噪声控制材料三方面，介绍目前国内隧道噪声控制的相关情况，让读者能够对目前隧道降噪有一个初步的认识。

第 2 章通过资料调研的手段，以上海新建路隧道、上中路隧道，南京玄武湖隧道、惠民大道综合改造工程，以及扬子江大道快速化改造工程为例，介绍了目前国内隧道噪声治理的基本方案和措施。

第 3 章在道路交通运输噪声预测公式的基础上，引入隧道对道路交通噪声的影响，从而实现隧道内与隧道洞口外的噪声预测；从测量方法、测量仪器以及噪声敏感建筑物测量要求三方面阐述了隧道噪声的测试方法。

第 4 章介绍了我国道路交通噪声环境的现状，采用现场实测的手段获取了上海虹梅南路道路交通噪声数据；对南京市中山门隧道、富贵山隧道以及定淮门隧道等工程分别进行了隧道内噪声普查、单车噪声测试以及隧道内混响时间的测量，建立了隧道噪声现状案例库。基于数值模拟，详细地分析了隧道的噪声传播扩散规律；同时，采用前述隧道噪声的实测数据对研究结果进行了验证。

第 5 章首先以现行国家标准为依据，对我国当前所划定的声环境功能区及其对应的环境噪声限值进行了说明；其次基于《南京市声环境功能区划分调整方案》(宁政发〔2014〕34 号)，介绍了南京市辖区的声环境功能区划分；再次以声环境质量标准、隧道运行引起的敏感目标噪声级增量以及隧道噪声对行人身体的影响为依据，对隧道噪声等级进行划分；最后从总体设计、吸声设计、隔声设计、装修设计、路面设计以及机电设计六方面分析了隧道噪声控制措施的设计方案。

第 6 章阐述了隧道噪声控制材料的基本原理及其评价方法；分别介绍了目前常见的多孔吸声材料与共振吸声结构，并在书后附表中给出了常用吸声材料(结构)的吸声系数。

第 7 章以泰州市永定路一号隧道为例，介绍了降噪吸声设计在实际工程中的应用，希望能够供国内同行参考，为类似工程设计、施工提供借鉴，并进行推广应用。

苏交科集团股份有限公司、泰州市城市基础设施建设发展有限公司、江苏省地下空间学会、上海市建筑科学研究院(集团)有限公司等单位对本书前期的课题研究提供了广泛的支持，在此表示感谢。

由于作者水平有限，书中难免存在不足之处，敬请读者批评指正。

作　者

目　录

第1章　绪　　论

1.1　背景和意义

《中华人民共和国环境噪声污染防治法》中对于环境噪声污染的定义为：所产生的环境噪声超过国家规定的环境噪声排放标准，并干扰他人正常生活、工作和学习的现象。依据噪声的来源可分为：机械噪声、交通噪声、电磁噪声；根据噪声的性质可分为：背景噪声、干扰噪声、环境噪声。对于交通噪声，车辆在行驶过程中的发动机转动与表面辐射噪声、尾气排放、传动系统噪声、车体振动噪声、鸣笛、刹车以及轮胎与路面接触等是其重要来源[1]。

隧道为半封闭的狭长形管状结构，由于“喇叭效应”和“音箱效应”，行驶于其内部的车辆所带来的噪声问题比一般道路要更为严重(图 1.1)。在没有采取降噪措施的隧道内部，其半封闭的特点使得噪声难以快速消散，经壁面多次反射和叠加(图 1.2)，产生相对于开放空间更大的噪声值，且混响时间长。一般情况下，隧道内的噪声值往往接近 90dB(图 1.3(a))；在隧道洞口，由于机动车辆行驶而产生的噪声值达到 71.0dB(图 1.3(b))。

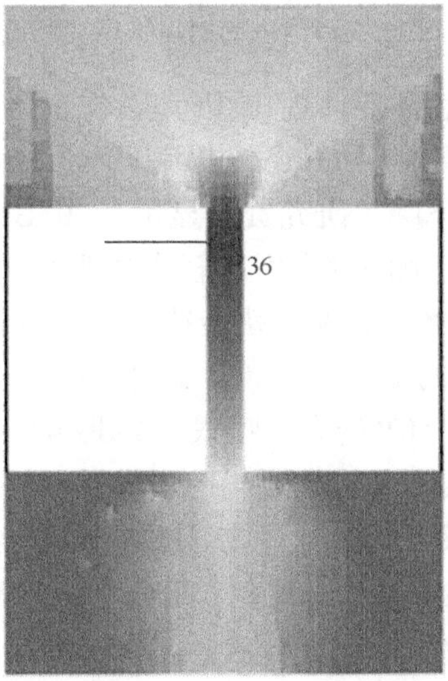

图 1.1　隧道噪声纵向传播扩散规律

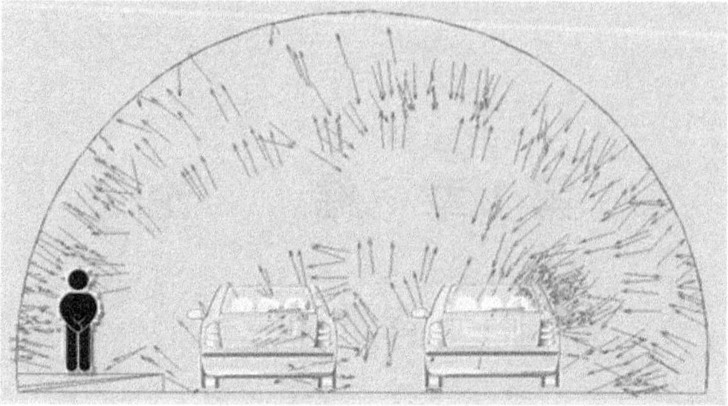

图 1.2 隧道内部交通噪声的反射与叠加示意图

(a) 隧道内噪声值(89.9dB) (b) 隧道洞口噪声值(71.0dB)

图 1.3 隧道内与洞口噪声实测值

噪声对居民健康的损害主要体现在:因其影响而导致的个人医疗投入的增加,疾病诱发所导致的突发性死亡,同时还包括睡眠质量降低而引起的工作效率低下,继而引发的工资或产值的下降。研究资料显示，80dB 以上的职业性噪声环境会导致听力损失；80～85dB 范围内会引起轻微的听力损伤；在 80～90dB 会引起部分人的噪声性耳聋；在 90～100dB 就会造成一定数量人的噪声性耳聋；100dB 以上则会出现相当数量人的噪声性耳聋。此外，40dB 的连续噪声会影响 10%的人的睡眠，70dB 则会影响 50%的人的睡眠。40dB 的突发噪声会导致 10%的人从睡梦中惊醒，70%的人会在 60dB 突发噪声的情况下惊醒。长期暴露于高噪声环境中，轻则使人感到不适、影响情绪，严重时能够损坏听觉神经细胞甚至过早死亡。

欧盟环境署发布的《2014 欧洲噪声》报告指出，欧盟 28 个成员国中每年因交通噪声导致过早死亡人数超过 1 万人。不同噪声值环境下，人体耐受程度如图 1.4 所示。

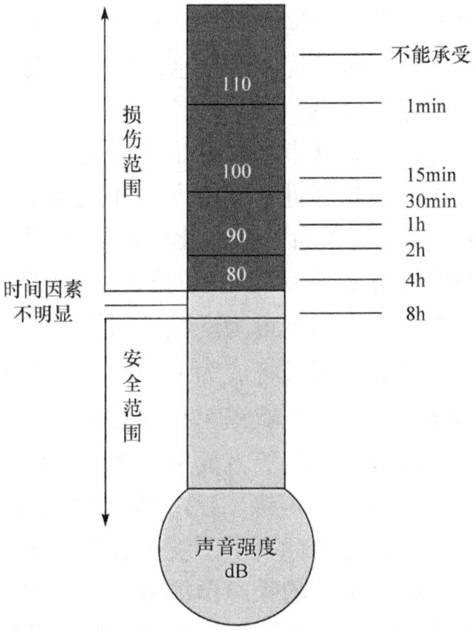

图 1.4　不同强度声环境中人体耐受情况

此外，受隧道洞口噪声影响严重的产业(如房地产等)的经济效益和生产效益都会不同程度的下降，从而影响周围土地的价值。研究表明，交通噪声每升高 1dB，土地的价格就会下降 0.08%～1.26%，平均下降 0.9%左右[2]。

对于社会环境损失，可用沿线居民对忍受交通噪声增加带来的损失的受偿意愿(willingness to accept，WTA)或居民愿意为减少交通噪声污染加装隔声设施而支付的费用的支付意愿(willingness to pay，WTP)表示。欧盟各国在对 WTP 进行研究时，为便于不同国家间的比较，采用了人均收入这一指标进行标准化，认为噪声水平每增加 1 dB，支付意愿的增加值为人均收入的 0.11%[3]。

近年来，城市内关于噪声的投诉占各类投诉的 70%以上，其中交通噪声为主要组成部分，使得其愈发成为人们关注的对象。目前我国隧道降噪技术的研究相对滞后，研究成果比较零碎、系统性不强，应用于工程实际的数量更少，实践经验不充分。造成这种现状的原因，一方面是前期人们对噪声危害认识不足，不够重视；另一方面是缺乏针对性的指导标准和科学的方案设计指导。

然而，国内已建成隧道内仅有少数隧道采用了降噪技术，如南京玄武湖隧道在洞口及引道范围内采用了降噪措施。对于大部分隧道，在设计之初基本没有考虑降噪要求，如果后续进行降噪改造会出现诸多技术上的问题，包括：适用于隧道的降噪材料和降噪方案的选取；降噪方案的实施势必会占用一定隧道净空，可能引起隧道限界与降噪效果的冲突；降噪材料的施做与既有设施发生冲突等情况。

根据《绿色建筑评价标准》(GB/T 50387—2019)，绿色建筑是在全寿命周期内，最大限度地节约资源、保护环境和减少污染，为人们提供健康、适用和高效的使用空间，与自然和谐共生的建筑。相应地，“绿色隧道”是指，在全寿命周期内，有效节约资源、合理保护环境、减少可控污染，为人们提供畅通、高效、便捷、舒适的出行环境，与自然和城市和谐共生的隧道。

随着我国城市化进程的不断推进，城市人口和交通压力越来越大。为了缓解交通压力，大城市都在快速发展各自的快速化交通网络，隧道如雨后春笋般出现。然而，隧道在为人们的出行带来了极大便利的同时，也带来了严重的噪声污染。

噪声污染已成为人类社会中影响最为广泛的污染之一。随着人们对美好生活的需求的提高，对噪声污染的治理必将成为人们广泛的需求。然而，隧道工程与声学属于不同学科，其噪声治理需要隧道工程界有更深层次的认识，从噪声的产生、传播、治理以及相关技术和工艺等方面进行系统性的研究。

本书以实测的方法，用等效 A 声级、1/3 倍频程中心频率、隧道内混响时间、隧道内部与洞口单车噪声测量等指标揭示了隧道噪声分布的现状。基于理论研究和数值模拟给出了隧道内部和洞口的噪声预测方法。在此基础上进行了隧道噪声的控制方案设计，并将相关研究成果在泰州市永定路一号隧道中进行了实际应用，降噪效果良好。所提供的方法有助于改善隧道内部及洞口的声环境质量，降低噪声对隧道内通行人员和周边居民的干扰，从而提供良好的声学体验，符合人们“美好生活环境”的期望。本书内容可为当前隧道噪声控制技术与方案提供借鉴与参考。

1.2 道路交通噪声现状

交通噪声是指交通工具运行过程中产生的妨害人们正常生活和工作的声音，包括机动车辆、飞机、轮船、火车等。隧道内部及洞口周边噪声主要来自机动车辆行驶过程中所产生的发动机震动以及轮胎与路面的摩擦。

自 2011 年起，中华人民共和国生态环境部开始发布当年的《中国环境噪声污染防治报告》，针对前一年全国范围内的城市环境噪声情况进行发布。2019 年 6 月 26 日最新一期的报告指出：2018 年度，全国城市功能区声环境昼间监测总点次达标率为 92.6%，夜间监测总点次达标率为 73.5%。昼间道路交通噪声等效声级平均值为 67.0dB(A)，夜间道路交通噪声等效声级平均值为 58.1dB(A)。全国各级环保部门共收到涉及环境噪声的投诉 23.6 万件(占环保投诉总量的 35.3%)，其中交通运输噪声类投诉占 3.8%[4]。

1.2.1 昼间道路交通噪声现状

2018 年内，全国共有 324 个地级及以上城市开展了昼间道路交通声环境质量监测工作。根据监测结果(表 1.1)，昼间道路交通噪声强度评价为一级的城市有 215 个；二级的城市有 93 个；三级的城市有 13 个；四级的城市有 3 个。对于全国 31 个直辖市与省会城市(不含港澳台)，昼间道路交通噪声强度评价一级至四级的城市数量分别为 11 个、18 个、1 个和 1 个。2018 年全国城市以及直辖市和省会城市昼间道路交通噪声强度各等级占比如图 1.5 和图 1.6 所示。

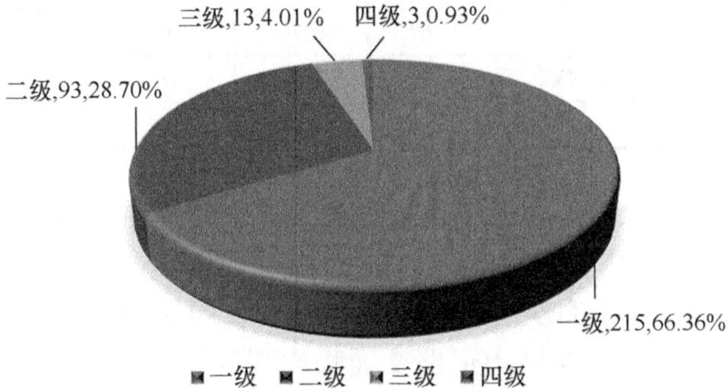

图 1.5 2018 年全国城市昼间道路交通噪声强度各等级占比

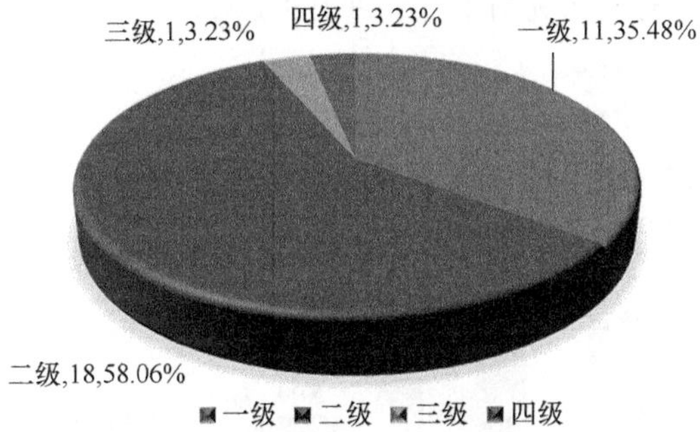

图 1.6 2018 年直辖市和省会城市昼间道路交通噪声强度各等级占比

表 1.1 2018 年直辖市和省会城市昼间道路交通噪声监测结果

城市名称	覆盖路长/km	超 70dB(A)比例/%	声级/dB(A)	城市名称	覆盖路长/km	超 70dB(A)比例/%	声级/dB(A)
北京	962.7	36.4	69.0	武汉	390.7	46.4	70.1
天津	499.6	24.8	67.3	长沙	355.7	52.1	69.9
石家庄	399.2	28.2	67.2	广州	1018.8	34.4	68.9
太原	126.1	44.6	69.7	南宁	159.7	21.1	68.2
呼和浩特	214.0	26.3	68.7	海口	145.4	30.2	69.1
沈阳	144.0	47.2	69.8	重庆	533.9	14.0	67.1
长春	279.7	37.2	69.6	成都	214.8	40.8	69.7
哈尔滨	120.2	89.6	73.9	贵阳	285.2	48.5	69.3
上海	204.8	45.0	69.3	昆明	289.7	4.3	67.1
南京	275.0	11.2	67.5	拉萨	53.0	5.1	67.0

续表

城市名称	覆盖路长/km	超 70dB(A)比例/%	声级/dB(A)	城市名称	覆盖路长/km	超 70dB(A)比例/%	声级/dB(A)
杭州	693.7	21.2	67.8	西安	202.1	50.9	69.8
合肥	591.7	36.7	69.0	兰州	123.3	10.7	68.5
福州	335.3	33.9	69.3	西宁	85.7	22.0	68.2
南昌	252.1	25.1	67.1	银川	198.8	16.9	66.8
济南	172.7	43.2	69.7	乌鲁木齐	378.4	25.9	67.7
郑州	131.3	27.1	68.0				

与 2017 年相比,全国城市范围内昼间道路交通噪声强度评价为一级的城市比例上升 0.7 个百分点；二级的城市比例上升 0.9 个百分点；三级的城市比例下降 1.9 个百分点；四级的城市比例上升 0.6 个百分点；五级的城市比例下降 0.3 个百分点(图 1.7)。直辖市和省会城市道路交通噪声强度为一级、四级和五级的城市比例与上年持平；二级的城市比例上升 6.5 个百分点；三级的城市比例下降 6.5 个百分点；四级和五级的城市比例与上年持平(图 1.8)。

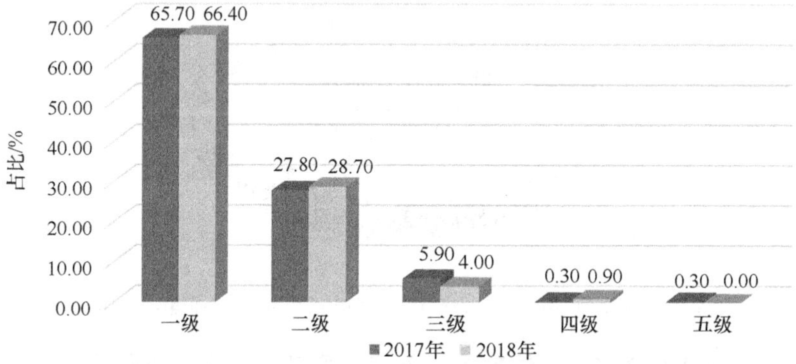

图 1.7　2017 年与 2018 年全国城市昼间道路交通噪声强度等级

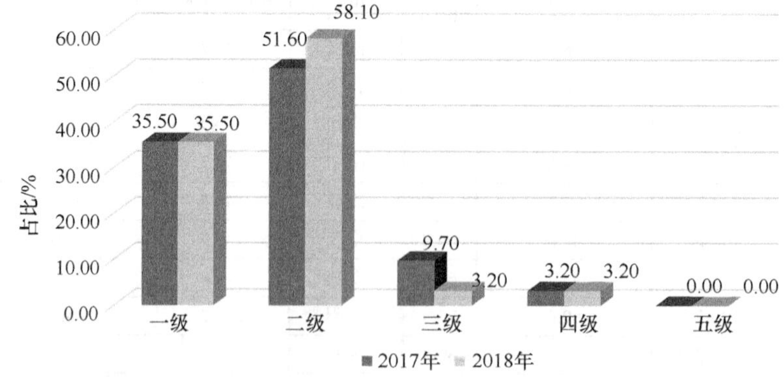

图 1.8　2017 年与 2018 年直辖市和省会城市昼间道路交通噪声强度等级

1.2.2 夜间道路交通噪声现状

2018 年内，全国共有 321 个地级及以上城市开展了夜间道路交通声环境质量监测工作。根据监测结果(表 1.2)，夜间道路交通噪声强度评价为一级的城市有 151 个；二级的城市有 56 个；三级的城市有 37 个；四级的城市有 44 个；五级的城市有 33 个。对于全国 31 个直辖市与省会城市(不含港澳台)，夜间道路交通噪声强度评价一级至五级的城市数量分别为 5 个、3 个、4 个、7 个和 12 个。2018 年全国城市以及直辖市和省会城市夜间道路交通噪声强度各等级占比如图 1.9 和图 1.10 所示。

表 1.2 2018 年直辖市和省会城市夜间道路交通噪声监测结果

城市名称	覆盖路长/km	超 70d B(A)比例/%	声级/dB(A)	城市名称	覆盖路长/km	超 70 dB(A)比例/%	声级/dB(A)
北京	962.7	92.2	64.3	武汉	390.7	97.6	66.5
天津	499.6	81.3	61.1	长沙	355.7	97.2	64.8
石家庄	399.2	81.7	59.0	广州	1019.9	96.5	62.9
太原	126.1	91.8	64.0	南宁	159.7	97.3	65.9
呼和浩特	214.0	96.5	63.9	海口	145.4	100.0	59.2
沈阳	144.0	99.0	65.2	重庆	533.9	59.1	58.5
长春	279.7	100.0	65.7	成都	214.8	96.1	62.8
哈尔滨	120.2	100.0	70.6	贵阳	285.2	98.3	64.6
上海	204.8	96.6	65.0	昆明	289.7	87.6	60.3
南京	275.0	43.7	57.6	拉萨	53.0	47.1	55.2
杭州	693.7	94.7	61.7	西安	202.1	98.4	66.9
合肥	591.7	56.1	55.0	兰州	123.3	32.4	55.0
福州	335.3	99.5	65.9	西宁	85.7	91.6	63.4
南昌	252.1	99.0	62.9	银川	198.8	87.4	61.0
济南	172.7	100.0	66.9	乌鲁木齐	378.4	65.0	57.8
郑州	131.3	97.4	63.8				

与 2013 年相比，全国城市范围内夜间道路交通噪声强度评价为一级的城市比例下降 19.8 个百分点；二级的城市比例上升 3.4 个百分点；三级的城市比例上升

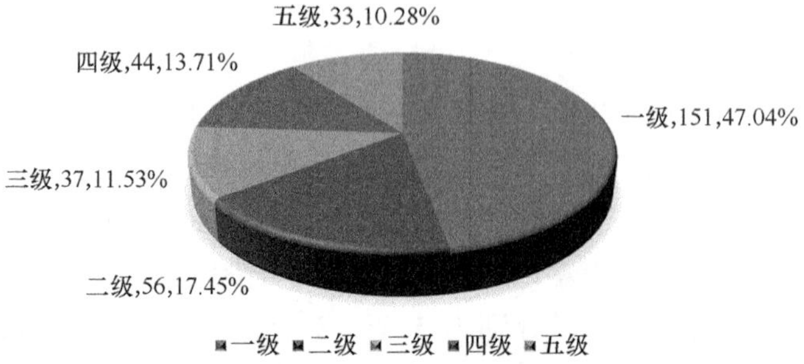

图 1.9　2018 年全国城市夜间道路交通噪声强度各等级占比

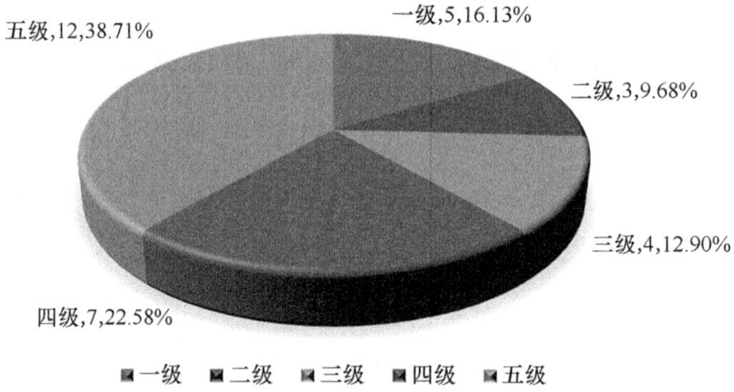

图 1.10　2018 年直辖市和省会城市夜间道路交通噪声强度各等级占比

3.6 个百分点；四级的城市比例上升 8.2 个百分点；五级的城市比例上升 4.5 个百分点(图 1.11)。与 2013 年相比，直辖市和省会城市道路交通噪声强度为一级城市比例下降 9.7 个百分点；二级的城市比例下降 12.9 个百分点；三级的城市比例下降 6.5 个百分点；四级的城市比例上升 12.9 个百分点；五级的城市比例上升 16.1 个百分点(图 1.12)。

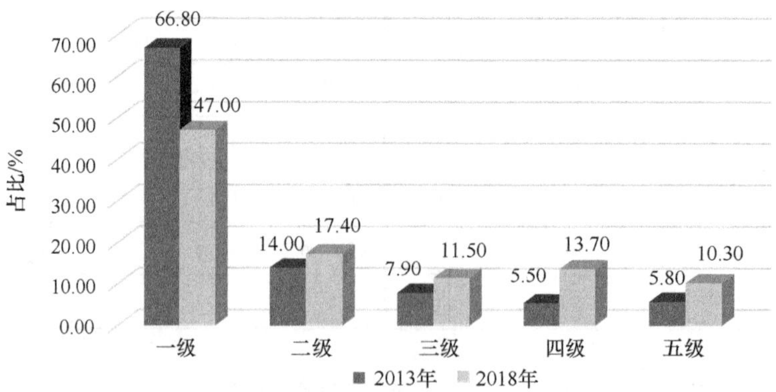

图 1.11　2013 年与 2018 年全国城市昼间道路交通噪声强度等级

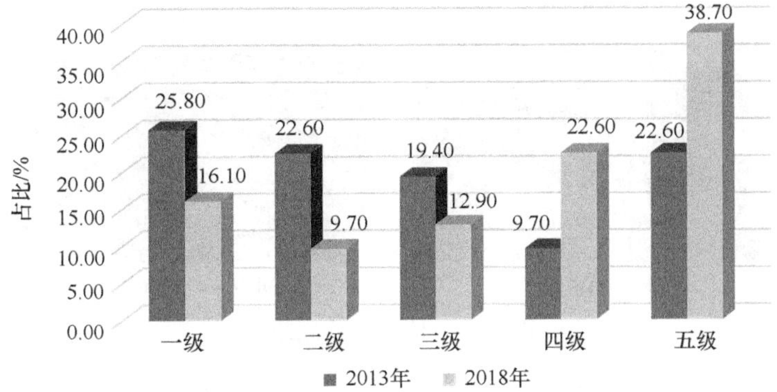

图 1.12　2013 年与 2018 年直辖市和省会城市昼间道路交通噪声强度等级

1.3　隧道工程发展与声环境现状

1.3.1　隧道工程概况

从广义的概念上讲，修筑于地层之中的构筑物都可称之为隧道。按照其使用功能可划分为：铁路隧道、地铁隧道、公路隧道、电力隧道及水利隧道等。施工方法包括：矿山法、钻爆法、明挖法、盾构法、顶管法、沉管法等，断面形式包括马蹄形断面、矩形断面、圆形断面等。

对于山区以及有江河湖泊分隔的地区，隧道由于其对自然环境影响小的特点，越来越多地成为跨越自然阻隔的首选方案。此外，新建城市道路和既有低等级道路的快速化改造是解决城区扩张和交通拥堵问题的重要手段，伴随城市道路快速化改造而来的是城市内隧道数量的急速增长。

马蹄形断面隧道是隧道工程中较为经典的断面形式之一(图 1.13)，具有久远的应用历史。通常在埋深较大的条件下选用此种断面，由暗挖法挖掘而成，对周边环境影响较小。常见的类型包括拱顶直墙式与拱顶曲墙式，根据围岩应力条件不同又可选择有仰拱和无仰拱两种形式；依据车道数不同，开挖断面分为超小断面、小断面、中等断面、大断面与超大断面。

(a) 杭州紫之隧道　　(b) 杭州灵溪隧道

(c) 重庆龙洲湾3#隧道

(d) 重庆龙洲湾2#隧道

图 1.13　马蹄形断面隧道

矩形断面隧道在城区较为常见(图 1.14)，仅南京市区就不胜枚举，如集庆门隧道、水西门隧道、汉中门隧道、草场门隧道、模范马路隧道等。对于从水体底部通过的隧道而言，也有采用围堰明挖法施工的先例，如南京的玄武湖隧道等。随着城市化进程的推进,城区道路的快速化改造在越来越多的城市中被提上日程，在道路交叉口通常选择立体交叉来保障干线道路的快速通行。地下道路立交以其对周边环境影响较小而成为首选方案。由于埋深较小、工期要求紧，通常选用明挖暗埋的隧道形式，行车道空间多为矩形断面；在两端洞口通常设置有 U 形槽结构来满足车辆的进入与驶出。

(a) 遮光棚洞口

(b) 无遮光棚洞口

(c) 主线隧道

(d) 隧道内转向车道及匝道

图 1.14　矩形断面隧道

对于城区范围内存在大江大河阻隔的城市，跨江越河通道成为其市政交通隧道建设的重点。随着技术装备的发展和成熟，盾构法成为跨越重大水体的重要手段，大直径圆形盾构隧道也越来越多地出现在城市中，如上海地区的崇明长江隧道、上中路隧道、诸光路隧道、复兴东路隧道等；南京地区的应天大街长江隧道、定淮门长江隧道、建宁西路过江通道隧道、和燕路过江通道隧道、长江五桥夹江隧道等；武汉地区的武汉长江隧道、三阳路隧道等。

对于大直径公路盾构隧道，目前常用的内部结构有两种形式，其中南京定淮门长江隧道(原扬子江隧道)与扬州瘦西湖隧道采用如图 1.15(a)所示的双层结构；南京的应天大街长江隧道、长江五桥夹江隧道以及建宁西路过江通道隧道采用如图 1.15(b)所示的单层结构。

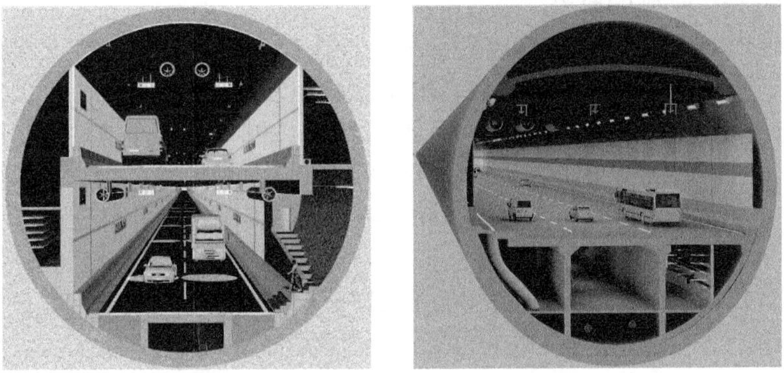

(a) 双层结构　　(b) 单层结构

图 1.15　过江大直径盾构隧道典型结构形式

除公路运输外，水下大直径盾构隧道还可满足公铁两用的要求，如武汉三阳路隧道、上海崇明长江隧道以及济南济泺路穿黄隧道等。隧道断面内的上部空间用于车辆的行驶，下部空间用于地铁列车的通行，其断面形式如图 1.16 所示。

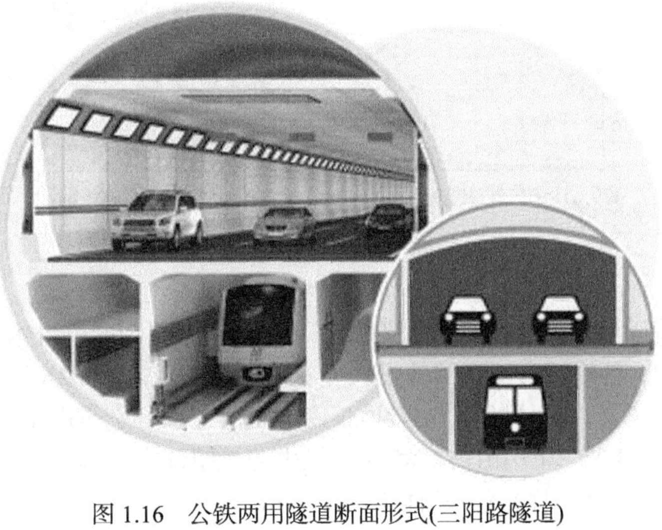

图 1.16　公铁两用隧道断面形式(三阳路隧道)

1.3.2　隧道工程发展现状

我国是基础设施建设大国，数十年来隧道工程的规模得到了爆发式的增长。整体上看，早在 2017 年底我国公路隧道已经达到 16229 座，总长度约 15285.1km。对于不同地区，隧道工程的发展现状又有各自的特点。

1. 江苏省隧道发展现状

自 1989 年江苏省最早的城市隧道——南京市富贵山隧道建成以来，省内城市隧道建设取得了丰硕的成果。

1988～2018 年省内城市隧道增长曲线如图 1.17 所示。2006 年是城市隧道建设的拐点，前期隧道建设较为缓慢，建设频率较低。2006 年以后，江苏省城市隧道建设进入了蓬勃发展期，隧道里程迅速增长，2007 年起年平均里程增长率达 11.95%。在 2007 年、2011 年、2014 年和 2017 年呈跳跃式的增长，年新建成隧道长度在 10%以上，最高达 18.5%(2007 年)，主要原因是 2007 年建成了一系列隧道，共计 6 条 11235m，主要包括 5 条中、长隧道：南京九华山隧道(2795m)、西安门隧道(1720m)、通济门隧道(1300m)，苏州独墅湖隧道(3460m)、北环快速路隧道(1510m)。

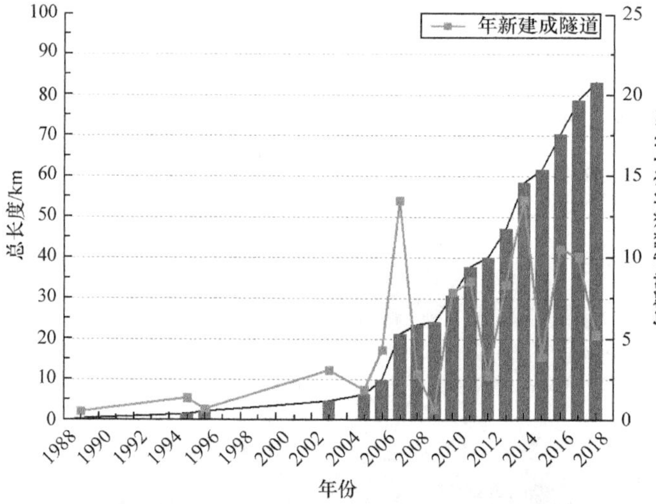

图 1.17　1988～2018 年江苏省城市隧道增长曲线

由于各地经济发展水平、交通需求、城市路网规划和城市自然环境、工程地质条件的差异，各地城市隧道的建设长度有较大的差距。图 1.18 给出了各地市建成隧道长度和数量占总体的比例。隧道长度占比前三位分别是南京市(占 55.12%)、苏州市(占 20.15%)、扬州市(占 9.05%)，最少的是镇江市(占 1.39%)。隧道建成数量的排位与长度一致，两者占总体比例基本相同。

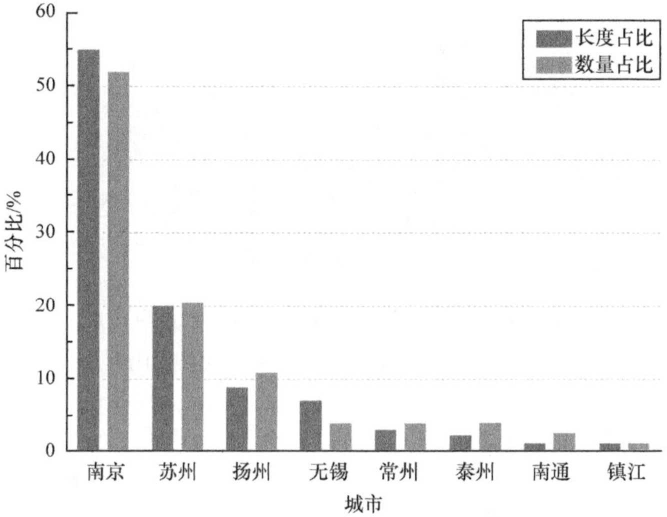

图 1.18　江苏省各地市隧道长度与隧道数量占比

从等级上讲，城市道路可分为快速路、主干路、次干路、支路四级，各级红线宽度控制：快速路不小于 40m，主干道 30～40m，次干道 25～40m，支路 12～25m。根据《城市道路工程设计规范》(CJJ37—2016)[5]，对于道路的红线宽度并没有作强制性要求，仅对道路的路幅要求、横断面组成及各功能带最小宽度进行了要求。

(1) 快速路：城市道路中设有中央分隔带，具有四条以上机动车道，全部或部分采用立体交叉与控制出入，供汽车以较高速度行驶的道路，又称汽车专用道。快速路的设计行车速度为 60～100km/h。

(2) 主干路：连接城市各分区的干路，以交通功能为主。主干路的设计行车速度为 40～60km/h。

(3) 次干路：承担主干路与各分区间的交通集散作用，兼有服务功能。次干路的设计行车速度为 30～50km/h。

(4) 支路：次干路与街坊路(小区路)的连接线，以服务功能为主。支路的设计行车速度为 20～40km/h。

已建成的隧道中，快速路 44 条，占 61.11%；主干路 21 条，占 29.17%；次干路 4 条，占 5.56%；支路 3 条，占 4.17%(图 1.19)。形成了以快速路为主，主干路为辅，支干路和次路为补充的关系。

自 2007 年起，快速路和主干路隧道建设里程逐年提升，且年建成隧道长度中以快速路和主干路隧道增长为主，次干路和支路的建成长度增长量十分有限，如图 1.20 所示。

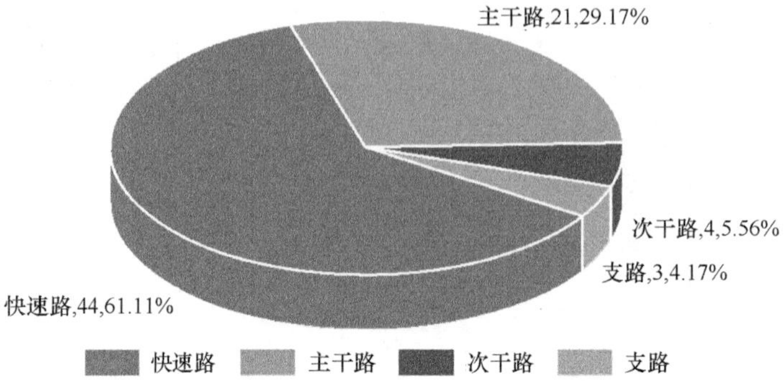

图 1.19　江苏省城市隧道道路等级长度比例

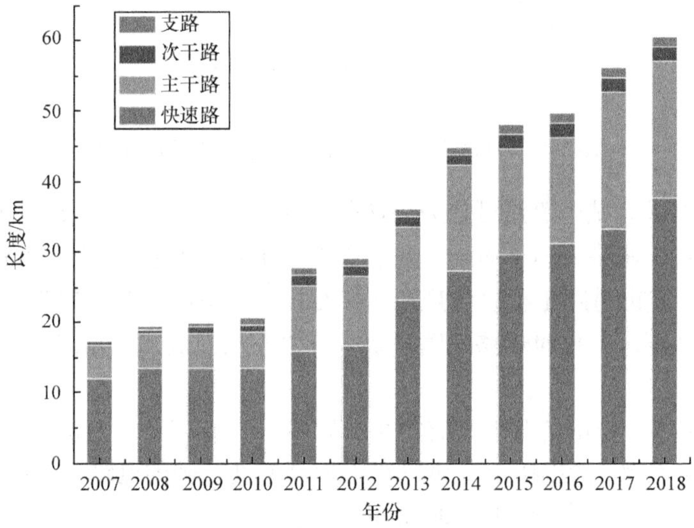

图 1.20　各等级的隧道建成长度增长趋势

2017 年，快速路和主干路隧道合计新建成 6435m，较上年增长 13.85%。至 2018 年 6 月，新建成的长度已达 4380m，较上年增长 8.28%。如表 1.3 所示，快速路和主干路隧道的建成长度占比在近年来稳步上升，体现出隧道整体建设等级的提升。

表 1.3　快速路和主干路年增长占比

年份	快速路+主干路长度/m	快速路+主干路占比/%	较上年增长率/%
2015	2310	92.83	5.42
2016	1582	93.05	3.52
2017	6435	93.85	13.85
2018(截止至 6 月)	4380	94.29	8.28

2. 浙江省隧道发展现状

针对浙江省杭州、衢州、台州、丽水、湖州、宁波、绍兴、温州、金华和舟山共计 10 座城市的 117 座隧道的调研。结果显示，杭州市既有隧道数量最多，共计 55 座，占到了所调研隧道总量的 47.01%。其中：主城区 33 座，副城区 14 座，县(市)8 座。浙江省隧道分布情况如图 1.21 所示。

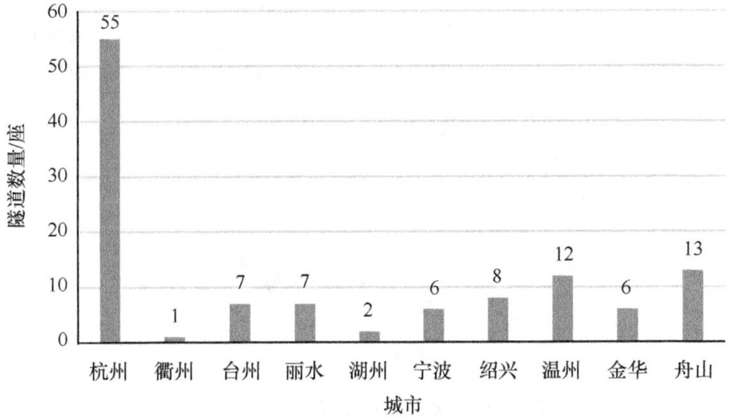

图 1.21　浙江省隧道分布情况

目前浙江省内隧道限速包括 20～80km/h 共计 7 种类别，其中以 40km/h、50km/h 及 60km/h 为主，其比例分别为 35.19%、25%及 25%，如图 1.22 所示。

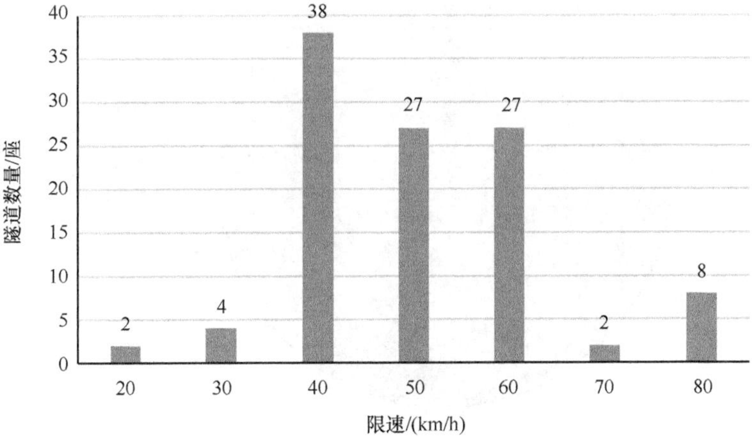

图 1.22　浙江省隧道限速情况

隧道断面形式分为矩形、马蹄形和圆形三种，其中以马蹄形占比最多(61.68%)、矩形次之(37.38%)，如图 1.23 所示。

公路隧道中，长度小于 500m 的为短隧道、长度介于 500～1000m 的为中长隧道、长度介于 1000～3000m 的为长隧道、长度大于 3000m 的为特长隧道。据此标准，浙江省各类型隧道的分布比例如图 1.24 所示。

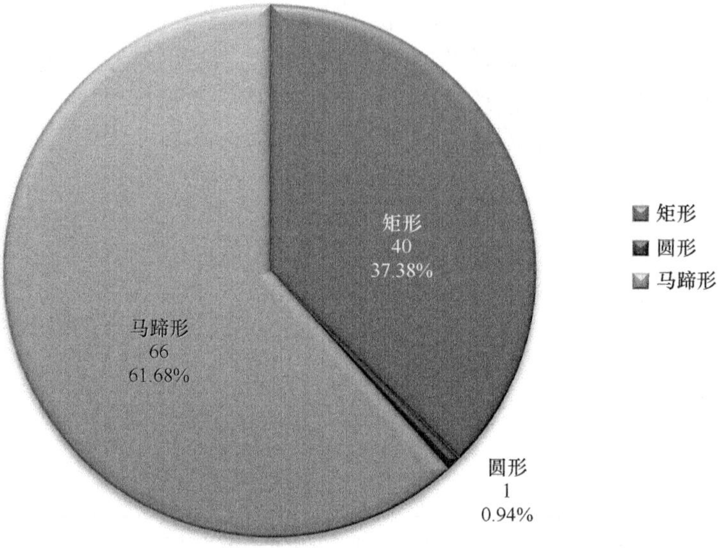

图 1.23　浙江省隧道断面形式情况

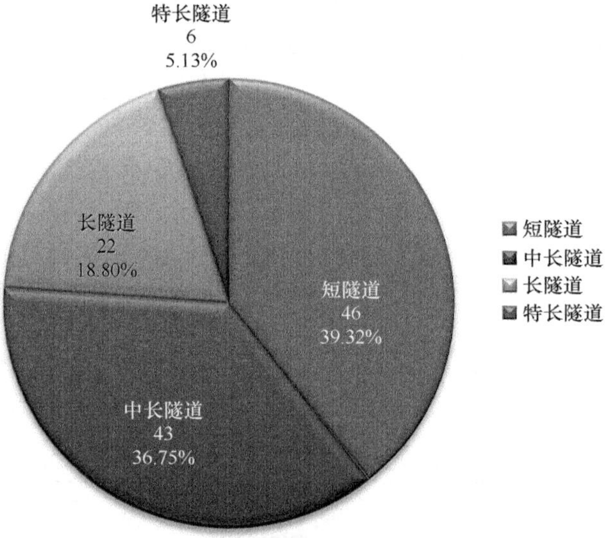

图 1.24　浙江省隧道长度情况

1.3.3　隧道工程声环境现状

1. 隧道内部环境

隧道给周边居民的出行带来极大的方便，由此带来的是隧道内部人车混行、机非混行的交通现状(图 1.25)。如前所述，隧道内的“音箱效应”使得其内部的噪声值要远大于外部。以人的正常行走速度 5.4km/h 计算，行人将会花费近 17min 通过长达 1.5km 的隧道，在此期间完全暴露于高噪声环境，有可能对听觉神经造成不可恢复的损伤(对于老人和儿童，这种损伤更大)。国内部分城市人车混行隧道有关情况见表 1.4。

(a) 南京市富贵山隧道

(b) 杭州灵溪隧道

图 1.25 人车混行隧道

表 1.4 部分城市人车混行隧道有关情况

序号	隧道名称	隧道长度/m	城市	序号	隧道名称	隧道长度/m	城市
1	富贵山隧道	520	南京	11	官井隧道	610	遵义
2	吉庆山隧道	610	杭州	12	白云隧道	400	大连
3	邱山隧道	410	杭州	13	西华隧道	120	昆明
4	海中洲隧道	230	舟山	14	狮子山隧道	790	贵阳
5	东皋岭隧道	1200	舟山	15	太坞山隧道	320	杭州
6	竹山隧道	970	舟山	16	禹山坞隧道	595	湖州
7	九凰山隧道	1430	温州	17	龙山隧道	543	绍兴
8	云集隧道	1500	宜昌	18	南岩隧道	618	绍兴
9	石黄隧道	990	重庆	19	红梅隧道	300	金华
10	小泉隧道	780	重庆	20	磐南隧道	865	金华

2. 隧道洞口环境

在城市核心区，隧道洞口无可避免地会设置在建筑物和人群密集的区域(图 1.14(a)、(b))。交通噪声在隧道洞口“喇叭效应”的放大作用下，会加重对周边环境的影响，极大地降低其商业价值。

3. 隧道内外声环境

隧道内外声环境具有较为明显的差别(图 1.26)，中山门隧道、定淮门隧道、通济门隧道、富贵山隧道、玄武湖隧道以及九华山隧道的现场测试结果表明：

(1) 隧道内噪声相较于隧道外噪声明显偏高，二者差值在低频处较小，在中频 1000Hz 附近达到峰值，然后随频率上升逐渐减小；

(2) 隧道内噪声频率分布呈现明显的波浪形，在低频(发动机噪声)和中低频(轮胎和路面摩擦)分别出现峰值。

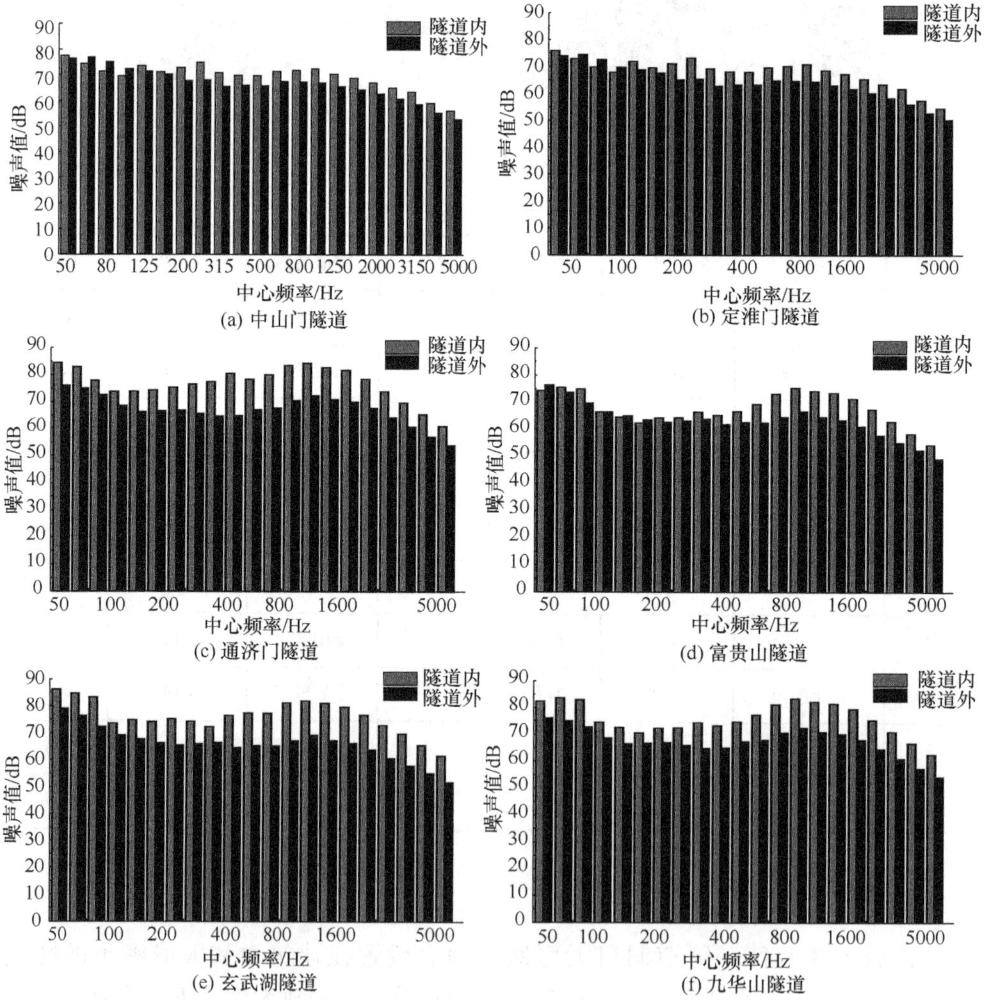

图 1.26　南京市部分隧道洞内外噪声测试

1.4　隧道噪声控制技术

20 世纪 70～90 年代，噪声与振动控制技术日益成熟，目前世界上常用的噪声与振动控制技术有吸声、隔声、消声、阻尼减振与隔振等，主要是在噪声源、噪声传播途径及接收点上进行控制和处理。目前，国外在噪声控制方面的研究进展较快，提出了一系列奇妙的噪声与振动控制技术，有些早已付诸实施，效果甚佳。

世界范围内，欧美和日本对隧道降噪的研究起步较早。近年来，随着我国隧道事业的迅猛发展，隧道降噪研究也快速跟进。在隧道噪声产生机理、传播扩散规律、隔音降噪措施、监测技术方案等方面都有了长足的发展。特别是新材料和新工艺的运用，使得隧道降噪效率得以大幅提升。然而，噪声控制是一项非常艰巨的长期任务，当前研究所取得的成果与人们对噪声控制的目标期望还有不少差距，如何在经济适用的前提下，制定科学合理的噪声控制措施仍然是一项十分复杂的系统工程。

目前国内外噪声控制工程仍然主要是采用传统的技术手段，四十多年来这些技术的开发研究与应用在国内已取得重大进步，并已进入了相当成熟的阶段。自 20 世纪 80 年代以来，噪声与振动控制产业在国内已有很大的发展，生产制造厂家达数百家之多。现在可以这样认为，国外能解决的噪声问题，国内同样也能得到解决，国内外在这方面的技术水平大体相当。国外能制造的吸声材料，绝大部分在国内也能生产制造。

1.4.1　交通噪声预测模型

自 1969 年，美国、瑞典、新西兰、加拿大及印度等国先后建立了声环境的影响评价制度，以法律的形式确立了相关规定。各国建立了交通道路噪声预测模型，典型的有美国联邦高速公路管理局 FHWA 高速公路交通噪声预测模型[6]、英国交通部 CRTN 模型及其改进版 CRTN88[7]和德国交通部公路建设司 RLS81 模型及其改进版 RLS-90 模型[6]。其中，FHWA 模型、CRTN88 模型以及 RLS-90 模型是使用最为广泛的三种预测模型，其特点及适用范围如表 1.5 所示。

表 1.5　国外交通道路噪声预测模型

预测模型	美国 FHWA	英国 CRTN88	德国 RLS-90
机理	将车辆视为移动点声源，车速不变且连续，产生的道路交通噪声视为线声源	将声源视为线声源，通过实际测量所得的 L_{10} 数据，对其进行拟合分析后进行计算	包括声源模型和声传播模型，引入车速、环境气象条件、道路等级等影响因子

预测模型			美国 FHWA	英国 CRTN88	德国 RLS-90
参照点位置			距离车道中心线 15m	距离车道中心线 15m	距离车道中心线 25m
适用道路等级			高等级路面	无要求	无要求
评价指标			L_{eq} (A)	L_{10}	L_{eq} (A)
车型分类			大型、中型、小型	重型、轻型	大型、小型
适用车流			恒定车流量车速，未考虑交通中断情形	恒定车流量车速，未考虑交通中断情形	考虑了车流量较低时的交通中断
建筑墙面反射			○	考虑与预测点隔街的另一侧建筑外墙面的一次反射，采用固定值进行修正	噪声在道路两侧屏障间的多重反射
声波距离、空气吸收衰减			○	√	√
其他衰减因素 ΔL	道路	反射	√	√	√
		长度	√	√	○
		弯曲	○	○	○
		材质	○	√	○
		坡度	○	√	
	障碍物	植被	√	√	
		楼房	√	√	
		声屏障	√	√	√
	大气环境		○	○	√

注：“√”表示“有”；“○”表示“无”。

Probst 利用等效线声源与虚声源法对涵洞式隧道口的噪声辐射特性进行了研究，包括涵洞式隧道内吸声、隧道洞口外距离等对隧道噪声级的影响[8]。

Guan 利用虚声源法研究了隧道出口的噪声辐射特性，并分别研究了隧道洞口吸声系数对隧道外环境噪声的影响。挪威科技工业研究院研究了隧道洞口声辐射特性，并给出了隧道洞口噪声扩散与短隧道噪声值修正系数[9]。

麻省理工学院声与振动实验室的 Davies 采用声线追踪法模拟走廊中水平波的传播，对长走廊中的高频噪声衰减进行了预测。他认为，高频时衍射对长空间(隧道)中平面波的传播影响很小，声波在吸声材料上的每次反射都会有能量的损失，因此隧道中的能量流动成为隧道预测的重点[10, 11]。

英国南部州立大学工程系统与设计学院的 Yang 等在 2001 年提出了一种基于声线追踪法的用于研究长空间声场的计算机模型。这种方法主要是用于预测矩形横截面的地铁站的各项参数，包括声压和声场衰减。在大部分的频率范围内，特别是在远场，预测结果和实际值吻合得相当好。沿着长空间的各项参数变化趋势也得到准确预测，但在一些特定接收处和特定频率点会出现一定误差[12]。

陈方荣以南京玄武湖东西向隧道作为类比对象，采用类比测量法对隧道交通噪声进行预测，预测了隧道内及洞口过渡段噪声级范围，得到了噪声级与距洞口的距离成反比的结论[13]。

师利明对半圆形断面的公路隧道内噪声预测方法及降噪措施进行了研究，确定了影响隧道内噪声的参数，对降噪措施进行了比选。其研究结果表明，沿隧道中线方向上距离声源位置不同测点的噪声值差距不大，隧道内噪声场可近似为均匀分布的混响场[14, 15]。

目前对于隧道噪声的预测方法，理论上大多采用等效线声源与虚声源法对隧道口的噪声辐射特性进行研究。部分学者还提出了类似于隧道结构的长空间声场的计算模型，取得了相当好的计算结果。

1.4.2　隧道噪声测量

对隧道噪声开展实地测量，以此来掌握交通噪声在隧道影响下的声级与分布情况是开展隧道噪声控制的重要手段。国内学者多采用现场实测的方法，考虑不同工况的影响，研究隧道内的噪声分布特点，得出了较为真实的隧道噪声分布特点。然而，交通噪声与路面交通状况、道路状况等因素有关，已有的噪声预测理论的参考价值有限，其中的噪声测试方法则可作为相关工程在实施过程中的重要参照。

陈立平等通过理论分析和现场实测相结合的方法对隧道噪声的大小、分布规律、混响时间及频谱特性进行了研究。其研究结果表明：隧道噪声沿纵向呈中间高两端低的分布规律，且在隧道进口前 50m 处增加迅速；隧道内噪声主要是中低频，且呈现明显的双峰状；噪声的混响时间与隧道断面形状、边界平均吸声系数及噪声频率有关[16]。

黄俊等对 8 座典型隧道进行了测试，分析了隧道内实际噪声、单车噪声、噪声频谱特性和隧道混响时间，其研究结果表明，隧道内的噪声主要是中低频噪声，隧道内平均噪声比隧道外高 8.6dB(A)，隧道的长度、断面形式、车流量及车速等对隧道内的噪声影响较大[17]。

史小丽等对比实测值与理论值的结果发现：噪声预测相干模型在低、中、高频范围内比不相干模型和 ASJ 模型更能准确地预测隧道内的噪声传播情况，其预测值与实测值的差值大约为 2dB[18]。

王尧等基于噪声与振动测试分析系统，对城市主要道路交通噪声进行了测试和分析。测试结果表明，平直路段两侧交通噪声的等效声压级在同一时段相差不大；同一路段的上坡段的噪声值普遍高于下坡段；在 315Hz 以下，隧道入口处噪声值普遍高于隧道出口处，隧道入口处噪声在 1250Hz 达到高峰值 66.8dB(A)，出口处噪声在 1000Hz 达到峰值 77.1dB(A)[19]。

由于没有国家规定的测量方法，加上隧道内部的空间条件的限制，利用怎样的测量方法才能正确反映出隧道内的噪声值大小，这一问题值得研究。

1.4.3 噪声控制材料研究

国内对隧道内部的装饰吸声材料进行过一定的研究。吸声材料的制造技术在许多方面已比较成熟，几乎任何吸声材料的制造在技术上都可以得到解决。但噪声与振动控制技术本身也正在稳步发展，各方面都进行着大量的研究工作，逐步研制出性价比更优的吸声材料。虽然我国在噪声与振动控制技术水平上已达到相当高的水平，也能生产制造出满足各种需要的声学产品，但我国噪声与振动控制的生产设备及其产业同国际先进水平相比，仍存在一些差距，主要表现为产品的加工设备简陋、工艺落后、专用加工设备缺乏、具备规模化生产能力的企业太少、产品质量的自检自测能力低等问题。

对于噪声控制材料的研究目前主要集中于以下几个方面。

1) 路面降噪

来自轮胎与路面之间的噪声是隧道中噪声的主要来源之一，因此通过对路面进行降噪处理能够有效地从源头上减小噪声输出能级。目前具有代表性的降噪路面主要有 OGFC 路面和 SMA 路面。OGFC 路面是一种多孔的断级配沥青混合料，孔隙率在 15%～20%或以上。由于孔隙率大，不仅排水迅速、具有很好的抗滑性，而且能够大幅度降低交通噪声。SMA 路面具有优良的高温抗车辙、低温抗裂、疲劳抗裂、抗滑和耐久等特性，在一般情况下比常规密级配沥青混凝土可降低噪声 2 dB。

目前，国际上发达国家已广泛展开应用研究低噪声路面。如早在 20 世纪 60 年代，美国就开展了 OGFC 路面的研究。广泛研究表明，多孔隙沥青混凝土比普通沥青混凝土可降低路面噪声 3～5dB。美国 FHWA 通过对欧洲低噪声路面的研究，总结了低噪声路面的几种形式与降噪效果。降噪路面在国内也开展了较长时间的应用。交通部公路科学研究所(1988 年)、同济大学(1997 年)等都铺设了低噪声路面试验段。2003 年 6 月，在北京劲松路的改造工程中采用了大孔隙沥青混凝土，经专家测试，与普通沥青路面比较平均降低 4dB。

对于不同路面的降噪效果，东南大学通过实测得到如表 1.6 所示结果。由

表 1.6 可知，沥青路面隧道内外噪声差值明显小于水泥路面，表明沥青路面相较于水泥路面的降噪效果更为明显。当然，路面的选择降噪只是其中一个方面的考虑因素，还需综合考虑抗滑性能、高温稳定性、耐久性及水稳定性。据欧洲和日本的资料，对多孔隙沥青混凝土与普通沥青混凝土对比进行试验，在日本，对于小汽车噪声值可降低 5～8dB，对于载重汽车噪声值降低了 3dB，而且即使载重汽车在停车空转时也有 2dB 的降噪效果。总体而言，OGFC 路面在隧道中的运用是值得提倡的。

表 1.6　不同路面降噪效果

隧道名称	路面类型	噪声均值/dB		差值/dB
		隧道外	隧道内	
玄武湖隧道	沥青混凝土	67.2	78.4	11.2
燕居岭隧道	沥青混凝土	68.0	85.7	17.7
大溪岭隧道	水泥混凝土	65.0	89.2	24.2
黄鹤山隧道	水泥混凝土	62.3	82.5	20.2

2) 内饰吸(消)声

大多数材料都有一定的吸声能力，一般把平均吸声系数大于 0.2 的材料称为吸声材料，平均吸声系数大于 0.5 的材料称为高效吸声材料。吸声材料在发达国家的生产应用技术已经比较成熟，并且已经规模化，近几年国内吸声材料的研究也取得了很大的进步，许多吸声材料和方案被运用于隧道降噪领域，常见的几种隧道吸声降噪效果见表 1.7。

表 1.7　降噪方案效果对比

降噪方案	平均降噪量/dB	处理后吸声系数	单位长度吸声处理面积/m^2
微孔吸声	8.23	0.42	18.6
穿孔板加吸声材料	10.09	0.58	18.6
侧壁瓷砖，顶部穿孔板	7.90	0.38	11.4
侧壁瓷砖，顶部微孔板	6.05	0.28	11.4

由表 1.7 可知，在不考虑工程投资的情况下，穿孔板加吸声材料的组合降噪效果最佳，同时，平均长度吸声处理面积越大，降噪效果越明显。可选取的降噪措施除了采用常用的吸声材料外，许多新型的吸声材料，如新型铝纤维、聚丙烯纤维等无机纤维材料，高性能水泥基吸声材料、泡沫陶瓷、卡索板等也逐渐运用于隧道的降噪工程中。利用膨胀珍珠岩、低碱普通硅酸盐水泥、硅酸铝纤维和松

香皂进行配比，制成一种新拌泡沫膨胀珍珠岩浆体，该材料可以喷射到隧道壁面，测试得其最高平均吸声系数为 0.54[20]。

随着人们对隧道降噪要求的日益提高，各种多功能降噪材料也如雨后春笋般不断涌现。

3) 洞口隔声

隧道结构的半封闭特点使得噪声在洞口出现“喇叭”效应，对于洞口附近居民的影响极大，在隧道洞口处搭建一个半封闭的“隔音棚”是最为直接的噪声处理方式。通常情况下隧道洞口段噪声的处理采用“隔音棚+声屏障”的处理方式，从而达到噪声治理的目的，见图 1.27。

图 1.27　上海外环隧道洞口声屏障

声屏障是在发声源和受声源之间建立的一种阻碍。屏障上面的声学材料对于车辆发出的噪声波可以吸收、反射及衍射，有效降低城市道路沿线交通噪声的影响。洞口隔声措施也可分为吸声式和反射式两种。吸声式主要采用多孔吸声材料来降低噪声，据测试这种措施下的噪声值降低量可达 10 dB 左右；反射式声障墙主要是对噪声声波的传播进行漫反射，使受保护区域噪声降低。上海延安东路复线隧道的噪声控制主要采用硅酸铝防火吸声板。南京鼓楼隧道在隧道洞口及引道侧墙上采取了降噪措施，在隧道洞口以内 50m 范围内(顶部)采用金属穿孔板，敞开段侧墙采用穿孔铝板，取得了较好的效果。

材料方面，混凝土木屑复合、纤维水泥复合以及混凝土橡胶颗粒复合型吸声屏障均具有优异的吸声性能，且具有外表美观、耐候性好的优点[21]。此外，泡沫铝和纤维铝声屏障吸声性能优异，耐候、耐高温性能好，特别适宜室外露天使用；不足之处在于，金属结构的隔声屏单元连接较困难，且容易产生噪声泄漏[22]。

隔声屏障腔体布置方面，通过比例模型试验发现，将吸声共振腔改成在水平面上布置，兼具高频和低频段频率的吸声性能，扩大了吸声频率范围，适用于新型声屏障和既有声屏障的改造，具有较好的景观性和简便性[23]。

从声屏障的顶端形状方面讲，多重边顶部结构是在直立型声屏障顶端附近增加与声屏障平行的轻型障板，这样的结构形式使噪声在经过声屏障顶端时来回反射，消耗掉噪声的能量。能够在不增加声屏障高度，成本增加不大的情况下，提高声屏障的降噪效果。Y 形顶端结构形式，其结构比较简单、降噪效果较好，在其基础上衍生出了鹿角形声屏障。此外，还有矩形、T 形、圆柱形、Y 形等不同顶端结构。研究表明，在相同高度的情况下，T 形软表面的声屏障降噪效果是最好的，从顶部结构以及覆盖三种材料层面上讲，T 形顶部结构的降噪效果最好[24]。

1.5　本书的主要内容

本书主要包括以下内容。

(1) 介绍了我国隧道工程的发展现状，从隧道噪声预测模型、隧道噪声测量及隧道噪声控制材料三方面，介绍目前国内隧道噪声控制的相关情况，让读者能够对目前隧道降噪有一个初步的认识。

(2) 通过资料调研的手段，以上海新建路隧道、上中路隧道；南京玄武湖隧道、惠民大道综合改造工程及扬子江大道快速化改造工程为例，介绍了目前国内隧道噪声治理的基本方案和措施。

(3) 在道路交通运输噪声预测公式的基础上，引入隧道对道路交通噪声的影响，从而实现隧道内与隧道洞口外的噪声预测；从测量方法、测量仪器及噪声敏感建筑物测量要求三方面阐述了隧道噪声的测试方法。

(4) 介绍了我国道路交通噪声环境的现状，采用现场实测的手段获取了上海虹梅南路道路交通噪声数据；对南京市中山门隧道、富贵山隧道及定淮门隧道等隧道分别进行了隧道内噪声普查、单车噪声测试以及隧道内混响时间的测量，建立了隧道噪声现状案例库。基于数值模拟，详细地分析了隧道的噪声传播扩散规律；同时，采用前述隧道噪声的实测数据对研究结果进行了验证。

(5) 首先，以现行国家标准为依据，对我国当前所划定的声环境功能区及其对应的环境噪声限值进行了说明。其次，基于《南京市声环境功能区划分调整方案》(宁政发〔2014〕34 号)，介绍了南京市辖区的声环境功能区划分。再次，以声环境质量标准、隧道运行引起的敏感目标噪声级增量以及隧道噪声对行人身体的影响为依据，对隧道噪声等级进行划分。最后，从总体设计、吸声设计、隔声设计、装修设计、路面设计及机电设计六方面分析了隧道噪声控制措施的设计方案。

(6) 阐述了隧道噪声控制材料的基本原理及其评价方法；分别介绍了目前常见的多孔吸声材料与共振吸声结构并在附录中给出了常用吸声材料(结构)的吸声系数。

(7) 以泰州市永定路一号隧道为例，介绍了降噪吸声设计在实际工程中的应用，希望能够供国内同行参考，为类似工程设计、施工提供借鉴，并进行推广应用。

第 2 章　隧道噪声控制工程实例

随着我国城市化进程的不断推进，快速化交通网络成为各大城市缓解交通压力的重要手段。与此同时，城市内的隧道数量正以惊人的速度增长，随之而来的则是隧道洞口附近严重的噪声污染。近年来，城市内关于噪声的投诉占各类投诉的 70%以上，其中交通噪声为主要组成部分，愈发成为人们关注的对象。在隧道体量庞大的城市(如上海、南京、成都等)已开展了既有隧道的噪声治理工作，部分工程在设计阶段已经开展了相关的预防工作。本章以上海新建路隧道、上海上中路隧道、南京玄武湖隧道、南京惠民大道地下互通、南京清凉门隧道及成都某道路下穿隧道为例，对国内部分隧道的噪声控制工作进行介绍。

2.1　综　　述

道路交通环境噪声产生的扰民问题由来已久，隧道结构对交通噪声的汇聚与放大作用，更是加剧了这种情况的恶化，逐渐成为影响和谐发展的重要因素之一。部分城市已针对影响较大的几处隧道开展了噪声控制的改造施工，更有城市在隧道建设期就考虑了噪声控制问题，在设计过程中增加了降噪措施。国内实施噪声控制措施的典型隧道见表 2.1。

表 2.1　国内部分隧道噪声控制措施概况

序号	隧道名称	实施范围	降噪措施	城市	通车时间	实施时间
1	新建路隧道	隧道敞开段	全封闭声屏障	上海	2010 年	—
2	上中路隧道	隧道引道	隔声屏障	上海	2009 年	2009 年
3	玄武湖隧道	隧道出口敞开段	隧道出口侧壁吸声材料、组合林带、低噪声路面以及洞内低噪声风机	南京	2003 年	2003 年
4	惠民大道地下互通	主线隧道敞开段及暗埋段入口 150m 范围	吸声搪瓷钢板	南京	2023 年	2023 年
5	清凉门隧道	隧道出口敞开段	全混凝土结构隧道隔音棚	南京	2021 年	2021 年
6	成都某道路下穿隧道	隧道出口敞开段	侧壁吸声板、弧形声屏障、全封闭声屏障	成都	—	—

2.2 上海新建路隧道

2.2.1 工程概况

新建路隧道是上海“井”字形道路交通规划的一个重要组成部分，连接浦西北外滩与浦东小陆家嘴两大核心区(图 2.1)。东线隧道线路全长 2235m、西线隧道线路全长 2190m，采用双向 4 车道形式穿越黄浦江。同向双车道路面宽度为 7.5m，车道净高 4.5m，车道两侧设置斜形防撞墙，防撞墙高 0.8m。

图 2.1 上海新建路隧道

隧道浦西出入口位于海伦路，在周家嘴路靠浦江名邸一侧设置敞开段，敞开段长度 145m。根据环境影响评估要求，需要降低隧道出入口的噪声影响。浦西道路主线洞口至海拉尔路路口 220m 范围内实施隔声减噪处置措施。

本次噪声治理的目标在于，尽可能使沿线敏感建筑噪声达标，即 4a 类标准：昼间不超过 70dB、夜不超过 55dB。如果因受到周边其他道路等噪声源的影响，背景值超标，则应达到新建路隧道产生的噪声贡献值达标或明显低于背景值。具体表现为：1 号、2 号楼背景值超标，应治理到新建路隧道贡献值达标或明显低于背景值，隧道建成后基本不会引起声环境质量的恶化。

2.2.2 噪声整治方案

隧道敞开段主线为双向 4 车道形式，两侧地面辅道为机非混行交通流，结构断面如图 2.2 所示。

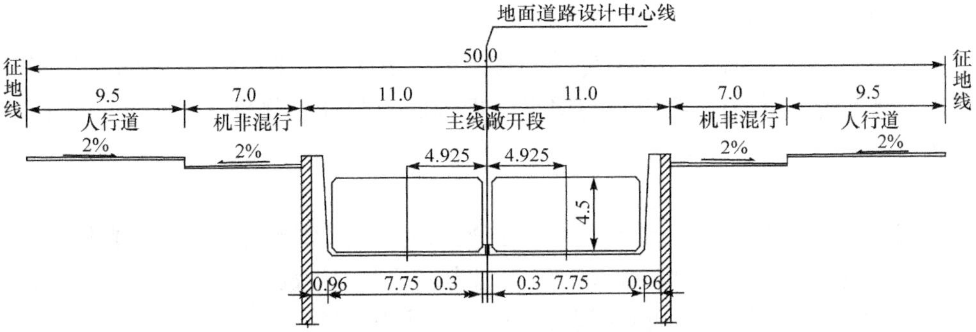

图 2.2　新建路隧道敞开段结构断面(单位：m)

根据敞开段结构实际情况，考虑将噪声控制结构布置于隧道敞开段的侧墙和中央分隔带上方。隧道接地段设置有 1m 宽的机非分隔带，起到分隔机动车与非机动车的作用，同时可作为隔声设施的立柱空间。

根据环保要求，新建路隧道浦西洞口设置全封闭声屏障方案控制洞口噪声，具体如下。

(1) 声屏障采用大小套结构，路面段为大套，封闭全部机动车套；敞开段为小套，封闭隧道主线。

(2) 小套中央设置隔墙，大套中间设置立柱。

(3) 大套顶部不开敞口，侧壁根据交通视距要求采用透明材料。大套至海拉尔路的距离满足路口交通设计规范。

(4) 小套顶部从洞口向北开设连续敞口，敞开口根据声学计算确定。

(5) 大小套间重叠 5～10m。

敞开段噪声控制采用钢结构隔声罩，在顶棚处局部敞开，用于废气的排出，在机动车道范围内全线封闭。隔声罩要求满足交通、隔声、排烟、排气的基本功能，并结合周边环境设计造型，与隧道融为一体。

1) 线型布置

平面上，钢结构隔声棚需贴合隧道洞口至海拉尔路段的弧形线型。靠近海拉尔路口段为大套，跨度 35.6m，长度 60m；敞开段为小套，跨度 18.9m，长度 152.5m。中间设置一段大小套重叠部分，总体上隔声罩全长 190m。主钢结构采用门式弧形钢架，建筑外围护为铝合金板及满足采光要求的透明采光板。

竖向上，小套横断面由两侧不同变化高度的直线段加相同弧形顶面组成，主体钢结构柱脚坐落在标高 5.1m 的钢筋混凝土挡墙之上。大套横断面由相同直线段与弧形顶面组合而成，主体钢结构柱脚坐落于标高 4.66m 的钢筋混凝土独立基础上。

2) 隔声罩造型

隔声罩整体呈弧状，大小套高低错落，弧状屋面以圆滑柔和的曲线与侧壁相连，围护结构为铝合金板和透明采光板构成，整体上呈现活力、轻盈飘逸的特点。

3) 材料

侧墙及屋面采用 3mm 厚铝合金板；檐沟为 1mm 厚铝合金板；采光板为 PC 透明板(聚碳酸酯板)，厚度 6mm。防火墙为轻质加气混凝土砌块 A5、B7，采用 M5.0 混合砂浆砌筑，1 ∶ 3 的水泥砂浆粉刷，外刷涂料。

隔声棚采用微穿孔板作为吸声材料，性能介于多孔吸声材料和共振吸声结构，吸声频带优于常规穿孔板共振吸声结构。声屏障由隔声板和微穿孔板构成，两者之间空腔不填充其他吸声材料，其优点在于有效抵抗风吹、日晒和雨淋，具有耐高温、耐潮湿、不怕粉尘、装饰效果好、经久耐用的特点。

顶部不透光部分采用铝板下衬防火板并喷涂轻质吸声材料的复合结构(纤维喷覆式吸声材料)，该吸声材料厚度为 25mm，降噪系数(NCR)可达 0.8。

4) 拱架设计

隔声棚大套拱架结构跨度 35.6m，拱距 7.5m，共计 8 个拱距；小套拱架结构跨度 18.9m，拱距 7.325m，共 20 个拱距。隔声棚主结构由拱架间刚性系杆和拱间支撑组成，主结构上布置檩条等次结构，铝板和太阳板等轻质围护结构覆于檩条之上。出于减小拱架柱脚对两端墙体影响、减小拱架梁截面的目的，在拱架中间设置支座；拱架两端支座和中间支座均采用铰接的形式。

本工程拱架外形结合隧道出入口特点进行设计，小套自最接近出入口起逐步抬升标高；大套拱架标高均处于同一高度。平面线型上，拱架定位与隧道引道定位相同，具有相同的弧度。结构横断面与线型如图 2.3、图 2.4 所示。

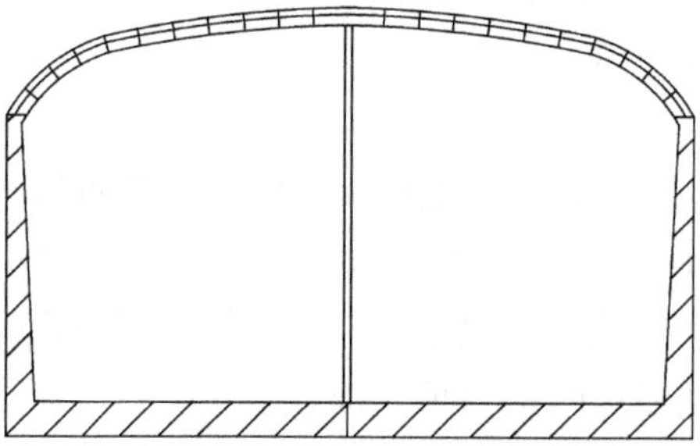

图 2.3　隔声棚横断面形式

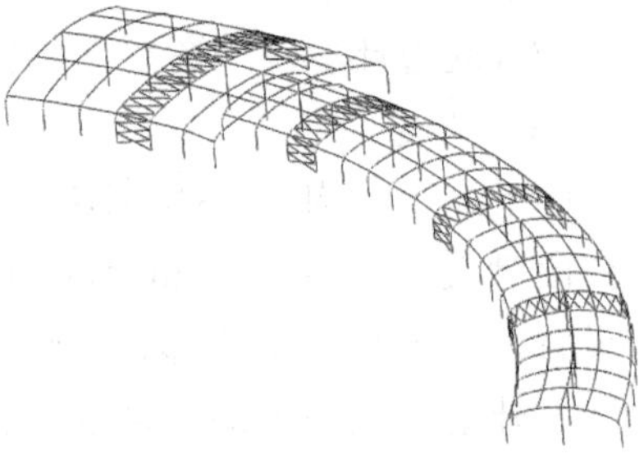

图 2.4　拱架空间透视图

拱架结构设计使用年限为 50 年，安全等级为二级，建筑耐火等级为二级，建筑抗震设防类别为丙类。拱架梁柱与系杆支撑外表面涂刷耐火极限时间达 2.5h 的露天式防火涂料和防腐漆；檩条等次要围护结构耐火时间为 0.5h，采用薄型或超薄型防火涂料。

2.3　上海上中路越江隧道

2.3.1　工程概况

上中路隧道位于徐浦大桥和卢浦大桥之间，采用直径为 14.87m 的超大型盾构掘进机施工，隧道建成后外径达到 14.5m。隧道浦西段西起上中路与龙川路交叉口东侧，与上中路衔接，线路由南线与北线组成，各线内各设上下层 4 车道(双向 8 车道)，设计车速 80km/h。

隧道浦西入口引道北侧有园南三村居民住宅和上海市工商外国语学校。区域内声功能分区为 2 类，具有多处敏感目标。隧道建设期内预测隧道高峰小时车流量(PCU)达 1 万辆，交通噪声对周边敏感目标影响严重，预测居民住宅处噪声值高达 65～70dB(A)。隧道通车前，在隧道出入口段设计采用设置声屏障的手段进行隧道洞口噪声治理，上中路隧道出入口周边情况及声屏障位置见图 2.5。

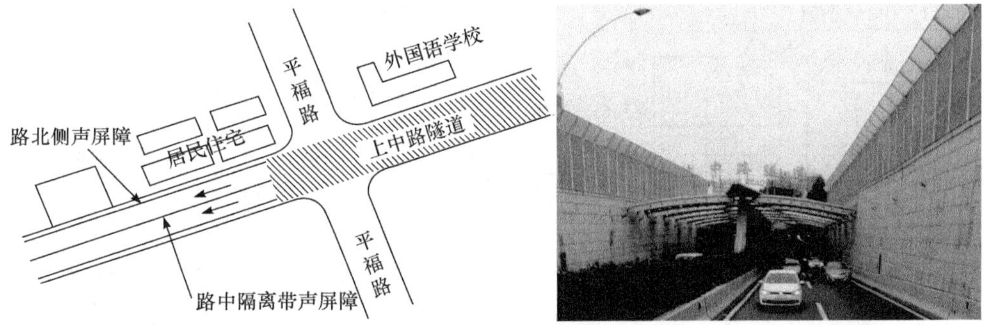

图 2.5　中环线上中路隧道浦西段出入口周边情况及声屏障位置示意图

2.3.2　浦西段出入口噪声整治方案

1) 整体方案

总体上设置两道声屏障结构，第一道设置于浦西引道段北侧防撞护壁之上，声屏障尺寸为：长×高=246.2m×4.54m；第二道声屏障设置于浦西引道段路中隔离带防撞护墙上，尺寸为：长×高=267.7m×4.145m。道路北侧采用“(”形声屏障结构，双面吸声，中间隔声；路中声屏障采用“Y”形，单面吸声，中间隔声。

道路北侧“⌠”形声屏障的结构见图 2.6，声屏障顶部向内弯折 60°，采用 8mm 厚 PC 耐力板制成透明屏体，长度约 1200mm。路中“Y”形声屏障高 4145mm，厚度 126.7mm，由 3 块单面吸声结构拼装而成，直立屏体高 3500mm，上部屏体弯折 40°，采用 8mm 厚 PC 耐力板制成透明屏体，长约 1000mm，如图 2.7 所示。

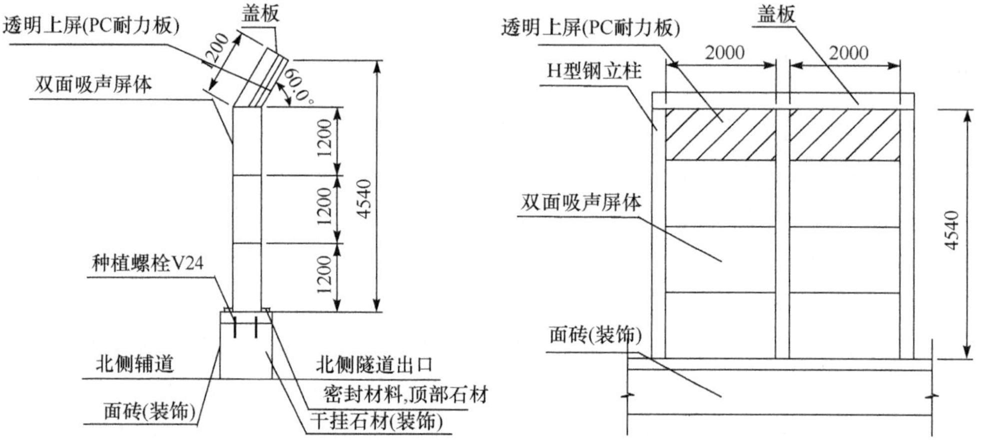

图 2.6　道路北侧“⌠”形声屏障结构示意图

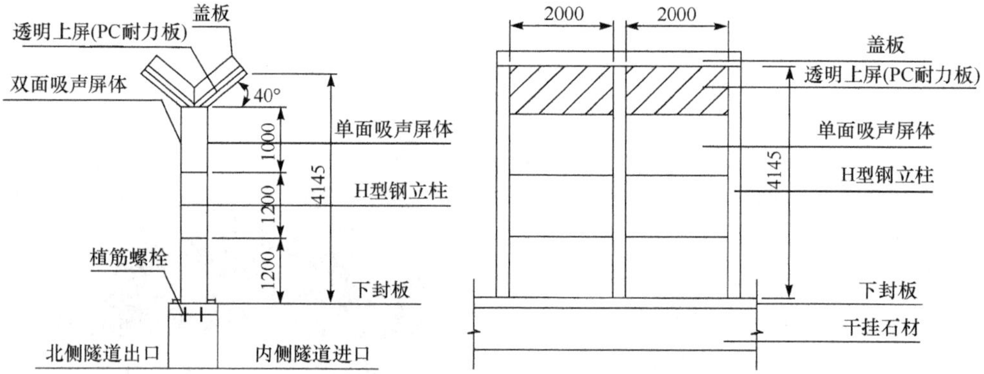

图 2.7　路中路基“Y”形声屏障结构示意图

2) 吸声结构材料

吸声屏体材料基材为 1.0mm 铝板，在铝板上通过特殊工艺压制冲制直径小于 0.2mm 的超微孔制成复合通孔吸声板。吸声板厚为 1.3～1.4mm，最大幅面为 1200mm×2500mm。实测结果显示，该型复合通孔吸声板降噪系数 NCR>0.7，设计使用寿命 20 年，抗老化性能强，不存在变色、脱落等现象。板厚 1.3～1.4mm，抗拉强度>60MPa，延伸率<5%，单侧表面静电喷涂，土层厚度≥60μm。

本段声屏障上部采用 8mm 厚 PC 耐力板拼装而成，板材隔声量 28dB(A)，为难燃 B_1 级材料，透光率≥80%，双面抗紫外线，落锤冲击试验(2m，3kg)表面无裂纹，耐温 40～120℃。

单面吸声屏体的背面板和双面吸声屏体的中间板采用 1.2mm 厚镀锌钢板制作，构成屏体的隔声构件。屏体内部龙骨用 1.2mm 厚镀锌钢板折边制作。屏体可满足强度和刚度要求，挠度≤$L/600$ (mm)(L 为屏体宽度)。PC 耐力板固定在 50mm×40mm×2mm 的铝合金管材边框上。

3) 声屏障屏体立柱及屏体固定

声屏障屏体立柱采用 HW 150×150×7×10 型钢，间距 2000mm。H 型钢立柱与固定底板及加强钢筋按照满焊要求，用靠模垂直焊接牢固。每根立柱与 8-M24 预埋地脚螺栓用双螺母固定于混凝土防撞护壁顶面。

屏体采用模块式，将金属吸声屏体插入 H 型钢立柱内；顶部透明隔声屏采用强力金属弹簧片实现屏体与立柱的连接和固定。下屏体底部与石材顶部的间隙采用黑色硅胶填实及装饰板保证密封和美观。声屏障屏体采用直径 4mm 钢丝绳与 H 型钢立柱串连，防止由于屏体跌落而造成的安全事故。

4) 声屏障防腐

H 型钢立柱焊接加工完后，打磨平毛口，除渣、除锈。采用热浸镀锌，镀层厚度≥80μm，热浸镀锌后进行静电喷涂 RAL7045(全亚光)，涂层平均厚度≥60μm。

吸声屏体表面层为 1.3mm 复合通孔吸声板，外表面静电喷涂 RAL7045(全亚光)，涂层平均厚度≥60μm。

2.3.3　降噪效果

按照环境影响评估报告声屏障的预测以及类比调查，4.5～5.0m 高“⌈”形声屏障在设计长度范围内有 6～8dB(A)的降噪量。考虑到路中“Y”形声屏障，方案实施后总的降噪量可达 8～12dB(A)。隧道口交通噪声对居民住宅的影响可达到 2 类标准。

2.4　南京玄武湖隧道

2.4.1　工程概况

玄武湖隧道是我国第一座修建于城市湖泊之下的交通隧道，隧道自 2001 年 9 月开工建设，于 2003 年 5 月开通运营。隧道西起新模范马路芦席营，沿新模范马路东进穿越中央路、明城墙。隧道向东偏北绕过玄武湖梁州北端至翠洲北岸，于情侣园北侧接近新庄立交二期高架及其两侧的地面道路。隧道工程全长 2699.41m，其中湖底隧道长 1628m，湖西引道敞开段长 118.8m，引道光栅段 45.2m，湖东引道光栅段长 45.2m，引道敞开段 145.04m。

2.4.2 隧道建设前沿线噪声状况

玄武湖隧道项目立项之初行了环境影响评价，环境影响评估报告表明：隧道建设前沿线环境噪声除个别点达到功能区标准外，其余各点昼夜噪声均超标。

(1) 新模范马路—中央路段：新模范马路 16、22、24 号及中央路 323-3 号、新立基大厦、南瑞大厦的 6 个监测点中，仅新立基大厦测点昼间达到 4 类标准，其余测点昼间超标 1.1～8.2dB，夜间超标 10.2～17.4dB。

(2) 后大树根小区两个测点两天内的监测结果显示，有一个测点达到 2 类区标准，另一测点昼间超标 3.2～10.2dB，夜间超标 2.1～2.2dB。

(3) 南京工业大学化工学院、玄武湖内梁州、翠洲以及玄武湖东岸测点中，仅有梁州测点昼间达标，其余昼夜全部超标，昼间超标幅度 5.1～18.0dB，夜间超标 7.0～26.2dB。

总体上看，隧道在建设前，其周边沿线声环境质量现状普遍较差。

2.4.3 隧道内外噪声控制方案

玄武湖隧道在建设之初，建设者们就针对其建成后的噪声情况展开过预测工作。根据预测结果，2010 年隧道西引道段两侧昼间超过 70dB 的范围为距新模范马路两侧 35m，东引道段为离开两侧 100m，中央路匝道段后大树根小区 28 号楼紧靠隧道边缘，完全暴露在交通噪声干扰之下。根据车流量预测，到 2010 年隧道内部昼间噪声级为 91dB，夜间为 85dB。

根据研究结果，建设者们提出在隧道出口段两侧路堑侧壁铺设吸声材料，在光栅段顶部及侧壁布置吸声材料；在隧道东出口处临隧道一侧的情侣园内栽植由高大常绿乔木和灌木组合的林带，从而达到降低噪声对周边环境干扰的目的。对于隧道内部，隧道侧壁及顶棚部分可综合考虑装饰与降噪需求，同时在隧道全路段铺设低噪声路面来有效控制噪声强度。具体方案如下：

(1) 隧道全路段铺设低噪声材料路面；

(2) 洞内设置低噪声风机，在射流风机两端安装消声器；

(3) 洞内 50m 范围顶部及洞内噪声较为严重的路段，采用金属穿孔板，板内加贴声学无纺布；

(4) 隧道敞开段侧墙采用厚度为 2mm，平面尺寸为 550mm×1100mm 的穿孔铝板(孔径 3mm，穿孔率 20%)，内部放置聚氯乙烯(PVC)防水耐候薄膜包裹 40mm、32k 离心玻璃棉毡，玻璃棉毡与敞开侧墙间留有 50mm 空腔，其吸声率达 0.7(图 2.8)。

图 2.8　玄武湖隧道洞口吸声板

2.4.4　降噪效果

玄武湖隧道开通运营后，在昼间 16:00～18:00 的交通高峰期对隧道内的噪声状况进行了测量。与同处市区中心的鼓楼隧道噪声测量值相比：在车流量基本相同的条件下，玄武湖隧道西洞口噪声级比鼓楼隧道低 12～13dB；洞内噪声值在车流量与鼓楼隧道基本接近的情况下，较之低 7～8dB。

2.5　南京惠民大道地下互通

2.5.1　工程背景

建宁西路过江通道是国务院批复的《南京市城市总体规划(2011—2020 年)》中确定的过江通道之一，同时也列入了《南京江北新区总体规划(2014—2030 年)》。该通道位于长江大桥和扬子江隧道之间，距离上游的扬子江隧道约 1.8km，距离下游的长江大桥约 2.4km，如图 2.9 所示。

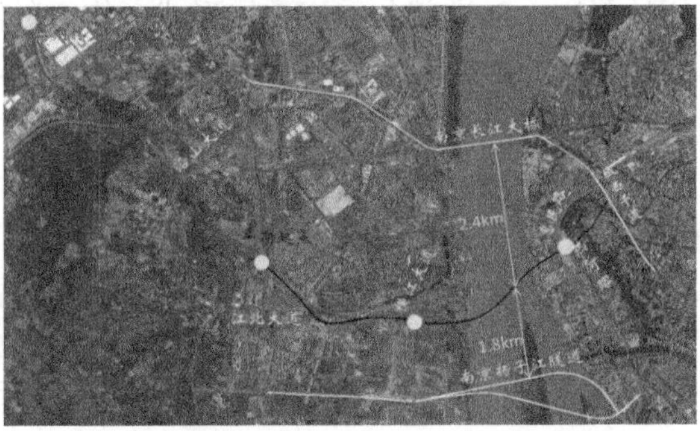

图 2.9　建宁西路过江通道位置示意图

建宁西路过江通道江南段连接线沿建宁西路布设，由于江南段接线条件差，在城西干道以西仅有惠民大道与热河路两条道路可作为疏解道路，且两条道路相距较近，不足 200m。为避免大量过江车辆涌入城西干道及建宁路，对鼓楼老城区交通造成较大冲击，加剧主城区路网拥堵，在建宁西路过江通道南岸接线方案研究过程中，根据交通组织分析成果，专家建议及南京市规划与鼓楼区政府等部门意见，惠民大道节点宜采用“T 形”互通立交“快接快”方式衔接，将过江交通流尽量、尽快引导到快速环路系统进行疏解。将惠民大道现状高架改建为双向六车道隧道，并结合道路改造同步实施惠民大道范围内规划干线管廊。工程建设地理位置见图 2.10。

图 2.10　惠民大道综合改造工程地理位置图

2.5.2　工程方案

惠民大道综合改造工程南起惠民大道与新兴路交叉口，北至惠民大道与城河南路交叉口，长约 2.37km。推荐方案拆除现状高架桥 1.55km，改为双向六车道隧道，受现状周边用地限制，隧道部分采用叠层形式，终点敞开段错位布置，上层(NU 线)为由北向南，下层(ND 线)为由南向北，NU 线长约 1.45km，ND 线长约 1.875km。主线隧道由南向北依次下穿中山北路、公共路、建宁西路、龙江路等主要被交道路，在建宁西路过江通道与惠民大道节点设置地下 T 形互通立交。全线随同路段建设的综合管廊长约 2.16km。

工程主要内容包括：惠民大道高架桥改建为双向六车道隧道，建宁西路过江通道与惠民大道节点地下互通匝道，惠民大道干线管廊，沿线辅路、人非慢行系统的改造及相关市政管线的改迁等。工程地下互通平面布置见图 2.11，项目于 2020 年初开工建设，预计 2023 年建成通车。

图 2.11　惠民大道地下互通平面布置图

建宁西路过江通道预留双车道匝道出入口，连接惠民大道主线隧道。设置 A、B、G 三条匝道实现江北至江南交通流的疏解，如图 2.12 所示。其中，A 匝道为单向双车道匝道，从建宁西路过江通道分出后下穿过江通道，后沿热河路向北敷设；B 匝道为单车道匝道，起点接 A 匝道，向北接入 ND 线；G 匝道为单车道匝道，起点接 A 匝道，下穿 NU 线、ND 线后沿惠民大道道路西侧向南敷设，接入 NU 线。

图 2.12　建宁西路过江通道江北至惠民大道路径示意图

江南至江北设置 E、F、G 三条匝道实现其交通流的转换，见图 2.13。其中，E 匝道为单车道匝道，从 NU 线接地点东侧约 130m 处下地，于 NU 线、ND 线之间穿越后汇入 F 匝道；H 匝道为单向双车道匝道，起点接惠民大道地面辅道，下穿公共路与建宁西路后汇入 ND 线；F 匝道为单向双车道匝道，从 ND 线右侧分出，利用热河路敷设后汇入建宁西路过江通道。

图 2.13　建宁西路过江通道惠民大道至江北路径示意图

沿惠民大道主线隧道，结构共包含 8 种断面形式，结构断面位置见图 2.14，各断面结构形式见图 2.15。

图 2.14　惠民大道综合改造工程断面位置

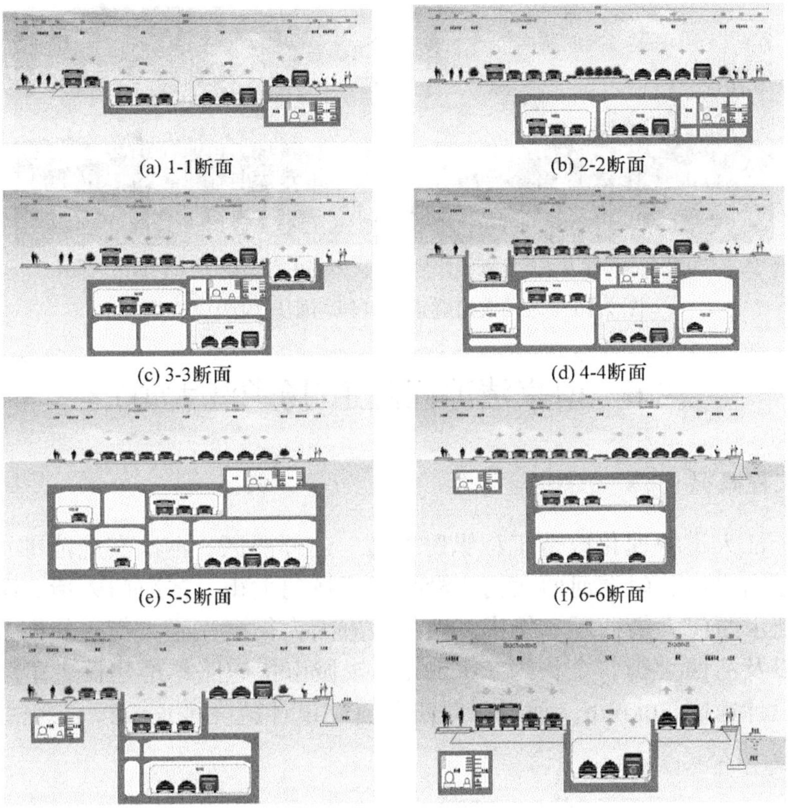

(a) 1-1断面　(b) 2-2断面

(c) 3-3断面　(d) 4-4断面

(e) 5-5断面　(f) 6-6断面

(g) 7-7断面　(h) 8-8断面

图 2.15　惠民大道综合改造工程主线隧道不同位置断面示意图

2.5.3　降噪设计方案

项目全线位于鼓楼区滨江片区内，现状沿线自北向南依次分布有南京西站、证大大拇指广场、民国风情街、天妃宫小学、长航国际物流中心、鼓楼区政务服务中心、原下关区人民政府、惠纺园、下关变电站等地块，远期道路两侧规划为图书展览、商业、行政办公、教育、商办混合、商住、住宅等地块。

基于周边地块对声环境要求较高的现实，在设计阶段就开展了隧道洞口周边区域的噪声控制方案研究工作，具体方案(图 2.16)如下：

(1) 隧道全线采用降噪路面。

(2) 主线隧道敞开段侧墙采用乳白色成品吸音搪瓷钢板干挂，规格 600mm×900mm，由“穿孔搪瓷面板+微穿孔铝板”组成，穿孔搪瓷钢板穿孔率约为 20%，钢板厚度不小于 1.5mm。吸声搪瓷钢板的平均降噪系数 NRC 不应小于 0.65。

(3) 隧道暗埋段入口 150m 范围内侧壁干挂吸音搪瓷钢板，其规格与敞开段相同。

(a) 敞开段降噪方案效果图　　(b) 暗埋段吸声搪瓷钢板实景照片

图 2.16　惠民大道隧道敞开段与暗埋段吸声方案

2.6　南京清凉门隧道(扬子江大道)

2.6.1　工程概况

扬子江大道快速化改造工程纵跨鼓楼、建邺两区，本次实施范围：北起扬子江隧道南出口，南至河西大街，沿线经草场门大街、清凉门大街、汉中门大街、规划水西门大街西延、集庆门大街、应天大街、兴隆大街、梦都大街、奥体大街以及河西大街，全长约 7.065km。按城市快速路标准建设，主线双向六车道，设计速度 80km/h，辅道双向四车道，设计速度 40km/h。工程总体方案如图 2.17 所示。

图 2.17　扬子江大道快速化改造工程总体方案图

工程总体采用主线节点下穿的方案，分别在草场门大街、清凉门大街、汉中门大街和水西门大街各设置一座下穿隧道，在应天大街节点设置一座过街天桥，同时分别在兴隆大街、梦都大街、奥体大街节点增设一座人行过街地道；全路段设置辅道和人非慢行系统；随同道路改造建设综合管廊。

其中清凉门隧道位于扬子江大道与清凉门大街节点处，隧道总长 865m，隧道敞开段主体结构采用 U 形槽结构形式，暗埋段采用矩形单箱双孔框架结构。清凉门隧道区段划分如表 2.2 所示，结构敞开段标准横断面与暗埋段横断面分别见图 2.18 和图 2.19。

表 2.2　清凉门隧道规模一览表　　(单位：m)

隧道名称	敞开段			暗埋段			敞开段			合计
	起点	终点	长度	起点	终点	长度	起点	终点	长度	
清凉门隧道	K2+050	K2+230	170	K2+230	K2+670	440	K2+670	K2+915	245	865

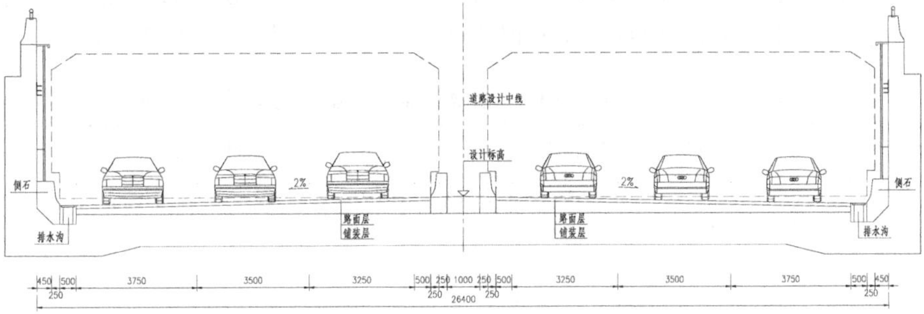

图 2.18　清凉门隧道敞开段标准横断面示意图(单位：mm)

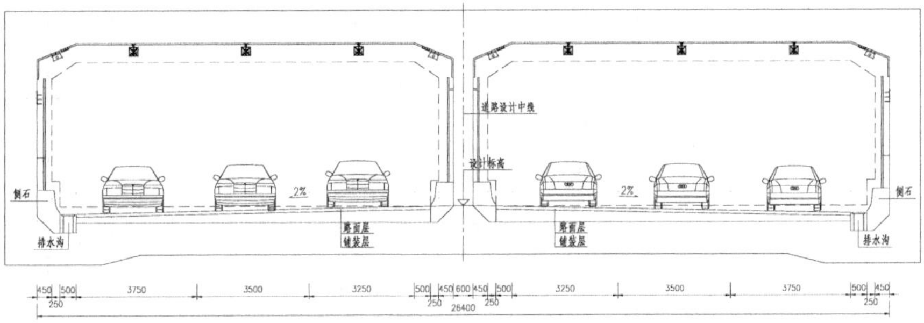

图 2.19　清凉门隧道暗埋段标准横断面示意图(单位：mm)

2.6.2　建设场地周边声环境状况

草场门隧道至清凉门隧道之间声环境保护目标共 5 处，包括：长阳花园、长江之家、银城花园、江滨新寓、华保新寓。各待保护建筑物与新建隧道工程间平面位置关系如图 2.20 所示。

图 2.20　草场门大街至清凉门大街沿线敏感点分布

根据《南京市声环境功能区划分调整方案》(宁政发〔2014〕34 号)规定，东侧保护目标为 1 类和 4a 类区；《民用建筑隔声设计规范》(GB 50118—2010)室内住宅允许噪声级昼间 45dB(A)、夜间 37dB(A)。考虑到隧道建成后洞口“喇叭效应”对周边声环境敏感点的影响，在工程建设前对其进行了声环境现状的监测，部分测点的监测结果见表 2.3。根据监测结果，项目沿线 5 处监测点现状均不满足《声环境质量标准》(GB 3096—2008)中的相应要求，最大超标量在 10.6～19.8dB。

表 2.3　草场门大街至清凉门大街沿线敏感点声环境监测结果　　(单位：dB(A))

序号	敏感点	监测楼层	监测时段	第一天	第二天	评价标准	标准值	超标值	
1	银城花园	1	昼	64.3	64.6	4a 类	70	—	—
			夜	59.4	62.0		55	4.4	7.0
		3	昼	68.9	68.8		70	—	—
			夜	68.2	67.9		55	13.2	12.9
		6	昼	70.5	70.4		70	0.5	0.4
			夜	68.7	68.3		55	13.7	13.3
		小区内 200m	昼	47.3	48.6		55	—	—
			夜	46.6	47.2		45	1.6	2.2
2	长江之家	1	昼	59.8	59.0	4a 类	70	—	—
			夜	54.9	52.3		55	—	—
		3	昼	64.4	64.1		70	—	—
			夜	57.6	56.8		55	2.6	1.8
		6	昼	65.5	66.5		70	—	—
			夜	58.2	57.0		55	3.2	2.0
		12	昼	69.7	68.4		70	—	—
			夜	59.3	58.9		55	4.3	3.9
		小区内 200m	昼	47.3	48.5		55	—	—
			夜	46.1	44.6		45	1.1	—
3	长阳花园	1	昼	55.5	57.1	1 类	55	0.5	2.1
			夜	47.4	49.1		45	2.4	4.1
		3	昼	57.6	59.2		55	2.6	4.2
			夜	48.6	49.9		45	3.6	4.9

续表

序号	敏感点	监测楼层	监测时段	第一天	第二天	评价标准	标准值	超标值	
3	长阳花园	6	昼	60.6	61.6	1 类	55	5.6	6.6
			夜	50.8	52.8		45	5.8	7.8
		12	昼	62.1	63.2		55	7.1	8.2
			夜	56.3	55.6		45	11.3	10.6
		小区内 200m	昼	48.7	50.5		55	—	—
			夜	46.6	46.9		45	1.6	1.9

2.6.3　隧道噪声控制方案

现状扬子江大道沿线居民楼距离道路很近(最近处仅 16m)，沿线居民长时间受其交通噪声的影响，多年来鼓楼区政府、南京市生态环境局、南京市政府、江苏省生态环境厅乃至生态环境部等各级政府职能部门接收过大量关于扬子江大道噪声扰民的信息。

在此背景下，本次扬子江大道快速化改造工程自启动以来，就备受沿线小区居民的关注，从环评第一次网上公示(2017 年 1 月 16 日)至南京市环保局批复项目环评(2018 年 2 月 14 日)，沿线居民对公示材料中的工程方案及噪声防治措施隔声降噪效果均提出了不同意见，对隧道敞口段及路面主辅线交织段拟采取的隔声降噪方案(包括隔音棚/声屏障、隧道内壁吸声材料、降噪路面、绿化林带)在实施后的降噪效果、选型选材、耐久度等提出了极高的要求，对实施后的隔声降噪效果并不持乐观态度。

为达到隧道洞口周边噪声控制的目的，原清凉门大街隧道向北延伸 265m，至湘江路北侧，隧道总长 1515m；湘江路通道拆除，银城街地下通道维持现状；隧道明挖段设置全封闭式隔音棚(图 2.21)。

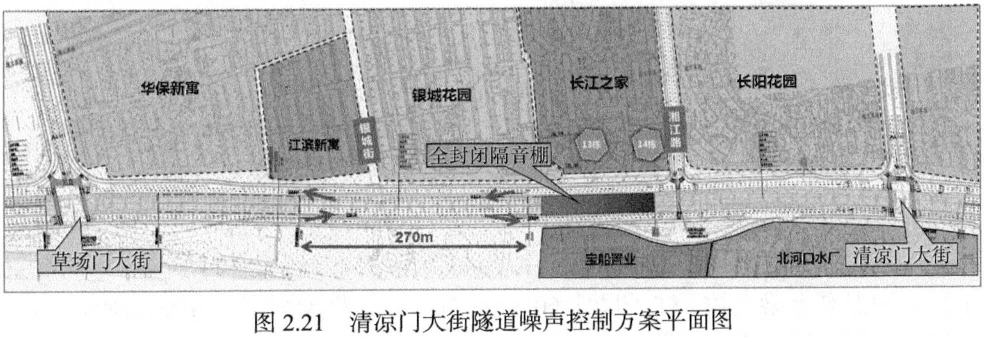

图 2.21　清凉门大街隧道噪声控制方案平面图

方案设计阶段，项目组给出了全混凝土结构隧道隔音棚、混凝土拱架隧道隔音棚以及钢架结构隧道隔音棚三种方案。各方案特点见表 2.4，具体内容简述如下：

表 2.4 清凉门隧道全封闭式隔音棚方案对比

主要方面	全混凝土结构	混凝土拱架	钢架结构
隔音效果	达到声环境设计要求	达到声环境设计要求	达到声环境设计要求
耐久性	主体结构 50 年以上	主体结构 50 年以上；隔音棚体 15 年以上	主体结构 50 年以上；隔音棚体 15 年以上
外形外观	结构造型单一，绿化实现困难，与周边环境景观的不协调，植物绿化难度大	结构造型较丰富，绿化景观的总体打造与周边协调实现较容易	结构造型多变，景观性好
透光性能	不透光	透光性较好	透光性好
施工难度	施工工序复杂，周期较长，且受天气影响较大，损伤修复比较困难	施工工序较简单，周期较短，受天气影响较小，构件总数多，接头工作量大除混凝土框架外修复较简单	施工工序简单，周期短，修复容易
估算投资/万元	1340	1780	1920

1) 全混凝土结构隧道隔音棚

本方案隔音棚采用拱形，侧面辅以绿植，主体结构采用混凝土直立式侧墙和中隔墙，侧墙厚 800mm，中隔墙厚 800mm，拱厚 600mm。结构效果图与横断面图见图 2.22 和图 2.23。此种方案的优点在于，隔音效果好，可模性、整体性、耐久性、耐火性较好，施工方便，可在棚外种植花草植被,结构受力均匀。缺点是：施工工期较长，结构自重大，抗裂性能差，经济性差，棚内缺乏自然光照射，需要电光照明。

图 2.22 全混凝土结构隧道隔音棚效果图

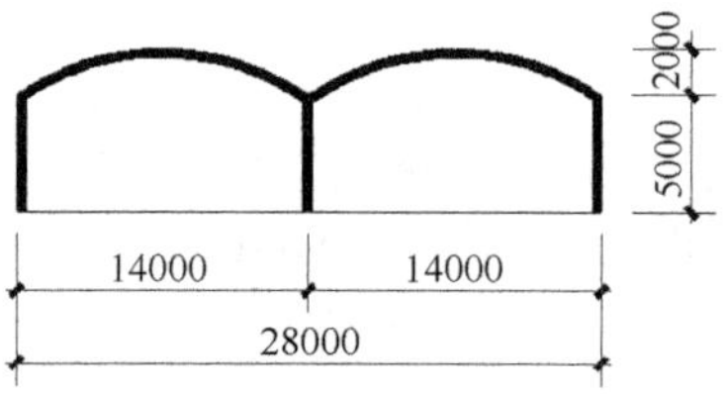

图 2.23 全混凝土结构隧道隔音棚横断面(单位：mm)

2) 混凝土拱架隧道隔音棚

本方案隔音棚采用混凝土框架，结合混凝土结构、透明材料形式，采用混凝土柱子和混凝土梁支撑，柱子尺寸 600mm×600mm，框架梁尺寸 400mm×800mm。结构效果图与横断面图见图 2.24 和图 2.25。该方案优点在于，空间分隔灵敏、透光性较好、自重轻，有利于结构稳定，节省材料，结构简单施工方便，成本较低。

缺点是：接头作业量较大，局部应力集中，侧向刚度较小，属柔性结构。也可用钢结构代替该种形式，但整体成本会变高。

图 2.24　混凝土拱架隧道隔音棚效果图

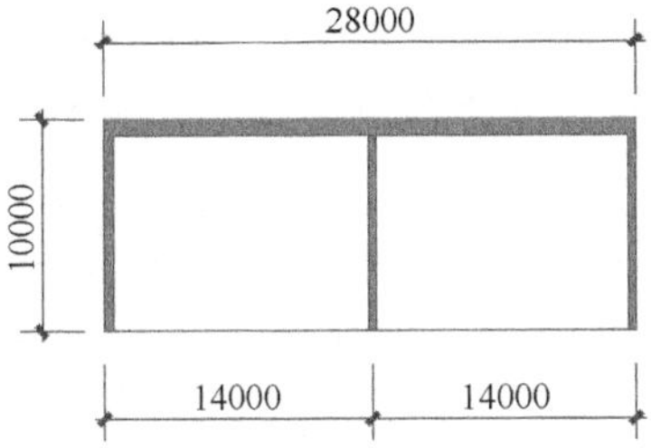

图 2.25　混凝土拱架隧道隔音棚横断面(单位：mm)

3) 钢架结构隧道隔音棚

本方案采用钢架结构，以钢结构、透明材料形式为主。采用热轧 H 型钢 HW400×400，每 1500mm 布置一榀钢架。结构效果图与横断面图见图 2.26 和图 2.27。该方案优点包括：现代简约，造型美观，通光效果好，整体自重轻、抗震性、耐久性、灵活性、保温性、隔热性强，设计自由度较大，适用于大跨度结构，可不使用立柱，节省有效空间，它具有低碳、节能、绿色环保的特点。缺点是费用相对较高，需要涂防火表层和维护，材料、制作、安装技术要求较高。

图 2.26　钢架结构隧道隔音棚效果图

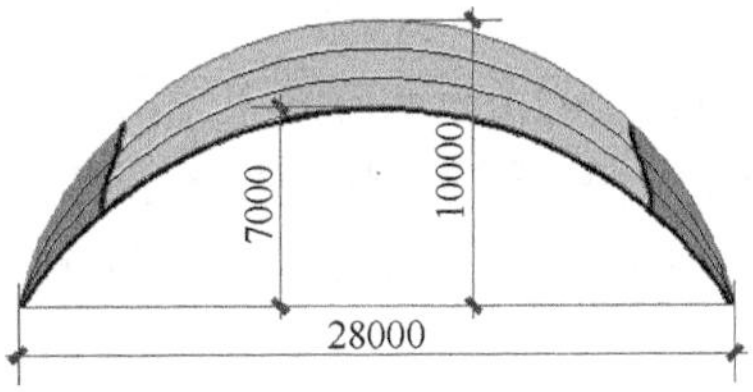

图 2.27　钢架结构隧道隔音棚横断面(单位：mm)

经比选，采用全混凝土结构隧道隔音棚方案。

2.6.4　降噪效果

以长江之家为例，根据预测结果，本次改造完成后长江之家段声环境质量有所改善，其中改造完成后，长江之家段 4a 类区近期(2020 年)，根据楼层不同昼间改善 4.6～8.7dB(A)，夜间改善 3.6～7.0dB(A)；中期(2026 年)，根据楼层不同昼间改善 4.2～8.3dB(A)，夜间改善 2.6～6.1dB(A)；远期(2034 年)，根据楼层不同昼间改善 4.1～8.4dB(A)，夜间改善 2.1～5.5dB(A)。1 类区近期(2020 年)，根据楼层不同昼间改善 4.7～9.1dB(A)，夜间改善 3.6～5.0dB(A)；中期(2026 年)，根据楼层不同昼间改善 4.4～8.8dB(A)，夜间改善 2.7～4.2dB(A)；远期(2034 年)，根据楼层不同昼间改善 4.3～8.7dB(A)，夜间改善 2.2～3.8dB(A)。详见表 2.5。

表 2.5 长江之家声环境质量改善情况分析

评价标准	预测楼层	现状值/dB(A)		预测值/dB(A)						预测值–现状值/dB(A)					
				2020 年		2026 年		2034 年		2020 年		2026 年		2034 年	
		昼	夜	昼	夜	昼	夜	昼	夜	昼	夜	昼	夜	昼	夜
4a 类	1	65.1	59.8	60.5	55.5	60.9	56.3	60.9	56.9	–4.6	–4.3	–4.2	–3.5	–4.1	–2.9
	3	69.1	62.5	64.0	58.9	64.3	59.9	64.3	60.4	–5.1	–3.6	–4.8	–2.6	–4.7	–2.1
	6	72.7	66.0	64.0	59.0	64.4	59.9	64.3	60.5	–8.7	–7.0	–8.3	–6.1	–8.4	–5.5
1 类	1	59.8	54.9	55.1	51.3	55.4	51.4	55.4	51.8	–4.7	–3.6	–4.4	–3.5	–4.3	–3.1
	3	64.4	57.6	57.3	52.6	57.6	53.4	57.6	53.8	–7.1	–5.0	–6.8	–4.2	–6.7	–3.8
	6	66.5	58.2	59.5	54.7	59.8	55.5	59.8	56.0	–7.0	–3.5	–6.7	–2.7	–6.6	–2.2
	12	69.7	59.3	60.6	55.7	60.9	56.5	61.0	57.0	–9.1	–3.6	–8.8	–2.8	–8.7	–2.3

注：沿道路一侧首排现状值参照北侧银城花园首排实测值。负号表示改造后相对于现状的改善情况。

2.7 成都某道路下穿隧道

2.7.1 隧道周边声环境

针对某城市主干道路下穿隧道段临路同侧、与道路红线距离相近的两栋高层居民楼展开隧道洞口噪声值测试工作，其中 1 号楼为 25 层，2 号楼为 26 层，如图 2.28 所示。主干道设计行车速 60km/h，实际限速 80km/h。

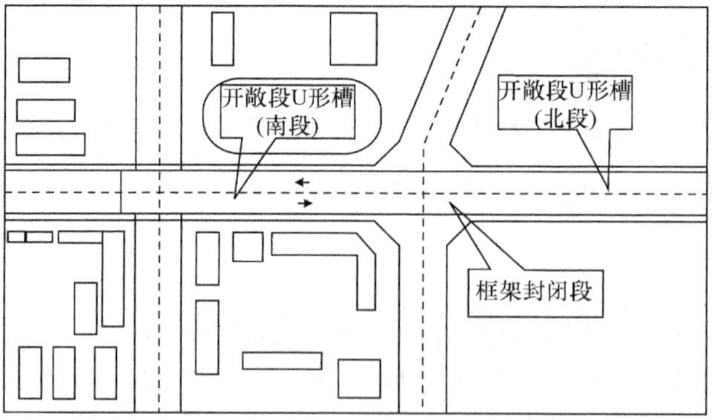

图 2.28 道路平面示意图

该主干道下穿次干路，下穿隧道段总长 300m，框架封闭段 140m，南北两端敞开段(U 形槽)长度分别为 218m 和 242m。道路规划红线宽度 60m，横断面责成为三块板形式，车道布置采用“主车道+辅道”模式，主行车道宽 26m，单侧辅道宽 13.5m，路面结构均为 SMA-13C 改性沥青混凝土。

隧道周边噪声测试工作中，1 号楼测试断面位于道路下穿隧道 U 形槽段中部，与道路红线距离 14m，为测试的目标断面；2 号楼测试断面为道路交通噪声对比断面，位于道路平面段，距离道路红线 11m。测试选择临路等高楼层垂向布设测试点，其中 1 号楼 2、5、8、11、14、17、20、23 楼层，2 号楼 3、6、9、12、15、18、21、24 楼层，同步测试不同楼层的环境噪声值，记录道路车流量及车型。测试时段为 24h 连续监测，隧道洞口附近环境噪声测试结果见表 2.6。

表 2.6　1 号楼与 2 号楼噪声监测结果　(单位：dB(A))

1 号楼			2 号楼		
楼层	日间等效声级 L_d	夜间等效声级 L_n	楼层	日间等效声级 L_d	夜间等效声级 L_n
2 楼	72.7	69.1	3 楼	67.7	64.2
5 楼	74.1	70.4	6 楼	69.8	65.9
8 楼	72.1	68.4	9 楼	71.3	67.6
11 楼	69.3	65.5	12 楼	69.4	64.9
14 楼	73.7	69.9	15 楼	67.4	62.6
17 楼	69.7	65.8	18 楼	68.4	63.6
20 楼	68.9	65.1	21 楼	70.3	63.5
23 楼	67.6	63.9	24 楼	70.1	65.3

2.7.2　下穿隧道降噪方案

适用于本工程的降噪措施包括：U 形槽侧墙贴吸声板(I)、U 形槽顶部设置弧形声屏障(II)、U 形槽顶部设置全封闭声屏障(III)。各措施情况简要介绍如下。

1) U 形槽侧墙贴吸声板(措施 I)

在 U 形槽和封闭框架两侧侧墙粘贴吸声板，吸声板吸声系数中心频率为 250～2000Hz，平均吸声系数大于 0.7，如图 2.29 所示。

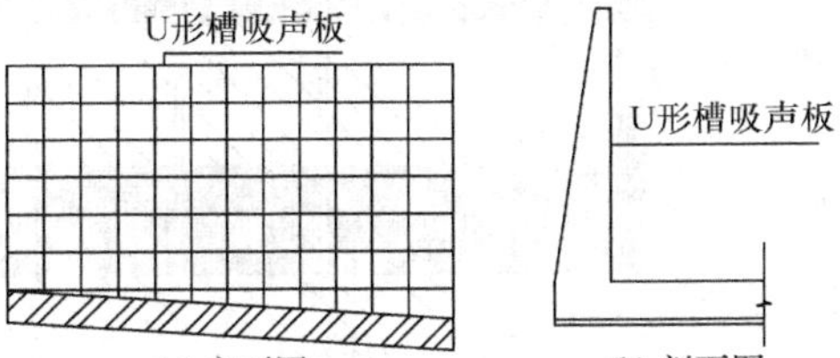

(a) 立面图　(b) 剖面图

图 2.29　U 形槽侧墙吸声板结构图

2) U 形槽弧形声屏障(措施 II)

在 U 形槽顶部设置声屏障，高度为 5m。采用弧形双面吸声式声屏障，板材组合方式为 1m 高金属吸声板+2m 通透隔声板+2m 高金属板，见图 2.30。

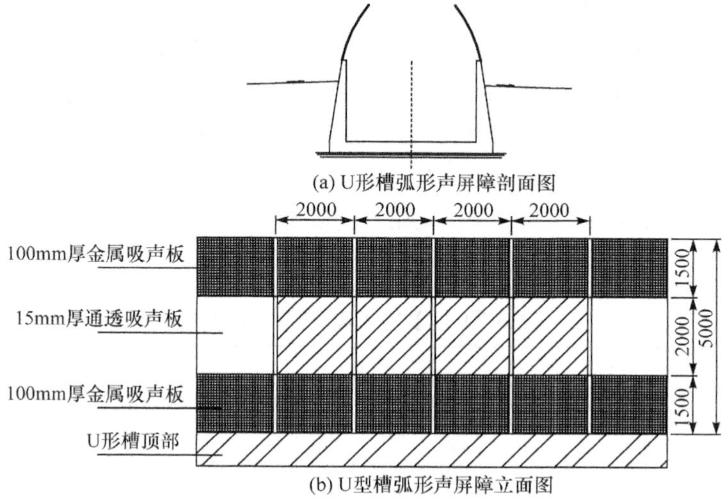

图 2.30　U 形槽弧形声屏障结构(单位：mm)

3) U 形槽全封闭声屏障(措施 III)

在 U 形槽顶部设置全封闭声屏障，采用门型全封闭吸声式声屏障，高度为防撞墙顶以上 6.0m，侧墙高度为地面 1m，全封闭内部净空约为 6.3m，如图 2.31 所示。

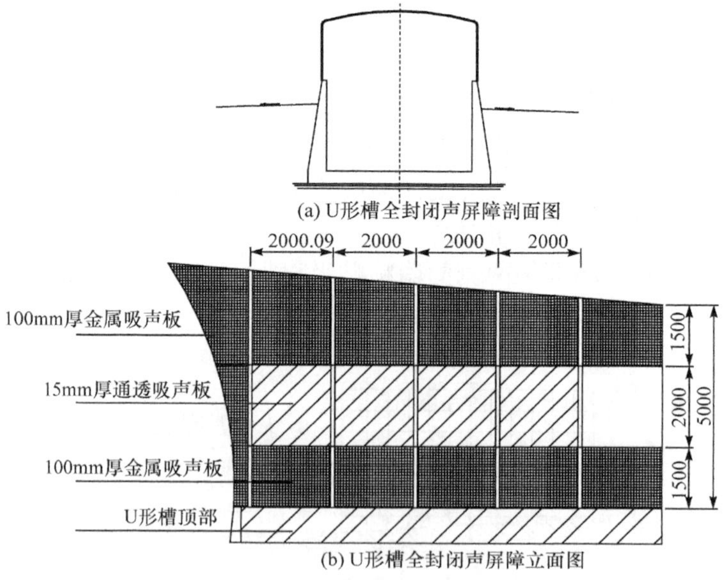

图 2.31　U 形槽全封闭声屏障结构(单位：mm)

本工程的方案设计采用前述三种措施的组合。考虑到现场情况，设计方案一为措施 I+措施 II、方案二为措施 I+措施 III。

2.7.3　降噪效果

采用 Cadna/A 系统建立下穿隧道 U 形槽段模型，模拟封闭箱体段两端洞口及 U 形槽段内墙体反射与混响噪声，对水平断面、垂直断面受声点影响值进行预测。基于模拟结果分析地道 U 形槽段整体噪声与辅道、下穿的道路交通噪声叠加对周边居民建筑的影响，比较安装声屏障前后的噪声影响改变情况。

计算过程中，下穿隧道主道、地面辅道行车速度按照道路实际限速，即主车道 80km/h，辅道大车 40km/h、小车 50km/h，昼夜间小时绝对车流量、车型比均采用实际监测数据。方案一、方案二的模拟降噪效果见表 2.7。

表 2.7　设计方案降噪效果　(单位：dB(A))

楼层	措施后噪声预测值				措施后降噪量			
	方案一		方案二		方案一		方案二	
	昼间	夜间	昼间	夜间	昼间	夜间	昼间	夜间
4 楼	71.1	66.0	68.1	64.7	1.7	1.7	4.6	4.4
7 楼	72.2	67.8	69.7	66.3	1.1	1.1	4.4	4.4
10 楼	70.9	65.8	67.8	64.4	1.3	1.3	4.3	4.0
13 楼	69.2	64.1	65.1	61.6	1.4	1.3	4.2	3.9
16 楼	72.4	66.9	69.5	66.0	1.4	1.4	4.2	3.9
19 楼	69.5	63.4	65.6	62.1	1.4	1.4	4.1	3.7
22 楼	68.9	63.1	64.9	61.4	1.5	1.4	4.0	3.7
25 楼	67.7	62.7	63.6	60.3	1.6	1.5	4.0	3.6

模拟结果显示，下穿 U 形槽路段采取隧道墙壁贴吸声材料和 U 形槽顶部弧形声屏障措施的降噪量可达 1.1～1.4dB。U 形槽路段采取隧道墙壁粘贴吸声材料和 U 形槽全封闭声屏障措施降噪效果可达 3.6～4.6dB。

第 3 章　隧道噪声预测与实测

隧道噪声问题分为洞内与洞口两个部分，其声场分布情况与交通量、交通分担率、车速、隧道长度、断面形式、断面尺寸、降噪措施、洞口形式等有着密不可分的关系。对于已建隧道的声环境改造项目，运营期隧道声场的情况是开展针对性改造方案的重要参照。对于人口密集的城区或对声环境有较高要求的区域，应当考虑隧道建成后对周边的影响，因此洞内及洞口噪声的预测是其设计方案的重要依据之一。

本章针对隧道洞内与洞口的噪声预测问题进行了理论研究，给出了相关的预测公式，同时也对隧道噪声的测试进行了探讨。

3.1　基本概念

3.1.1　声波的描述

物体或质点在其平衡位置附近所做的有规律运动称之为机械运动，在单位时间内往返运动的次数称为频率，其单位为赫兹(Hz)。物体振动时带动周围介质发生相应的振动，引起振动在介质中由近及远的传播，产生波动。频率介于 20～20000Hz 的振动称之为声振动，其传播过程引起人类听觉，形成声波，也称为声音。产生声振动的物体叫做声源。

1) 声波的几何描述

声波存在的空间称为声场，某一时刻声波到达的空间各点的包迹面称为声波面；处在最前面的声波面称为声波前。波面为平面的声波称为平面波，波面为球面的声波称为球面波。点声源产生的声波为球面波，在离声源足够远的局部范围内则可以近似地视为平面波。如图 3.1 所示，声波的传播方向称为声波线(简称波线)，在空气中，波线恒与波面垂直。平面波的波线为一系列垂直于波面的平行射线，球面波的波线为一系列沿半径方向的射线。

2) 声波的基本物理量

声波的周期与频率与声振动的周期与频率相同，它们是声波时间周期性的反映，即每经过 T 时间，空间就传播了一个完整的声波。声波在一个周期内所传播的距离，即在波动上任意两个最近距离的相同波相的点之间的距离称为声音的波长(λ)，单位为米(m)。

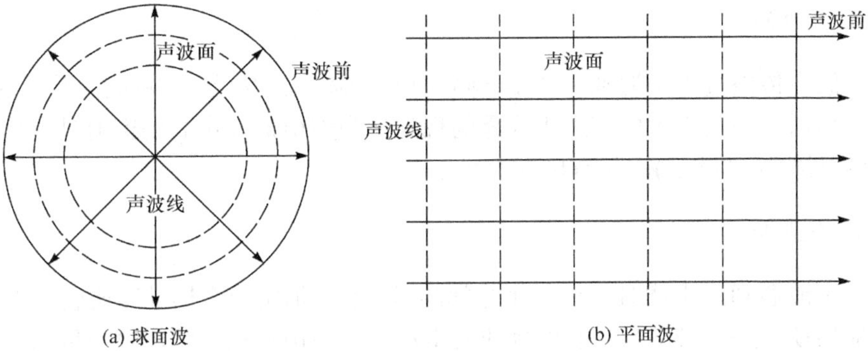

图 3.1　声波的波线、波面与波前

单位时间内，声波在媒质中的传播距离称为声速，单位为米/秒(m/s)。声波传播介质不同，声速也不相同。一般而言，声波在固体中的传播速度最快，液体次之，空气中最慢。对于同种介质，如果温度不同，其声速也不相同。常见介质中的声速见表 3.1。

表 3.1　常见介质中的声速

介质	温度/℃	声速/(m/s)	介质	温度/℃	声速/(m/s)
橡皮	0	50	混凝土	0	3100
空气	0	331	花岗岩	0	3100
	20	340	松木	0	3140
软木	0	500	玻璃	0	3320
水	0	1481	钢	0	5050
	25	5200		25	5300

3.1.2　声波的基本物理现象

1. 声波的反射

声波在传播过程中遇到尺度比其波长大得多的障碍物时有部分声波被反射回原介质的现象称之为声反射。声反射满足入射声波与反射声波分居法线两侧以及入射角与反射角相等的原则。

在具有足够声压级的前提下，当传到人耳的入射声与从较远的障碍物反射回来的反射声的时差大于 50ms 时，便可以清楚地听到两种非常相似的声音——原声与反射声，这样的反射声称为回声。混响(声)是回声以外的其他反射声之总和(叠加)。声源停止发声后，室内声强便开始衰减，声强减至原声强的百万分之一，即衰减 60dB 所经历的时间称为混响时间，用 T_{60} 表示，单位为秒(s)。

2. 声波的衍射

声波在传播过程中遇到尺寸小于障碍物(或洞口)产生绕行，从而向其后的“阴影区”传播，使阴影区的声强不为零的现象称为声衍射。声波的衍射具有波长越长(或障碍物尺寸越小)衍射越显著的特点。

3. 声透射

当声波遇到障碍物时，其疏密相间的运动(振动)压力会推动障碍物内部也发生相应振动，进而带动另一侧的媒质发生振动，使声波透过障碍物而传播，这种现象称为声透射，其强度与障碍物的物理特性有关。

4. 声吸收

振动在障碍物中传播时会伴随有摩擦、碰撞等过程发生，从而导致部分声能转化成其他形式的能量(如热能)而耗散，致使经过障碍物后的声能衰减，这种现象称为声吸收，其强度也与障碍物的物理性能有关。

5. 声波的干涉

当两列同频率、同振动方向且相位差恒定的声波在同一媒质中传播时，会在相遇区域的某些固定点始终产生振动相长(彼此加强)的效果，而在另一些固定点始终产生振动相消(彼此减弱)的效果，这种现象称为声波的干涉，满足这种相干条件的声波称为相干声波。

如果两列相干声波的振幅相等，且传播方向相反(如入射声波及其反射波在空间相遇)，则它们在空间的叠加便会生成驻波，称为声驻波。

3.1.3　声压与声压级

声波为空气中分子振动而形成的疏密波，在不存在声波的前提下，空气的压强为大气压。声波在空气中的传播，引起声场中的空气产生周期性的疏密变化，引起空气中的压强在大气压附近变化。表现为在大气压的基础上附加了一个随时间变化的压强，称该附加压强为声压(P)，其单位为帕(Pa)。

声压与声振动一样随时间变化，当声压呈周期性变化时，其大小常用周期内声压作用力的方均根值表示，称为有效声压。对多数听力正常的人而言，频率为1000Hz 的声音对听觉的感受最灵敏，在这样的频率下，声压为 2×10^{-5}Pa 的声音恰好能听见(低于此的声音则听不见)，该声压叫做闻阈。声压超过 20Pa，会使耳朵感到疼痛，这一声压称为痛阈(声压上限)。

人对声音强弱的感觉是与声压的对数成正比，声学中用声压 P 与基准声压 $P_0(2\times10^{-5}\text{Pa})$的比值的对数来表示声音的大小，其值称为声压级($L_P$)。

$$L_P = 20\cdot\lg\frac{P}{P_0} \tag{3.1}$$

此时，闻阈声压级为 0dB，痛阈声压级为 120dB，每当声压增加 1 倍时，声压级就增加 6dB。一些常见声音的声压与声压级见表 3.2。

表 3.2　常见声音的声压与声压级

声音	声压/Pa	声压级/dB
火箭、导弹、飞船发动	>623	>150
5m 远处喷气式飞机发动	200	140
大炮	63	130
痛阈	20	120
1m 远处汽车喇叭、摇滚音乐	6.3	110
发电站、通风机房	2	100
载重汽车	0.63	90
一般车间	0.2	80
一般谈话(1m 远距)	0.063	70
大商店内部	0.02	60
一般民宅内部	6.3×10^{-3}	50
影剧院演出时观众席中	2×10^{-3}	40
轻声耳语	6.3×10^{-4}	30
手表摆动	2×10^{-4}	20
呼吸	6.3×10^{-5}	10
闻阈	2×10^{-5}	0

3.1.4　声功率级与声强级

声源在单位时间内向空间辐射声的总能量称为声功率，单位为瓦(W)。声功率 W 与基准声功率 $W_0(10^{-12}W)$ 之比的对数称为声功率级(L_W)，单位分贝(dB)，即

$$L_W = 10\cdot\lg\frac{W}{W_0} \tag{3.2}$$

常见声源的声功率与声功率级如表 3.3 所示。

表 3.3 常见声源的声功率与声功率级

声源	声功率/W	声功率级/dB	声源	声功率/W	声功率级/dB
轻声耳语	1.0×10^{-9}	30	履带式拖拉机	1.0×10^{-1}	110
低声交谈	1.0×10^{-8}	40	小型飞机巡逻	1.0×10^{2}	140
一般交谈	1.0×10^{-5}	70	喷气发动机	1.0×10^{4}	160
大声喊叫	1.0×10^{-3}	90	大型火箭发动机	1.0×10^{8}	200
75kW 电动机	1.0×10^{-2}	100	—	—	—

声波具有能量，其大小既与声波的频率、波幅有关，又与时间及声波通过的面积有关。反映声波能量传播特性的物理量为声波强度，简称声强(I)，表示单位时间内通过垂直于传播方向上每单位面积上的声能，其单位为瓦/米²(W/m²)，其表达式如下：

$$I=\frac{1}{2}\rho A^2\omega^2 c \tag{3.3}$$

式中，ρ 为介质的密度(kg/m³)；ω 为圆频率($2\pi f$)(Hz)；A 为波幅，同振幅(m)；c 为声速(m/s)。

声强 I 与基准声强 $I_0\left(10^{-12}\,\mathrm{W/m^2}\right)$之比的对数称为声强级($L_I$)，单位 dB。

$$L_I=10\cdot\lg\frac{I}{I_0} \tag{3.4}$$

常见的声强与声强级如表 3.4 所示。

表 3.4 常见的声强与声强级

声音	声强/(W/m²)	声强级/dB	声音	声强/(W/m²)	声强级/dB
正常呼吸	10^{-11}	10	大声喊叫	10^{-4}	80
钟表	10^{-10}	20	5m 附近飞机发动	100	120
轻声谈话	10^{-8}	40	导致耳聋	10^{4}	160

3.1.5 响度与响度级

描述声音响与不响的量称为响度(N)，单位为宋(sone)。主观感知的声音大小由频率(或声强)两个因素共同决定。典型听音者感觉响度相同的纯音的声压级与频率关系的曲线叫做等响曲线。以等响曲线图中对应于 1000Hz 的音频垂直线与等响曲线交点对应的声压级为等响曲线的级别，这样的级称为响度级(L_N)，单位为方(phon)。

3.2　隧道噪声预测

3.2.1　道路交通运输噪声预测

依据《环境影响评价技术导则 声环境》(HJ2.4-2009)，公路交通噪声预测推荐采用美国联邦公路局(FHWA)公路噪声预测模式进行。首先将行驶于道路上的车型分为小、中、大三种类型(表 3.5)。

表 3.5　车型分类表

车型	总质量(GVM)
小	≤3.5t，M1，M2，N1
中	3.5～12t，M2，M3，N2
大	>12t，N3

车辆分类及噪声限值见表 3.6。

表 3.6　车辆分类与噪声限值

汽车分类	噪声限值/dB(A)	
	第一阶段	第二阶段
	2002 年 10 月 1 日～2004 年 12 月 30 日期间生产的汽车	2005 年 1 月 1 日以后生产的汽车
M1	77	74
M2(GVM≤3.5t)，或 N1(GVM≤3.5t)： GVM≤2t 2t<GVM≤3.5t	 78 79	 76 77
M2(3.5t<GVM≤5t)，或 M3(GVM>5t)： P<150kW P≥150kW	 82 85	 80 83
N2(3.5t<GVM≤12t)，或 N3(GVM>12t)： P<75kW 75kW≤P<150kW P≥150kW	 83 86 88	 81 83 84

注：① M1、M2(GVM≤3.5t)和 N1 类汽车装用直喷式柴油机时，其限值增加 1dB(A)。

② 对于越野汽车，其 GVM>2t 时：

如果 P<150kW，其限值增加 1dB(A)；

如果 P≥150kW，其限值增加 2dB(A)。

③ M1 类汽车，若其变速器前进挡多于四个，P>140kW，P/GVM 大于 75kW/t，并且用第三挡测试时其尾端出线的速度大于 61km/h，则其阻值增加 1dB(A)。

第 i 类车的小时等效声级按下式计算：

$$L_{eq}(h)_i = \left(\overline{L_{OE}}\right)_i + 10\cdot\lg\left(\frac{N_i}{v_i T}\right) + 10\cdot\lg\left(\frac{7.5}{m}\right) + 10\cdot\lg\left(\frac{\Psi_1+\Psi_2}{\pi}\right) + \Delta L - 16 \quad (3.5)$$

式中，$L_{eq}(h)_i$ 为第 i 类车的小时等效声级(dB(A))；$\left(\overline{L_{OE}}\right)_i$ 为第 i 类车速度为 v_i(km/h)、水平距离为 7.5m 处的能量平均 A 声级(dB(A))，可参照《汽车加速行驶车外噪声限值及测量方法》(GB 1495—2020)中规定的上限值进行计算；N_i 为昼间、夜间通过某个预测点的第 i 类车平均小时车流量(辆/h)；m 为道路中心线到测点的距离(m)；v_i 为第 i 类车的平均车速(km/h)；T 为计算等效声级的时间，取 1h；Ψ_1、Ψ_2 为预测点到有限长路段两端的张角(rad)，如图 3.2 所示，AB 为道路位置，P 为预测点位置。ΔL 为由其他因素引起的修正量(dB(A))，在隧道噪声预测中仅需要考虑路面材料修正即可，常见路面噪声修正量见表 3.7。

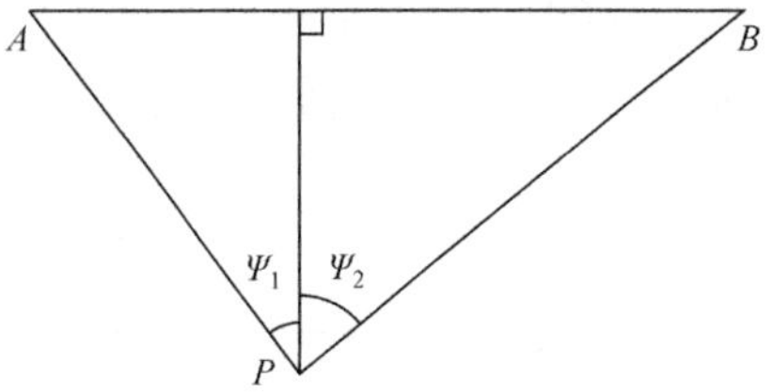

图 3.2　Ψ_1 与 Ψ_2 示意图

表 3.7　常见路面噪声修正量

路面类型	不同行驶速度修正量/dB(A)		
	30 km/h	40 km/h	≥50 km/h
沥青混凝土	0	0	0
水泥混凝土	1.0	1.5	2.0

注：表中修正量为在沥青混凝土路面测得结果的修正。

道路交通噪声级根据下式计算：

$$L_{eq,tra} = 10\cdot\lg\left(10^{0.1L_{eq大}} + 10^{0.1L_{eq中}} + 10^{0.1L_{eq小}}\right) \quad (3.6)$$

式中，$L_{eq,tra}$ 为道路交通噪声级(dB(A))，根据声源与隧道暗埋段的位置关系，分为 $L_{eq,tra1}$ 及 $L_{eq,tra2}$；$L_{eq大}$、$L_{eq中}$、$L_{eq小}$ 分别为大、中、小型车的等效声级，根据式(3.5)计算。

3.2.2　隧道内噪声预测

1. 隧道声压级分布特征

隧道内噪声受隧道暗埋段长度、断面形状等影响较大。交通噪声(线声源)长度对接收点声能的影响示意如图 3.3 所示。图中：r 为隧道内行车道中心线到行车道外 20cm 处的水平距离(m)；L 为线声源最远点 P 到接收点的距离(m)；x 为线声源长度的一半(m)。

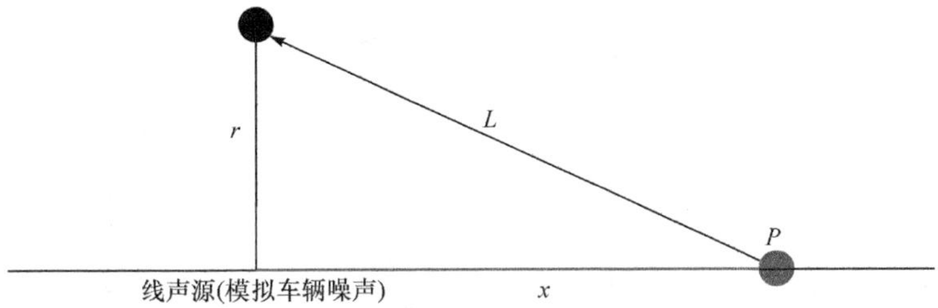

图 3.3　隧道内线声源与接收点示意图

接收点声能随着线声源长度的增加而增加(中间段固定，P 点处增长)。完整的线声源与一定长度 $2x$ 的线声源(以 r 为对称轴对称)的声压级差可表示为

$$\Delta L = 10 \cdot \lg \frac{\pi}{\pi - 2\arctan\left(\frac{r}{x}\right) + \sin\left(2\arctan\left(\frac{r}{x}\right)\right)} \tag{3.7}$$

隧道车道数以两个或三个居多，其中新建隧道以三车道为主，相应的三车道隧道建筑限界宽度约 12m，取 r=6m，可得 x 与ΔL 的关系如图 3.4 所示。

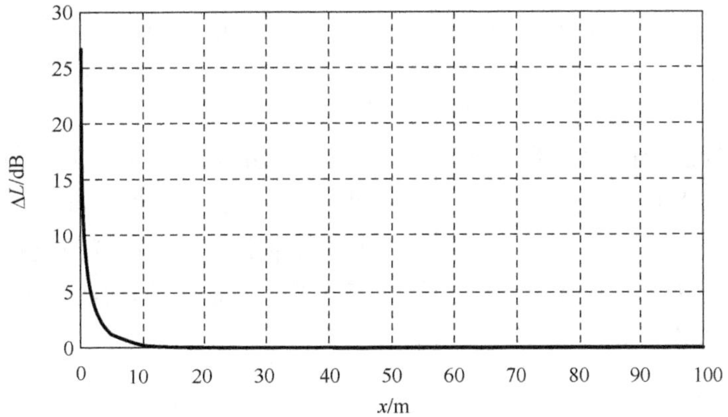

图 3.4　无限长线声源与 $2x$ 长线声源的声压级差

由图 3.4 可知，当 $x \geqslant 50$m 时，随着 x 的增加，声压级差越来越小，直至可忽略不计。利用 Odeon 软件对隧道暗埋段长度分别为 20m、80m 及 100m 的情况进行声学模拟，结果如图 3.5 所示。

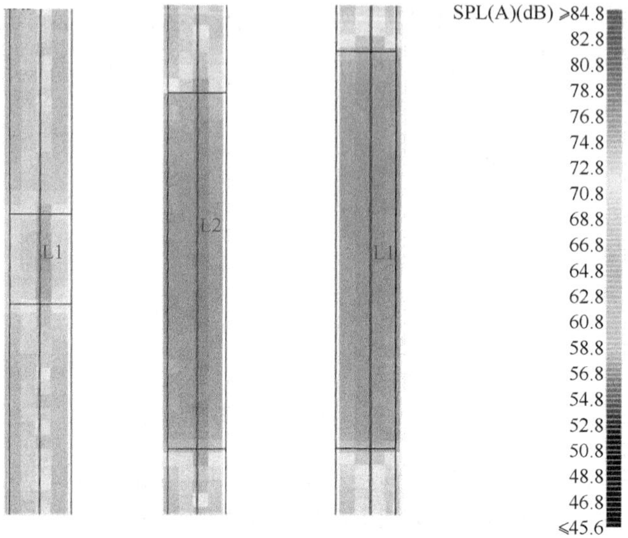

图 3.5　不同长度隧道声压级分布模拟

图 3.5 所示隧道声压级分布模拟结果从左到右分别对应暗埋段为 20m、80m 及 100m 的隧道，结果表明：100m 隧道内外噪声差较明显；80m 隧道在内部最大值与 100m 隧道相差不大，但中心噪声稳定区域明显变短；20m 的隧道内外噪声差别较小(从模拟结果看来，仅 4dB 的变化量)。从既有隧道案例来看(以南京和上海等地的城市隧道为样本)，隧道暗埋段长度一般超过 100m，只有极少数隧道暗埋段长度小于 100m，因此仅对暗埋段长度不小于 100m 的隧道提出噪声控制要求，暗埋段小于 100m 的隧道可按道路交通噪声计算。

隧道暗埋段范围最大噪声级预测公式包含两部分：隧道暗埋段范围道路的噪声级 $L_{eq,tra1}$ 与隧道引起的道路交通噪声增量 ΔL_1 。前者根据标准《环境影响评价技术导则　声环境》(HJ2.4-2009)中的公式进行推导，并考虑隧道结构的特点进行了优化，取消了隧道中不会出现的诸如森林附加衰减等引起的附加衰减量(参见 3.2.1 节的相关内容)。

2. *虚声源法*

虚声源法是将隧道四周视为反射面，隧道内的点声源对隧道壁面做镜像，可以得到无数对虚声源，利用点声源的叠加，于是可以得到隧道内的声能分布，见图 3.6。

以典型的矩形横断面隧道为例，利用虚声源法，将隧道四周视为反射面，将隧道内设置的点声源进行镜像，如此可以得到一个声源与无穷多个虚声源。利用数学计算，可得每一个虚声源对隧道内某一点的产生的声压级(期间，可以在隧道内壁面设置一定的吸声系数α)，然后将所有的声源进行叠加，得出该条件下矩形隧道内的声压级分布。

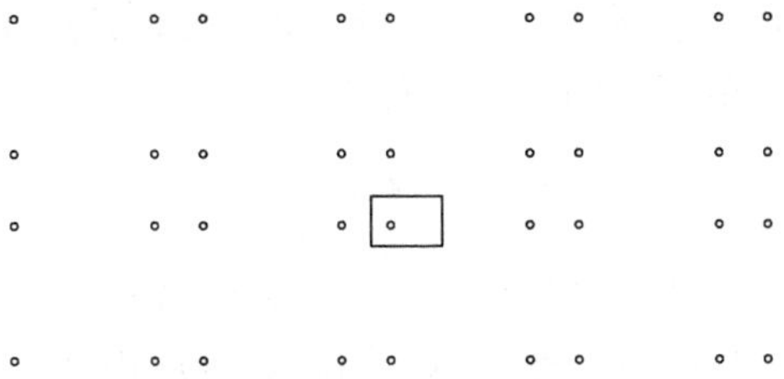

图 3.6　矩形隧道虚声源法示意图

如图 3.7 所示，假设侧墙吸声系数为$\alpha_{侧}$，顶部吸声系数为$\alpha_{顶}$，底部地面吸声系数为$\alpha_{地}$。

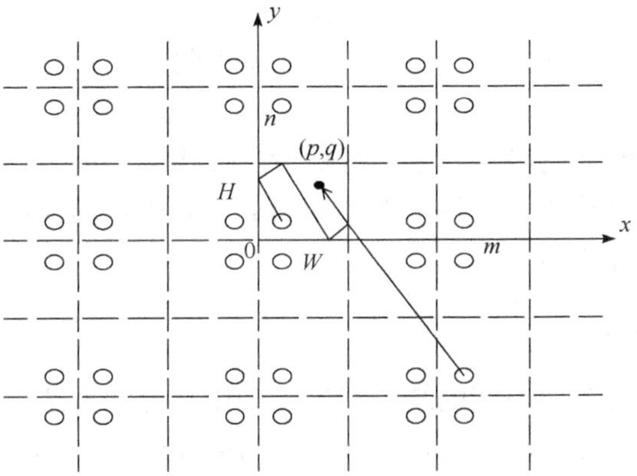

图 3.7　矩形隧道虚声源法研究示意图

设声源点为(a,b)，则在空间内形成若干虚声源，虚声源位置为(x_n,y_n)，那么

$$x_n=\begin{cases}(n+1)W-a, & n\text{为奇数}\\ nW-a, & n\text{为偶数}\end{cases} \tag{3.8}$$

$$y_m=\begin{cases}(m+1)H-b, & m\text{为奇数}\\ mH+b, & m\text{为偶数}\end{cases} \tag{3.9}$$

设点声源声功率为 W_p，由于点声源的空间衰减系数为 $1/(4\pi r^2)$，r 为点声源(包括虚声源)到空间某一点(p,q)的距离，则该点的总声能为实际声源与全部虚声源对其影响的叠加，该点总声能为

$$W_{p总}=\sum_{n=-\infty}^{\infty}\sum_{m=-\infty}^{\infty}\frac{W_p\cdot\alpha_{侧}^{|n|}\cdot\alpha_{顶}^{\left|\left\lfloor\frac{m}{2}\right\rfloor\right|}\cdot\alpha_{地}^{\left|\left\lceil\frac{m}{2}\right\rceil\right|}}{4\pi\left[\left(x_n-p\right)^2+\left(y_m-q\right)^2\right]} \tag{3.10}$$

式中，"⌈⌉"为上取整符号，"⌊⌋"为下取整符号。

当将上述平面模型扩展到隧道情况时，点声源模型应被线声源模型所取代。设线声源声功率为 W_1，线声源的空间衰减系数 $1/(2\pi r)$为，r 为线声源(含虚声源)到隧道内某一点(p,q)的距离，则该点的总声能为

$$W_{1总}=\sum_{n=-\infty}^{\infty}\sum_{m=-\infty}^{\infty}\frac{W_1\cdot\alpha_{侧}^{|n|}\cdot\alpha_{顶}^{\left\lfloor \frac{m}{2}\right\rfloor}\cdot\alpha_{地}^{\left\lceil \frac{m}{2}\right\rceil}}{2\pi\sqrt{(x_n-p)^2+(y_m-q)^2}} \tag{3.11}$$

线声源功率 W_1 可通过《环境影响评价技术导则 声环境》(HJ2.4-2009)等公路噪声预测算法利用公式(3.12)得到。同时也可以利用环境噪声监测的实际测量值进行计算。

$$W_1=\frac{p^2}{\rho_0 c_0}\cdot S \tag{3.12}$$

式中，W_1 为声功率，p 为声压，$\rho_0 c_0$ 为空气特性阻抗，S 为波阵面面积(计算隧道时取 $S=2\pi r$)。

对于圆弧形横断面的隧道，虚声源法无法使用简单的表达式进行统一，因此并不适用。在计算过程中，可将圆弧形横断面等效成矩形横断面，近似求得圆弧形横断面内的隧道噪声值。

3. 柱面混响声能法

混响声能法，即利用空间的统计特性，采用统计的方法，求得隧道内声源在空间来回反射后的声能情况。隧道可以类比为柱面环境，其声能扩散情况可视作二维情况。

1) 基本假定条件

(1) 将隧道视作无限长隧道；

(2) 车辆噪声源视为无限长线声源；

(3) 隧道内横断面平面上声波向各个方向传播的概率相等；

(4) 隧道内部区域混响声能处处相等；

(5) 线声源波阵面为柱面波。

2) 混响声声压级

根据上述假定，设矩形隧道长宽分别为 l_x、l_y，设声线与 x 轴成θ角，声速为 c_0，则声速在 x、y 方向上的分速度分别为

$$c_x=c_0\cos\theta \tag{3.13}$$

$$c_y=c_0\sin\theta \tag{3.14}$$

隧道周长及面积为

$$C = 2\left(l_x + l_y\right) \tag{3.15}$$

$$S = l_x l_y \tag{3.16}$$

假定声源在 1s 内射出 $2\pi n$ 条声线，则透射在方向角 $\mathrm{d}\theta$ 中的声线数量为 $n\mathrm{d}\theta$。每秒钟的碰撞数为

$$N = 4\int_{\frac{3\pi}{2}}^{2\pi} n\left(\frac{c_0\cos\theta}{l_x} + \frac{c_0\sin\theta}{l_y}\right)\mathrm{d}\theta \tag{3.17}$$

在 1s 内所有声线通过的总距离为

$$L = 2n\pi c_0 \tag{3.18}$$

式(3.17)积分并代入式(3.15)、式(3.16)，得

$$N = 2nc_0\frac{C}{s} \tag{3.19}$$

每秒内 1 条声线的反射次数为

$$N_1 = \frac{c_0 C}{\pi s} \tag{3.20}$$

当室内混响声平均能量密度达到动态平衡时，声源每秒提供给混响声场的能量等于被壁面与媒质所吸收的能量。设声源的平均辐射功率为 W，稳定混响评价声能密度为 $\overline{\varepsilon}_{\mathrm{R}}$，壁面及媒质的平均吸声系数为 $\overline{\alpha}$，则有

$$\overline{\varepsilon}_{\mathrm{R}} S\overline{\alpha}\cdot\frac{c_0 C}{\pi s} = W\left(1-\overline{\alpha}\right) \tag{3.21}$$

得

$$\overline{\varepsilon}_{\mathrm{R}} = \frac{W\pi}{c_0 C}\cdot\frac{\left(1-\overline{\alpha}\right)}{\overline{\alpha}} \tag{3.22}$$

根据声能密度公式，混响平均声能密度 $\overline{\varepsilon}_{\mathrm{R}}$ 与混响声压 p_{R} 关系如下：

$$\overline{\varepsilon}_{\mathrm{R}} = \frac{p_R^2}{\rho_0 c_0^2} \tag{3.23}$$

联立式(3.22)、式(3.23)则有

$$p_{\mathrm{R}}^2 = \rho_0 c_0 W\cdot\frac{\pi\left(1-\overline{\alpha}\right)}{C\overline{\alpha}} \tag{3.24}$$

其中，ρ_0 为空气密度。

3) 直达声声压级与总声压级

假定道路交通噪声模型为无限长线声源，声源在空间的辐射为均匀的柱面波，

接收点处平均声能密度为

$$\overline{\varepsilon}_{\mathrm{D}}=\frac{W}{2\pi rc_0} \tag{3.25}$$

其中，r 为接收点到线声源的距离。

类似地，直达声声能密度 $\overline{\varepsilon}_{\mathrm{D}}$ 与直达声声压 p_{D} 的关系如下：

$$\overline{\varepsilon}_{\mathrm{D}}=\frac{p_{\mathrm{D}}^2}{\rho_0 c_0^2} \tag{3.26}$$

联立式(3.25)、式(3.26)可得，测点所受直达声声压级与声源声功率的关系为

$$p_{\mathrm{D}}^2=\rho_0 c_0\frac{W}{2\pi r} \tag{3.27}$$

综合式(3.24)、式(3.27)，隧道内总声压 p 可表示为

$$p^2=\rho_0 c_0 W\cdot\left(\frac{1}{2\pi r}+\frac{\pi(1-\overline{\alpha})}{c\overline{\alpha}}\right) \tag{3.28}$$

4) 声源声功率

根据《环境影响评价技术导则　声环境》(HJ2.4-2009)等道路交通噪声预测方法或交通噪声实测值，设距离道路中心线 7.5m 处交通噪声声压为 p_0，并假定隧道无限长，可得到距离道路中心线 r_0 处的交通噪声级 $L_{道路}$。同时，根据声压级与声压转换公式，得

$$L_{\mathrm{eq,tra1}}=10\cdot\lg\frac{p_0^2}{p_{\mathrm{ref}}^2} \tag{3.29}$$

其中，p_{ref} 为参考声压，取 $p_{\mathrm{ref}}=2\times10^{-5}\,\mathrm{Pa}$。

假定车辆噪声源为无限长线声源，满足无限长线声源噪声辐射模型，即

$$p_0^2=\rho_0 c_0\frac{W}{2\pi r_0} \tag{3.30}$$

r_0 为道路交通预测模型中声源与测点的距离，即 r_0=7.5m 代入上式，得

$$p_0^2=\rho_0 c_0\frac{W}{15\pi} \tag{3.31}$$

联立式(3.29)与式(3.31)，可得声源功率 W 与交通噪声预测噪声级 $L_{\mathrm{eq,tra1}}$ 的关系：

$$W=10^{\frac{L_{\mathrm{eq,tra1}}}{10}}\cdot\frac{15\pi\cdot p_{\mathrm{ref}}^2}{\rho_0 c_0} \tag{3.32}$$

5) 总声压级

隧道内测点的总声压 p 与隧道内测点的总声压级 $L_{\mathrm{eq,tin}}$ 存在以下关系：

$$L_{\mathrm{eq,tin}}=10\cdot\lg\frac{p^2}{p_{\mathrm{ref}}^2} \tag{3.33}$$

将式(3.28)和式(3.32)代入式(3.33)，并取 $\pi=3.14$，可得

$$L_{\mathrm{eq,tin}}=L_{\mathrm{eq,tra1}}+10\cdot\lg\left[\frac{7.5}{r}+\frac{148\left(1-\bar{\alpha}\right)}{c\bar{\alpha}}\right] \tag{3.34}$$

令

$$\Delta L_1=10\cdot\lg\left[\frac{7.5}{r}+\frac{148\left(1-\bar{\alpha}\right)}{C\bar{\alpha}}\right] \tag{3.35}$$

则式(3.34)可表示为

$$L_{\mathrm{eq,tin}}=L_{\mathrm{eq,tra1}}+\Delta L_1 \tag{3.36}$$

式中，$L_{\mathrm{eq,tin}}$ 为隧道内最大噪声级(dB(A))；$L_{\mathrm{eq,tra1}}$ 为隧道内道路交通噪声级(dB(A))，依据前述关于道路交通运输噪声预测的相关内容，取 $\psi_1+\psi_2=\pi$；ΔL_1 为隧道引起的道路交通噪声级增量(dB(A))；r 为隧道行车道中心到隧道行车道外20cm 处的水平距离(m)；C 为隧道横断面周长(m)；$\bar{\alpha}$ 为平均吸声系数。

以上为采用柱面混响声能法得到的隧道内噪声值与隧道内的噪声增加值。这种方法适用于所有类型横断面的隧道，但需要注意，隧道的长度不能太短。当隧道暗埋段长度小于 100m 时，隧道内噪声可根据前述关于道路交通噪声预测的相关内容进行计算。

3.2.3　隧道洞口外噪声预测

1. 平直式隧道洞口辐射噪声

平直式公路隧道指无敞开段、均为暗埋段(含明洞)的隧道。该种类型的隧道洞口外具有无敞开段遮挡的特点，洞内噪声能够直接辐射至洞外敏感点。

隧道暗埋段外的噪声主要包括两部分：一部分为隧道洞口的辐射噪声；另一部分为暗埋段以外道路交通噪声。

受隧道壁面的阻挡，隧道内噪声传播至隧道外测点的直达声能很小，可忽略不计，因此隧道洞口向外辐射的声能主要为混响声能。根据无限长隧道假定，隧道洞口向外辐射混响声能仅为隧道内全部混响声能的一半，根据式(3.24)，隧道口混响声声压系数 $p_{\mathrm{R,tpor}}$ 可表示为

$$p_{\mathrm{R,tpor}}^2=\rho_0c_0W\cdot\frac{\pi\left(1-\bar{\alpha}\right)}{2C\bar{\alpha}} \tag{3.37}$$

利用混响平均声能密度与声压的关系，可得

$$\bar{\varepsilon}_{\mathrm{R,tpor}}=\frac{p_{\mathrm{R,tpor}}^{2}}{\rho_0 c_0^{2}} \tag{3.38}$$

已知隧道洞口面积 S，故隧道洞口混响声能 $W_{\mathrm{R,tpor}}$ 可表示为

$$W_{\mathrm{R,tpor}}=\bar{\varepsilon}_{\mathrm{R,tpor}} c_0 S \tag{3.39}$$

将式(3.37)、式(3.38)代入式(3.39)，可得隧道洞口混响声能为

$$W_{\mathrm{R,tpor}}=W\cdot\frac{\pi(1-\bar{\alpha})S}{2C\bar{\alpha}} \tag{3.40}$$

隧道洞口的线度一般远小于隧道外噪声敏感目标到隧道洞口的距离，因此隧道洞口的噪声辐射可视作点声源辐射。

受地面与隧道的限制，隧道洞口向外辐射的声波为 1/4 球面波，辐射面积可表示为πd^2，其中 d 表示隧道洞口外敏感目标到隧道洞口中心的距离。洞口辐射的平均声能密度为

$$\bar{\varepsilon}_{\mathrm{R,tout}}=\frac{W_{\mathrm{R,tpor}}}{\pi d^2 c_0} \tag{3.41}$$

利用混响平均声能密度与声压的关系，可得

$$\bar{\varepsilon}_{\mathrm{R,tout}}=\frac{p_{\mathrm{R,tout}}^{2}}{\rho_0 c_0^{2}} \tag{3.42}$$

将式(3.32)、式(3.40)、式(3.42)代入式(3.41)，可得

$$p_{\mathrm{R,tout}}^{2}=10^{\frac{L_{\mathrm{eq,tra1}}}{10}}\cdot\frac{15\pi^2(1-\bar{\alpha})Sp_{\mathrm{ref}}^{2}}{2C\bar{\alpha}\pi d^2} \tag{3.43}$$

令隧道外敏感目标处隧道洞口辐射噪声声压级为 $L_{洞口辐射}$，则

$$L_{\mathrm{R,tout}}=10\cdot\lg\frac{p_{\mathrm{R,tout}}^{2}}{p_{\mathrm{ref}}^{2}} \tag{3.44}$$

将式(3.43)代入式(3.44)，可得

$$L_{\mathrm{R,tout}}=L_{\mathrm{eq,tra1}}+10\cdot\lg\left[\frac{148(1-\bar{\alpha})}{2C\bar{\alpha}}\right]+10\cdot\lg\frac{S}{\pi d^2} \tag{3.45}$$

根据文献[8]，隧道内噪声在洞口辐射过程中存在指向性(图 3.9)，指向性因数修正量 D (单位：dB(A))可表述如下：

当隧道内平均吸声系数 $\overline{\alpha} < 0.2$ 时，

$$D = -0.115\theta + 3.08 \tag{3.46}$$

当隧道内平均吸声系数 $\overline{\alpha} \geqslant 0.2$ 时，

$$D = -0.165\theta + 6.95 \tag{3.47}$$

如图 3.8 所示，θ表示测点 P 到隧道分界面中心点与隧道分界面中心垂线之间的夹角，并有 $0° \leqslant \theta \leqslant 90°$。

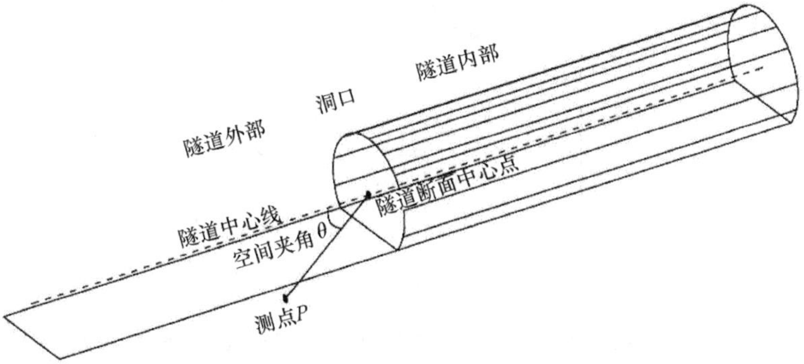

图 3.8　指向性因数中变量θ示意(θ为空间角)

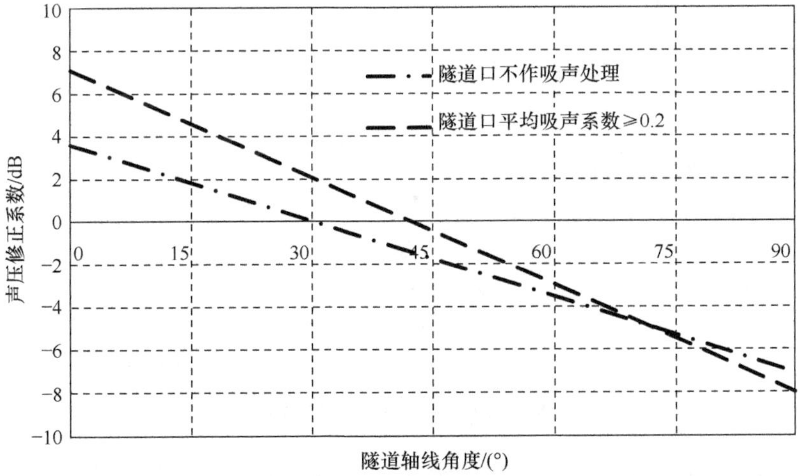

图 3.9　隧道口声辐射指向性

因此，令修正后的隧道洞口辐射噪声为 $L_{\mathrm{eq,rad1}}$，根据式(3.45)，有

$$L_{\mathrm{eq,rad1}} = L_{\mathrm{eq,tra1}} + 10 \cdot \lg\left[\frac{148(1-\overline{\alpha})}{2C\overline{\alpha}}\right] + 10 \cdot \lg\frac{S}{\pi d^2} + D \tag{3.48}$$

式中各符号含义同前所述。

2. 下沉式隧道洞口辐射噪声

下沉式隧道设置有敞开段，敞开段侧墙对隧道洞口辐射噪声具有遮挡作用，类似声屏障。为考虑该影响，在计算下沉式隧道洞口辐射噪声时需进行噪声衰减。

下沉式隧道洞口辐射噪声：

$$L_{\mathrm{eq,rad2}} = L_{\mathrm{eq,rad1}} - \Delta L_d \tag{3.49}$$

$$\Delta L_d = \begin{cases} 20\cdot\lg\dfrac{\sqrt{2\pi N}}{\tanh\sqrt{2\pi N}}+5, & N>0 \\ 5, & N=0 \\ 20\cdot\lg\dfrac{\sqrt{2\pi|N|}}{\tanh\sqrt{2\pi|N|}}+5, & 0>N>-0.2 \\ 0, & N\leqslant -0.2 \end{cases} \tag{3.50}$$

$$N = \pm 2\left(A+B-d\right)/\lambda \tag{3.51}$$

式中，ΔL_d 为敞开段引起的洞口噪声衰减量(dB(A))。N 为菲涅耳数，其中 $N>0$，表示接收点处于声影区；$N<0$，表示接收点处于声亮区。A、B 为菲涅耳数计算参数，见图 3.10。λ为声波波长(m)。

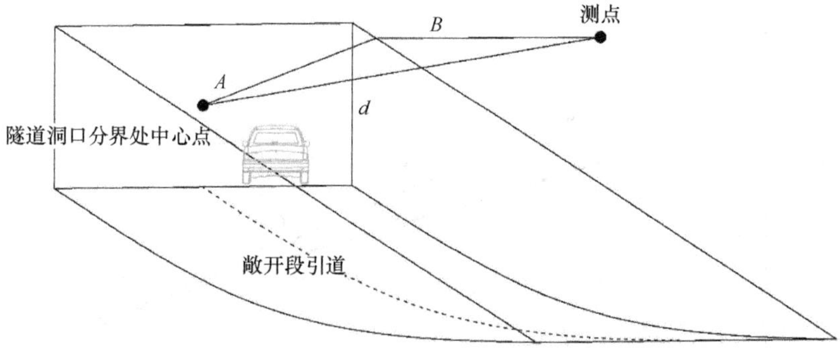

图 3.10　菲涅耳数参数示意

噪声衰减方法参考了声屏障设计方法。声屏障的噪声衰减量在各频带上都不相同，出于便于计算的目的，应进行声屏障噪声衰减量与噪声 A 声级的对应转换。利用实测的隧道内噪声各 1/3 倍频程的声压级，计算其通过声屏障衰减后的 A 声级变化，得到如下关系：

(1) 当声程差不小于 0.01m 时，其 A 声级降噪量与声屏障 1000Hz 中心频率处的降噪量相近；

(2) 当声程差小于 0.01m 时，其 A 声级降噪量在 5～6dB(A)；

(3) 当声程差为 0m 时，A 声级衰减量即为 5dB(A)；

表 3.8 为不同声程差情况下，声屏障衰减量与噪声 A 声级减小量的计算值。可见，在声程差取常见值的情况下，声屏障在 1000Hz 处的衰减量与噪声 A 声级减小量最为接近，此时λ=0.34m。

表 3.8　声屏障插入损失与隧道噪声 A 声级衰减量

频率/Hz	实测平均结果/dB(A)	不同声程差下的插入损失/dB					
		0.01m	0.05m	0.1m	0.5m	2m	10m
50	82.2	5.1	5.3	5.5	7.2	11.0	18.7
63	83.4	5.1	5.3	5.6	7.7	11.9	19.7
80	82.8	5.1	5.4	5.8	8.2	12.9	20.7
100	74.3	5.1	5.5	6.0	8.8	13.8	21.6
125	72.4	5.1	5.6	6.2	9.5	14.7	22.7
160	70.4	5.2	5.8	6.5	10.3	15.7	23.7
200	72.2	5.2	6.0	6.8	11.0	16.7	24.7
250	72.3	5.3	6.2	7.2	11.9	17.7	25.7
315	74.3	5.3	6.5	7.7	12.8	18.7	26.7
400	73.1	5.4	6.8	8.2	13.8	19.7	27.7
500	74.6	5.5	7.2	8.8	14.7	20.7	28.7
630	77.2	5.6	7.7	9.5	15.7	21.7	29.7
800	81	5.8	8.2	10.3	16.7	22.7	30.7
1000	83.2	6.0	8.8	11.0	17.7	23.7	31.6
1250	82.1	6.2	9.5	11.9	18.6	24.7	32.7
1600	81.4	6.5	10.3	12.9	19.7	25.7	33.7
2000	79.3	6.8	11.0	13.8	20.7	26.7	34.7
2500	75.2	7.2	11.9	14.7	21.6	27.7	35.7
3150	70.8	7.7	12.8	15.7	22.6	28.7	36.7
4000	66.4	8.2	13.8	16.7	23.7	29.7	37.7
5000	62.3	8.8	14.7	17.7	24.7	30.7	18.7
A 声级	89.6	83.4	80.3	78.0	71.5	65.6	58.6
A 声压级差(dB)		6.2	9.3	11.6	17.9	24.0	31.0

因此计算ΔL_d时，可将式(3.51)中的λ取为 0.34m，以简化计算。与平直式道路相比，下沉式隧道洞口噪声有一定的声衰减，但对于一些较高的建筑，下沉式隧道对洞外噪声影响不大。

3. 隧道暗埋段以外噪声预测

隧道外交通噪声可根据平直公路噪声预测公式进行计算。此时，隧道外道路的预测声压级为$L_{\text{eq,tra}}$，一般，该声压级取距离道路中心线7.5m处的声压级。另距离道路中心线7.5m处所受交通噪声的声压为p_{tra}，令距离道路中心线m处所受交通噪声的声压为$p_{\text{tra}(m)}$(此时声压级为$L_{\text{eq,tra}(m)}$)，利用式(3.27)，可得

$$p_{\text{tra}}^2 = \rho_0 c_0 \frac{W}{2\pi \times 7.5} \tag{3.52}$$

$$p_{\text{tra}(m)}^2 = \rho_0 c_0 \frac{W}{2\pi m} \tag{3.53}$$

联立式(3.52)与式(3.53)，可得

$$p_{\text{tra}(m)}^2 = p_{\text{tra}}^2 \cdot \frac{7.5}{m} \tag{3.54}$$

式中，m为测点到隧道外道路中心线的距离。

将式(3.54)转化为声压级，两边同时除以p_{ref}^2，并取对数，可得

$$L_{\text{eq,tra}(m)} = L_{\text{eq,tra}} + 10 \cdot \lg\left(\frac{7.5}{m}\right) \tag{3.55}$$

综合洞口辐射噪声级$L_{\text{eq,rad}}$与暗埋段以外交通噪声级$L_{\text{eq,tra}}$可得隧道暗埋段以外噪声级：

$$L_{\text{eq,tout}} = 10 \cdot \lg\left(10^{0.1 L_{\text{eq,rad}}} + 10^{0.1\cdot\left(L_{\text{eq,tra}} + 10\cdot\lg\left(\frac{7.5}{m}\right)\right)}\right) \tag{3.56}$$

式中，$L_{\text{eq,tout}}$为隧道暗埋段以外噪声级(dB(A))；m为道路中心线到测点的距离(m)；$L_{\text{eq,rad}}$为隧道洞口辐射噪声级，对应于平直式隧道、下沉式隧道分别为$L_{\text{eq,rad1}}$、$L_{\text{eq,rad2}}$(dB(A))；$L_{\text{eq,tra}}$为道路交通噪声级，根据3.2.1节内容计算。

3.2.4 隧道噪声预测算例

1. 隧道内噪声计算

南京市通济门隧道长度1400m，横断面为矩形，高5m，宽12m。在某一小时中，测得其车流量为2520辆/h，平均车速65km/h，路面为沥青混凝土路面。隧道噪声预测过程中，车辆类型可视作全部由小型车构成(《汽车加速行驶车外噪声限值及测量方法》(GB 1495—2020)中噪声上限为74dB(A))。

根据式(3.5)，可知：

$\left(\overline{L_{\mathrm{OE}}}\right)_i=74$，$N_i$=2520，$v_i=65$，$T$=1，$m=6$，$\psi_1+\psi_2=\pi$，$\Delta L=0$

求得

$$L_{\mathrm{eq}}(h)_i=74.85\mathrm{dB(A)}$$

由式(3.35)(其中$C=34$，$\bar{\alpha}\approx 0.1$(未作吸声处理的隧道，可将其平均吸声系数视作 0.1 进行处理))得

$$\Delta L_1=16.01\mathrm{dB(A)}$$

根据(3.36)计算隧道内噪声，得

$$L_{\mathrm{eq,tin}}=L_{\mathrm{eq,tra1}}+\Delta L_1=74.85+16.01=90.86\mathrm{dB(A)}$$

南京市通济门隧道内该时段实测噪声值为 91.9dB(A)，说明该公式具有较好的适用性。

2. 平直式隧道洞口噪声计算

某隧道外平直道路噪声$L_{\mathrm{eq,tra}}=75\mathrm{dB(A)}$(由远离隧道的平直段道路实际测试所得)，现有一噪声敏感建筑物，其噪声测点位于隧道外。测点距隧道洞口中心点d=42m，距离道路中心线距离m=30m，隧道洞口中心点垂线夹角 45°。

隧道周长 26m，面积S=39m^2，隧道内平均吸声系数$\bar{\alpha}=0.1$，则

(1) 计算$L_{\mathrm{eq,rad1}}$，根据式(3.48)，可得

$$L_{\mathrm{eq,rad1}}=75+14.1-21.5+D$$

(2) 由于$\bar{\alpha}<0.2$，则根据式(3.46)，可得$D=-2.1\mathrm{dB(A)}$，有

$$L_{\mathrm{eq,rad1}}=65.5\mathrm{dB(A)}$$

(3) 隧道外噪声计算，根据式(3.5)与式(3.6)计算$L_{\mathrm{eq,tra}}$的值，由于$\psi_1+\psi_2=\frac{3}{4}\pi$，得

$$L_{\mathrm{eq,tra}}=75-1.25=73.75\mathrm{dB(A)}$$

(4) 根据式(3.56)，可得

$$L_{\mathrm{eq,tout}}=69.7\mathrm{dB(A)}$$

3. 下沉式隧道洞口外隧道噪声计算

某下沉式隧道外平直道路噪声$L_{\mathrm{eq,tra}}=76\mathrm{dB(A)}$。现有一噪声敏感建筑物，其噪声测点位于隧道外。测点距隧道洞口平面距离y=30m，距离道路中心线平面投

影距离 x=40m，测点高度 h=10m，测点到道路中心线的实际距离为 41m。测点距离隧道洞口中心点距离 d=51.7m，绕射路径长 52m。隧道洞口中心点垂线夹角 54.5°。隧道周长 28m，面积 S=48m^2，隧道内平均吸声系数 0.1。

(1) 由于隧道内平均吸声系数 $\bar{\alpha} < 0.2$，根据式(3.46)，可得

$$D = -3.2\text{dB}(\text{A})$$

(2) 计算 $L_{\text{eq,rad1}}$，根据式(3.48)，得

$$L_{\text{eq,rad1}} = 76 + 13.8 - 22.4 + D = 64\text{dB}(\text{A})$$

(3) 计算菲涅耳数 N。

在洞口外噪声计算中，取中频 1000Hz 的噪声衰减量作为敏感建筑噪声 A 声级的衰减量，其中 λ 为声波波长。频率为 1000Hz 时，取 λ=0.34m，$(A+B-d)$=0.3m。处在声影区，故 N 取正值，有

$$N = \pm 2(A + B - d)/\lambda = 1.76$$

(4) 将 N 代入式(3.50)，N>0，故

$$\Delta L_d = 20 \cdot \lg \frac{\sqrt{2\pi N}}{\tanh \sqrt{2\pi N}} + 5 = 10.5 + 5 = 15.5\text{dB}$$

(5) 根据式(3.49)，有

$$L_{\text{eq,rad2}} = L_{\text{eq,rad1}} - \Delta L_d = 64 - 15.5 = 48.5\text{dB}(\text{A})$$

(6) 根据式(3.5)与式(3.6)计算 $L_{\text{eq,tra}}$，得

$$\psi_1 + \psi_2 = \frac{13}{18}\pi$$

$$L_{\text{eq,tra}} = 74.6\text{dB}(\text{A})$$

(7) 根据式(3.56)，得

$$L_{\text{eq,tout}} = 73.87\text{dB}(\text{A})$$

3.3 隧道噪声实测

3.3.1 测量方法

隧道噪声的测量应考虑隧道的特殊性，同时，应考虑所测量噪声数据与道路交通噪声测量数据的通用性。因此，隧道内噪声测量应按以下要求进行。

(1) 测量方法参考《环境噪声监测技术规范 城市声环境常规监测》(HJ

640-2012)中的相关规定。为了将隧道内部噪声与隧道外部公路噪声测点形成统一，隧道内测点选择隧道中部位置：距车行道外边线 20cm，高度 1.2～1.5m 处。在规定的测量时间段内，各测点每次取样测量 20min 的等效 A 声级、累积百分声级 L_{10}、L_{50}、L_{90}，同时记录车流量(辆/h)及大、中、小型车辆比例。以 20min 的等效 A 声级 $L_{eq,tin}$ 作为隧道内噪声大小的评价量。

(2) 测量应在无雨雪、无雷电天气，风速不大于 5m/s 时进行。

(3) 测量时间分为昼间和夜间。采用短时间取样方法测量时，昼间应选在早晚高峰时间范围内，夜间应选在睡眠时间范围内。考虑到早晚高峰时段车流量最大，该时间内测量得到的噪声值为一定时间内的最大噪声，故选择该时段内测量值用于判断隧道是否满足噪声标准要求。夜间噪声测量时间应选择人的睡眠时间，根据《声环境质量标准》(GB 3096—2008)中的规定，夜间环境噪声测量时间为 22:00～6:00。

(4) 测量宜选择在周一至周五进行，当周六、周日或不同季节环境噪声有显著差异时，应进行补充测量或长期连续测量。

3.3.2　测量仪器要求

噪声测试应在无雨、无雪的天气条件下进行(若要求在有雨、雪的特殊条件下测试，应在报告中给出说明)风速达到 5m/s 以上时，停止测试。测试时间分为昼间和夜间，一般昼间为 6:00～22:00，夜间为 22:00～6:00。所测结果应包括各时间段噪声数据的等效声级 L_{eq} 以及累积百分声级 L_5、L_{50}、L_{95}。

1) 测量仪器应满足的要求

(1) 应采用准确度为 2 型及以上的积分式声级计或噪声统计分析仪(具有环境噪声自动监测的功能)，其性能符合《电声学声级计》GB/T 3785.1-2010/IEC 61672-1:2002 的要求(图 3.11)。

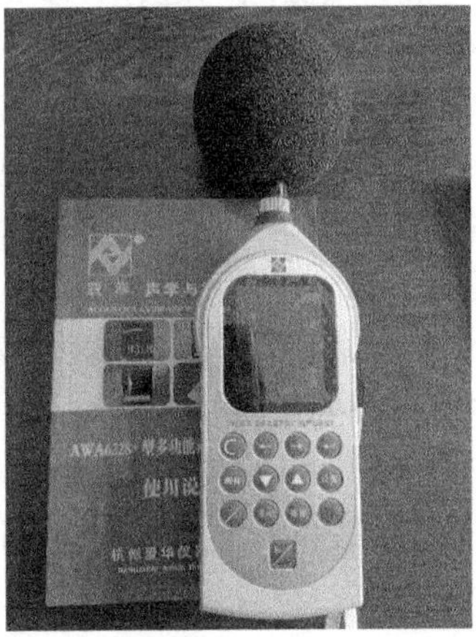

图 3.11　AWA6228 型多功能声级计(噪声分析仪)

(2) 测量仪器和声校准器应按《称重传感器检定规程》(JJG 699—2003)、《声校准器》(JJG 176—2005)、《噪声统计分析仪检定规程》(JJG 778—2005)的规定定期检定。测量前后使用声校准器校准测量仪器的示值偏差不大于 0.5dB，否则测量无效。

2) 测试方法

(1) 噪声测试。

测点选择，应选在隧道内或隧道口，距离

车行道的路沿 20cm 处。同时为调查隧道交通噪声分布，按照隧道内、隧道口以及隧道口外道路辐射处设置测点测量，对于隧道口位置，可以垂直隧道口道路直到噪声级降到临近的道路功能区的允许标准值为止。

(2) 测试方法。

在规定的测试时间段内，各测点每次取样测试 20min 的等效 A 声级，以及累计百分比声级 L_5、L_{50}、L_{95}。同时记录车流量以及车辆类型(大、中、小)。

3) 混响时间测试

沿隧道分别布置测试声源(如全指向测试声源)、测试点，采用声学分析仪进行混响时间的测试。作为隧道内的吸声评价。需要记录隧道内的吸声面积、位置以及采用的吸声材料结构。

4) 测试报告

测试报告应该包括：测试仪器、校准仪器、气象情况、隧道口外的声环境功能区类别、测试环境(隧道尺寸、长度、形状、隧道口位置功能区情况等)、车流量(每小时通过车辆数量以及类型)、车速以及等效 A 声级等。

3.3.3 噪声敏感建筑物测量要求

在测量隧道洞口外噪声敏感建筑物时，应根据敏感建筑物的实际情况进行测点的选择。

(1) 在噪声敏感目标户外，距墙壁或窗户 1m 处，距地面高度 1.2m 以上。

(2) 在噪声敏感目标室内，距离墙面和其他反射面至少 1m，距窗约 1.5m 处，距地面 1.2～1.5m。

(3) 当隧道周边存在多处建筑物时，应适当扩大测量范围，并以噪声影响最不利点作为噪声控制依据。

同时，进行噪声敏感目标测量时应符合下列规定。

(1) 监测点应设于噪声敏感目标户外。当不具备户外监测条件时，可采用噪声敏感目标室内监测，门窗应处于全打开状态，并采用比该噪声敏感目标所在声环境功能区对应环境噪声限值低 10dB(A)的值作为评价依据。

(2) 对敏感目标的环境噪声监测应在周围环境噪声源正常工作条件下测量，视噪声源的运行工况，分昼、夜两个时段连续进行，昼、夜各测量不低于平均运行密度的 20min 等效声级。

(3) 夜间存在突发噪声时，应同时检测测量时段内的最大声级。

第 4 章　隧道噪声分布特征

隧道噪声直接影响到人们的身心健康，也是影响隧道行车环境和安全的重要污染源之一。随着人们对环境要求的不断提高以及“绿色建筑”概念的提出，隧道噪声问题也逐渐被人们所重视和关注。一些隧道已开展了相应的降噪设计和处理，如南京玄武湖隧道、湖南常张高速公路关口隧道等。可以预见，在今后一段时间，会有越来越多的隧道进行降噪设计或是改造。

隧道噪声情况的普查目的在于建立隧道噪声样本库，其作用在于得到第一手隧道内外噪声值，为当前隧道噪声规律分析提供基础数据样本获取隧道噪声频谱特性，为隧道降噪设计提供分析依据，为隧道及其周边城市规划设计提供参考依据。

4.1　城市道路交通噪声实测

隧道对于行驶于其内部车辆噪声的影响在于内部混响时间的增加与洞口噪声的放大效应。为了更好地研究隧道对于道路交通噪声的影响，有必要开展对城市道路交通噪声的实地测量工作。测量地点选择在上海市闵行区的虹梅南路华东师范大学研究生宿舍大门附近。

虹梅南路北起虹梅路立交桥沪闵路交叉处(近锦江乐园，有地铁 1 号线经过)，南至东川路与江川东路交叉处，连接闵行区的梅陇镇和吴泾镇。测量段道路为双向四车道，道路两侧设置有绿化带及非机动车道。噪声测点设置于道路一侧的绿化带内(图 4.1)，测量时现场气温为 5.7℃，最大风速 0.4m/s。虹梅南路噪声测量结果见表 4.1～表 4.3，表中将客车和货车的测量值分别列出。

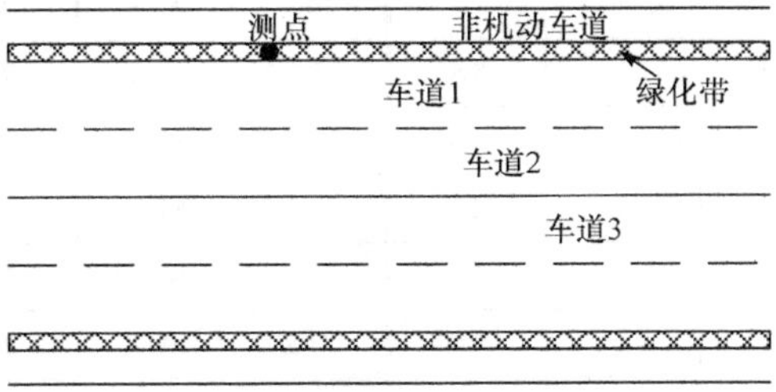

图 4.1　虹梅南路噪声测量测点示意图

表 4.1　虹梅南路噪声测量结果(小客车)

最大声压/dB(A)	车型	车速/(km/h)	车道	与测点距离/m	最大声压/dB(A)	车型	车速/(km/h)	车道	与测点距离/m
69.2	轿车	50	3	10	78.5	轿车	48	1	2.5
69.5	轿车	38	2	5.5	70.6	轿车	38	2	5.5
79.3	轿车	54	1	2.5	70.8	轿车	45	3	10
75.3	轿车	46	1	2.5	76.7	轿车	54	2	5.5
78.4	轿车	55	1	2.5	79.9	轿车	58	1	2.5
80.5	轿车	54	1	2.5	81.5	轿车	58	1	2.5
78.4	轿车	52	1	2.5	77.4	轿车	49	1	2.5
75.9	轿车	43	1	2.5	79.2	轿车	45	1	2.5
80.3	轿车	54	1	2.5	71.9	轿车	36	2	5.5
75.3	轿车	52	2	5.5	78.9	轿车	42	1	2.5
81.7	轿车	65	1	2.5	72.2	轿车	42	2	5.5
74.6	轿车	43	1	2.5	71.1	轿车	48	3	10
76.9	轿车	53	2	5.5	68.6	轿车	43	3	10
76.4	轿车	60	2	5.5	76.4	轿车	47	1	2.5
75.7	轿车	50	2	5.5	66.9	轿车	33	3	10
75.5	轿车	62	2	5.5	76	轿车	48	2	5.5
78.4	轿车	51	1	2.5	81.8	轿车	53	1	2.5
74.7	轿车	51	2	5.5	80.4	轿车	51	1	2.5
70.7	轿车	28	1	2.5	72.5	轿车	38	1	2.5
77.6	轿车	54	2	5.5	79.3	轿车	47	1	2.5
70.7	出租	43	1	2.5	76.7	SUV	58	2	5.5
74.3	SUV	39	2	5.5	82.2	SUV	70	1	2.5
75.2	SUV	39	1	2.5	78.4	SUV	52	1	2.5
67	SUV	38	3	10	72.5	SUV	50	2	5.5
76.3	SUV	53	2	5.5	75.4	SUV	50	2	5.5
74.1	SUV	43	2	5.5	77.2	SUV	75	3	10
77.3	SUV	47	1	2.5	79.7	SUV	48	1	2.5
81.4	SUV	53	1	2.5	78.1	SUV	43	1	2.5

表 4.2　虹梅南路噪声测量结果(大中型客车)

最大声压/dB(A)	车型	车速/(km/h)	车道	与测点距离/m	最大声压/dB(A)	车型	车速/(km/h)	车道	与测点距离/m
76	大巴	45	3	10	67	面包车	38	3	10
79.5	公交车	35	1	2.5	75.8	面包车	56	2	5.5
80.2	公交车	38	1	2.5	76	面包车	50	2	5.5
82.4	公交车	48	1	2.5	73.9	面包车	45	2	5.5
80.5	公交车	38	1	2.5	77.3	面包车	36	1	2.5
83.9	公交车	45	1	2.5	80.6	面包车	66	2	5.5
79.3	依维柯	48	2	5.5	71.1	面包车	36	2	5.5
79.5	依维柯	69	2	5.5	82.2	面包车	58	1	2.5
70.6	面包车	42	2	5.5	68.6	面包车	44	3	10

表 4.3　虹梅南路噪声测量结果(货车)

最大声压/dB(A)	车型	车速/(km/h)	车道	与测点距离/m
82.8	货车	32	1	2.5
68.8	卡车	24	3	10

检测段内通过的车型包括大巴、轿车、SUV、出租车、公交车、货车、卡车、面包车和依维柯。噪声的检测数据来自于不同车速、不同车道以及不同的车型、检测时间等，各种检测结果不具有可比性。为了将各检测数据统一，需要将不同车速、距离与不同车型、检测时间的数据进行分类、整理、统一。

平直公路噪声测量的参数示意见图 4.2，设当时汽车车速为 v，则 R 的距离为车速的 1.94 倍。图中 L：在标准车道中，每一车道宽约 3.75m，则最近的车道，车中心距离 2.5m，中间车道距离 5.5m，最外车道距离 10.5m。设车辆为固定噪声源，在每一位置发射声能为 W_0 噪声，则测点任意时刻接收单辆车噪声为

$$W_s = \frac{W_0 \cdot D}{4\pi\left(r^2 + L^2\right)} \tag{4.1}$$

式中，D 为指向性因数，公路上取为 2。

检测时段接收总声能为

$$W_c = 2 \cdot \int_0^R \frac{W_0 \cdot D}{4\pi\left(r^2 + L^2\right)} \mathrm{d}r \tag{4.2}$$

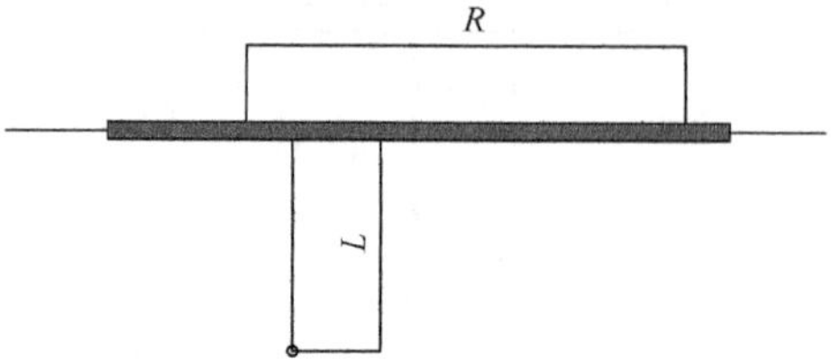

图 4.2 平直公路噪声测量参数示意

全部时段接收声能为

$$W_a = 2 \cdot \int_0^{\infty} \frac{W_0 \cdot D}{4\pi\left(r^2 + L^2\right)} \mathrm{d}r \tag{4.3}$$

积分得检测时段声能为

$$W_I = \frac{W_0 D}{2\pi L} \cdot \arctan\frac{R}{L} \tag{4.4}$$

总声能为

$$W_t = \frac{W_0 D}{4L} \tag{4.5}$$

已知检测时段总声压级 A，则总声压级为

$$B = A + 10 \cdot \lg\frac{\pi}{2} - 10 \cdot \lg\left(\arctan\frac{R}{L}\right) \tag{4.6}$$

汽车除却距离与测量长度的影响外，尚应将车速纳入考量范围，为与国家标准《汽车加速行驶车外噪声限值及测量方法》(GB 1495—2002)(以下简称“规范”)保持一致，本研究将车速统一为 50km/h，即车速 13.89m/s，则考虑车速的噪声级可表示为

$$C = B + 10 \cdot \lg\left(\frac{v}{13.89}\right) \tag{4.7}$$

于是得到不同车型在 7.5m 处，车速 50km/h 时的声压级如所表 4.4 所示。

表 4.4 不同车型的声压级

车型	平均噪声/dB	规范中限值/dB
轿车	76.17	74
SUV	77.00	74
面包车	76.34	76
公交/大巴	80.38	80
依维柯	80.21	80
卡车/货车	81.66	84

如图 4.3 所示，车辆的实测值与标准规定的限值差别不大，并在一定程度上略高于标准值。因此，以现行国家标准《汽车加速行驶车外噪声限值及测量方法》(GB 1495—2002)中规定的汽车噪声限值作为噪声预测的依据，是切实可靠的。

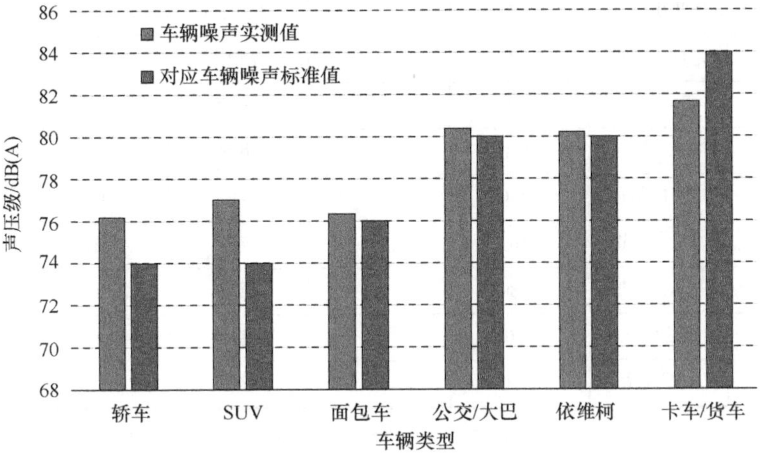

图 4.3　平直公路噪声实测结果

4.2　隧道内外噪声普查

隧道内外噪声普查是指在隧道内、外布置测点，在测量车流量与车速的情况下，测量一定时间内的等效连续 A 声级(如图 4.4、图 4.5 所示)。这一数据可以反映隧道内、外的噪声大小，将这一数据与平直公路上的噪声级进行对比，可以反映出隧道对公路噪声的增强情况，是研究隧道降噪性能的基础。

图 4.4　隧道洞口噪声普查

图 4.5　隧道洞内噪声普查

本节所选定的隧道内外噪声普查样本见表 4.5。

表 4.5　隧道内外噪声普查样本

编号	隧道名称	长度/m	行车道数量	断面形式	敞开段	引道吸声
1	中山门隧道	63	2	圆拱形	无	无
2	富贵山隧道	127	2	圆拱形	无	无
3	定淮门隧道	500	3	矩形	有	有
4	鼓楼隧道	575	2	圆拱形	有	无
5	清凉门隧道	733	3～5	矩形	有	无
6	通济门隧道	1400	3	矩形	有	无
7	玄武湖隧道	2660	3	矩形	有	有
8	九华山隧道	2780	3	矩形	有	无
9	紫之隧道	13900	2	圆拱形	无	无
10	灵溪隧道	1490	2	圆拱形	无	无

4.2.1　扬子江隧道定淮门节点工程

南京定淮门大街节点改造工程位于江东北路与扬子江隧道工程 S 线南岸明挖段隧道相交处。工程为地下双层立交，地下工程包括扬子江隧道 S 线南岸明挖段隧道、三条地下转向匝道及一条连接匝道。地面工程包括江东北路与定淮门大街地面机动车道、非机动车道及人行道。S 线南岸上层隧道暗埋段长约 477.6m，敞开段长约 145m；下层隧道暗埋段长约 675.6m，敞开段长约 152m，匝道总长约 1308.8m，地面道路总长约 1660m。

于 2015 年 5 月 26 日 15:45～17:30 进行了定淮门地下立交隧道内外噪声普查工作，测量时隧道内外温度分别为 27.8℃和 29.2℃，现场风速 1.7m/s。隧道内限速 30km/h，在入口至转弯处，由两股车道变为 1 股车道，行车道仅开启了左转方向。隧道噪声量测测点示意图见图 4.6，共设置 A、B、C 三个测点。

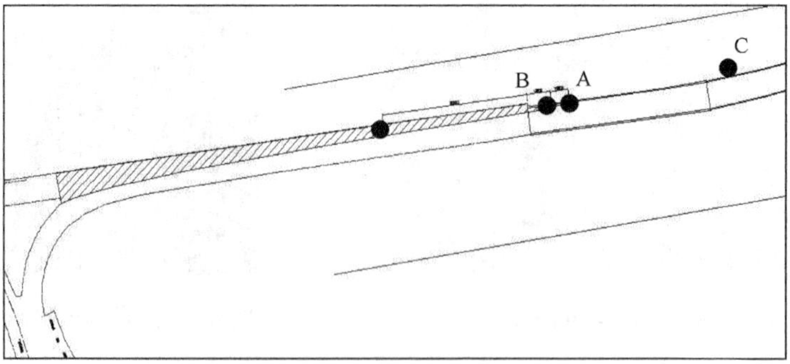

图 4.6　定淮门地下立交隧道内外噪声测量示意图

测点 A 位于隧道口外 23m，背景噪声 56.1dB(A)；测点 B 位于隧道口外 13m，背景噪声 54.4dB(A)；测点 C 位于隧道外部 110m，受隧道旁道路噪声的影响严重；A、B、C 三点均进行 1 分钟等效连续 A 声级测量。隧道内外噪声监测数据及连续等效 A 声级计算结果见表 4.6 和表 4.7。

表 4.6　定淮门地下立交隧道内外噪声监测结果

测点	测量次数	测点位置	L_{eq}/dB(A)	L_{max}/dB(A)	L_{min}/dB(A)	车流量/辆	车速/(km/h)
A	1	隧道内	74.7	80.3	45.1	8	52
		隧道外 A	73.5				
	2	隧道内	79.3	82.6	72.8	27	41
		隧道外 A	73.9				
	3	隧道内	77.9	80.9	70.8	23	48
		隧道外 A	73.9				
B	1	隧道内	78.2	82.2	59.4	20	47
		隧道外 A	71.8				
	2	隧道内	77.8	80.7	70.3	26	45
		隧道外 B	73.2				
	3	隧道内	78.2	81.7	73.0	14	54
		隧道外 B	71.7				
C	1	隧道内	79.8	83.4	72.2		
		隧道外 A	74.2				
	2	隧道内	77.0				
		隧道外 B	77.5				
	3	隧道内	79.8	82.6	75.6		
		隧道外 B	76.6				

表 4.7　定淮门地下立交隧道内连续等效 A 声级

种类		L_{eq}/dB(A)	L_{max}/dB(A)	L_{min}/dB(A)	车流量/辆
连续等效 A 声级 1		77.1	86.3	50.9	349
连续等效 A 声级 2	隧道内	78.2	81.7	73.0	380
	隧道外 B	72.5			

将表 4.6 和表 4.7 中 L_{eq} 列数据整理计算，分析定淮门隧道内外噪声并将结果列入表 4.8。可以看到，本隧道洞口外测量地点受外界噪声干扰较大，但仍可以清楚地得到，距离隧道洞口距离越远，其噪声值与隧道内噪声值差距越小。

表 4.8　定淮门隧道内外噪声分析

测点	测量次数	隧道内	隧道外	差值	测点平均
A	1	74.7	73.5	1.2	3.5
	2	79.3	73.9	5.4	
	3	77.9	73.9	4	
B	1	78.2	71.8	6.4	5.8
	2	77.8	73.2	4.6	
	3	78.2	71.7	6.5	
C	1	79.8	74.2	5.6	2.8
	2	77	77.5	–0.5	
	3	79.8	76.6	3.2	
连续等效 A 声级 2	1	78.2	72.5	5.7	5.7

4.2.2　富贵山隧道

南京富贵山隧道于 1989 年 12 月建成通车，位于南京市东郊，为南北走向。隧道南接北安门大街，北至岗子村路口。隧道为东、西两洞分离式隧道，埋深 3～48m，中心间隔 44～53m，其中西线隧道长 454.94m，东线长 474.94m。两线均采用曲墙拱形断面，净宽 9.5m，净高 6.9m，净空面积 55.77m^2，双车道宽为 8m，两侧各设 0.75m 宽的人员检修道。设计车速 60km/h，单向客货混合通行能力为 800～1200 辆/h。

于 2015 年 5 月 27 日 10:00～11:30 对富贵山隧道东线进行了内外噪声普查工作，测量时隧道内外温度分别为 25.7℃和 26.2℃，内外风速分别为 0.5m/s 和 1.1m/s。洞内噪声测量参照点(RP)位于距隧道南洞口 180m 处，参照点距离地面高度 1.4m；外部测点距离隧道洞口 30m 和 50m。装饰顶部为防火涂料，侧墙 3.5m 以下为干挂花岗岩板材。富贵山隧道噪声检测测点示意图见图 4.7，其中 A 测点隧道内背景噪声 68.6dB(A)，隧道外背景噪声 64.4dB(A)；B 测点背景噪声 54.4dB(A)。

富贵山隧道内外噪声监测数据及连续等效 A 声级计算结果见表 4.9 和表 4.10。将前述两表中 L_{eq} 列数据整理计算，分析富贵山隧道内外噪声(表 4.11)。由于富贵山隧道洞口有较高的山体，其噪声不能完全扩散，隧道内部装修全部为硬质材料，隧道内外噪声差异较大。

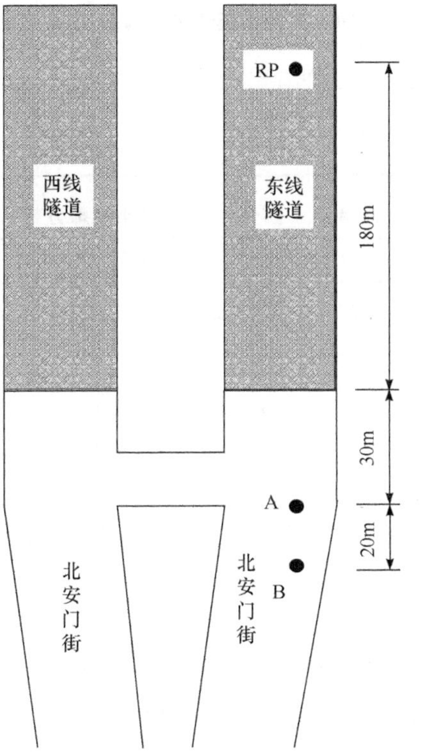

图 4.7　富贵山隧道噪声测量示意图

表 4.9　富贵山隧道内外噪声监测结果

测点	测量次数	测点位置	L_{eq}/dB(A)	L_{max}/dB(A)	L_{min}/dB(A)	车流量/辆	车速/(km/h)
A	1	隧道内	81.0	92.5	64.9	27	47
		隧道外 A	72.7				
	2	隧道内	78.3	82.6	89.7	12	43
		隧道外 A	69.7				
	3	隧道内	81.4	88.4	64.9	29	42
		隧道外 A	73.7				
B	1	隧道内	84.8	97.5	65.8	26	43
		隧道外 A	76.7				
	2	隧道内	80.2	84.5	66.4	24	47
		隧道外 B	72.9				
	3	隧道内	80.6	85.6	66.0	20	50
		隧道外 B	72.7				

表 4.10　富贵山隧道内连续等效 A 声级

种类		L_{eq}/dB(A)	L_{max}/dB(A)	L_{min}/dB(A)	车流量/辆
连续等效 A 声级	隧道内	81.8	96.4	57.7	197
	隧道外 B	73.6			

表 4.11　富贵山隧道内外噪声分析

测点	测量次数	隧道内/dB	隧道外/dB	差值/dB	测点平均/dB
A	1	81	72.7	8.3	8.2
	2	78.3	69.7	8.6	
	3	81.4	73.7	7.7	
B	1	84.8	76.7	8.1	7.8
	2	80.2	72.9	7.3	
	3	80.6	72.7	7.9	
连续等效 A 声级 2	1	81.8	73.6	8.2	8.2

4.2.3　中山门大街隧道

中山门大街隧道位于南京市东郊，于 1996 年 9 月建成通车。隧道断面净跨度为 14m，净高 7.5m，为东西走向，全长 63m，包含南线与北线两部分，限速 40km/h。

于 2015 年 10 月 10 日 17:24～17:34 对中山门大街隧道进行了内外噪声普查工作，测量时温度为 26.1℃，风速 2.1m/s。中山门大街隧道内外噪声测点距地面 1.2m，隧道外测点距隧道口 7m，隧道噪声测点位置见图 4.8。监测时段内车流量为 877 辆/h，平均车速 33km/h。隧道内外的 1/3 倍频程中心频率噪声级测量结果见表 4.12 和图 4.9，隧道内外的 A 计权总声级分别为 79.8dB 和 75.3dB。

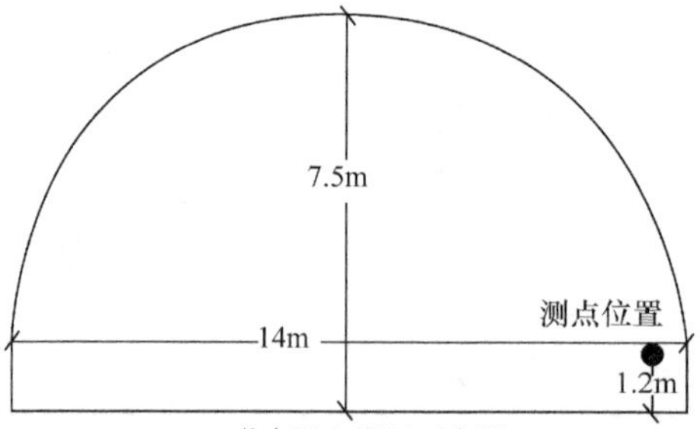

(a) 噪声测点横断面位置

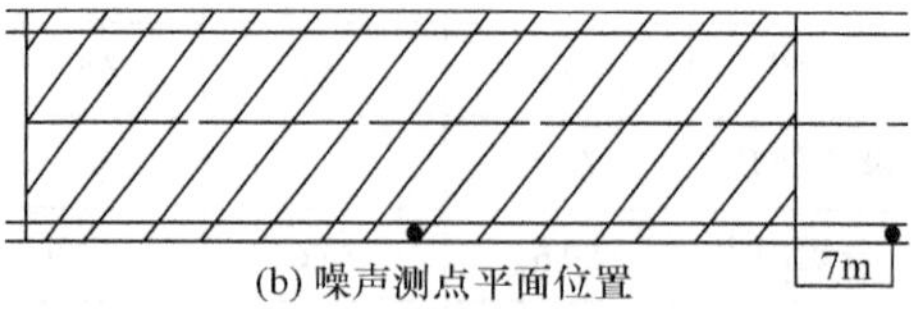

(b) 噪声测点平面位置

图 4.8　中山门大街隧道噪声测点位置

表 4.12　中山门大街隧道内外 1/3 倍频程中心频率噪声级结果

中心频率/Hz	隧道内/dB	隧道外/dB	中心频率/Hz	隧道内/dB	隧道外/dB	中心频率/Hz	隧道内/dB	隧道外/dB
50	77.5	76.5	250	74.8	68.1	1250	70.3	65.7
63	74.5	77	315	70.8	65.5	1600	68.9	64.4
80	71.5	75.1	400	69.8	66	2000	67.1	62.8
100	69.6	72.4	500	69.7	65.9	2500	65.1	60.9
125	73.6	71.5	630	71.4	67.5	3150	63.5	58.7
160	71.2	70.3	800	71.8	67.4	4000	59.1	55.4
200	72.8	67.8	1000	72.5	67.1	5000	56.2	52.9

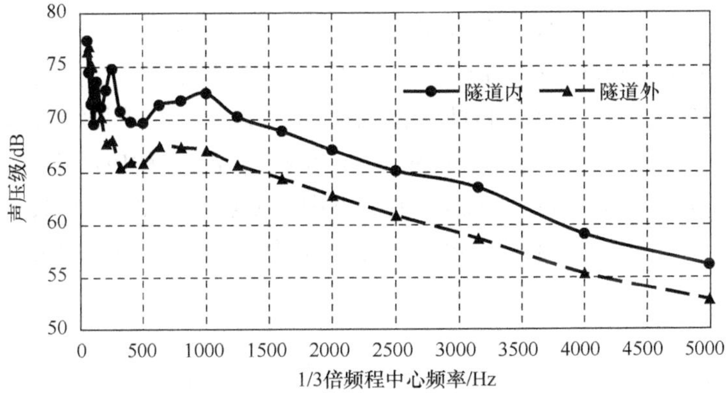

图 4.9　中山门大街隧道内外噪声级(频率特性)

中山门隧道内外噪声差见图 4.10，此测点中车流量与车速相近，为同步测量结果。大部分频带上，隧道内噪声值高于隧道外噪声值，仅在 63～100Hz 的范围内隧道内噪声低于隧道外噪声。导致这一现象的原因尚不明确。

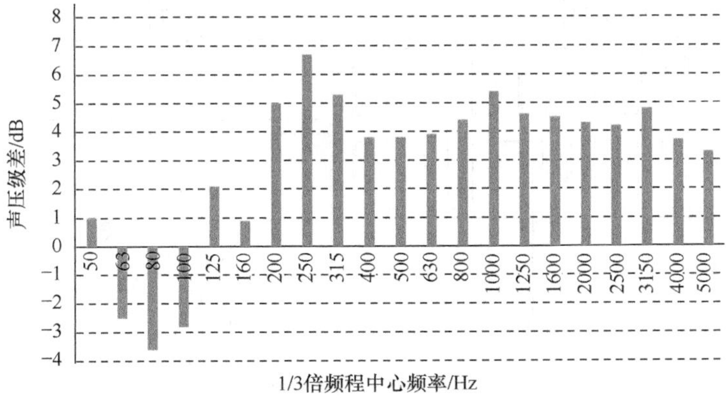

图 4.10　中山门隧道内外噪声差

该隧道整体情况与富贵山隧道类似，但长度远小于富贵山隧道。其内外噪声差为 4.5dB(A)，小于富贵山隧道的 8dB(A)。由此可见，隧道长度对于隧道内外噪声差是有影响的。在隧道较短时，其噪声值增量小于长隧道。

4.2.4　玄武湖隧道

玄武湖隧道位于南京市玄武区，于 2003 年 5 月 1 日正式全线通行。隧道全长约 2.66km，其中暗埋段长 2.23km，总宽度为 32m，为双向六车道，单洞净宽为 13.6m，通行净高为 4.5m。隧道西起模范马路，东至新庄立交桥，下穿玄武湖、明城墙和中央路，到达芦席营路口后在南京工业大学附近出地面，隧道每小时设计通行 7000 余辆机动车。

于 2015 年 10 月 10 日对玄武湖隧道进行了内外噪声普查工作，测量时温度为 26.2℃，风速 4.3m/s。噪声测点设置于隧道侧墙距地面 2.1m 位置，测点横断面及平面位置见图 4.11。监测时段内隧道内噪声级 1、2，以及隧道外噪声级所对应的车流量分别为 4626 辆/h、4650 辆/h 和 4344 辆/h，相应的平均车速分别为 45km/h、44km/h 和 45km/h。所属 3 个测点中，测点 1 在隧道中部，测点 2 在隧道内 2/5 处，测点 3 在隧道外。测量时段分别为 15:53～16:13、16:30～16:50 和 17:00～17:10。

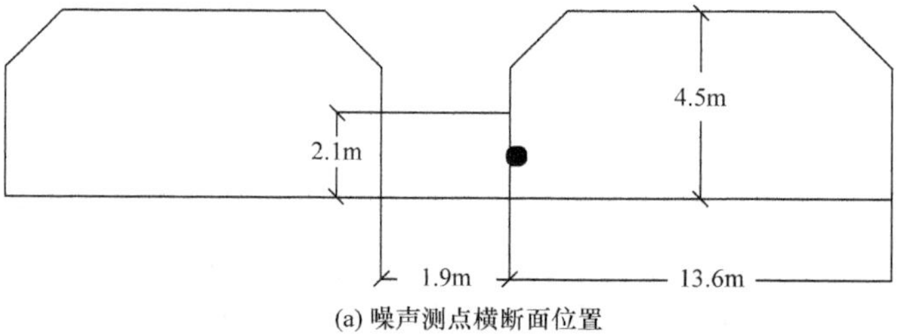

(a) 噪声测点横断面位置

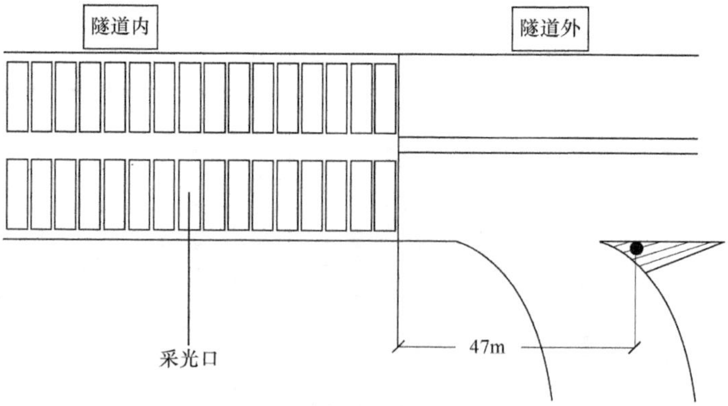

(b) 噪声测点平面位置

图 4.11　玄武湖隧道噪声测点位置

隧道内外的 1/3 倍频程中心频率噪声级测量结果见表 4.13 和图 4.12，隧道内噪声级 1、2 和隧道外噪声级所对应的 A 计权总声级分别为 88.6dB、87.1dB 和 75.6dB。

表 4.13　玄武湖隧道内外 1/3 倍频程中心频率噪声级结果

中心频率/Hz	隧道内 1/dB	隧道内 2/dB	隧道外/dB	中心频率/Hz	隧道内 1/dB	隧道内 2/dB	隧道外/dB
50	86.1	86	78.9	630	77.1	75.6	65.1
63	84.6	84.2	76.1	800	81.2	79.4	67
80	83.1	80.4	72.2	1000	81.9	80.7	69.1
100	73.4	73.1	68.9	1250	81	79.3	67.1
125	74.6	73.2	67.5	1600	79.6	78	66
160	73.9	71.3	66.1	2000	76.5	75.9	63.6
200	75	73.3	65.3	2500	72.7	71.9	60.4
250	74.1	72.7	65.8	3150	69.5	68.1	57.7
315	72.1	71	66.3	4000	65.3	63.9	54.9
400	76.3	73.9	64.5	5000	61.4	59.7	51.6
500	77.2	75.2	65.2				

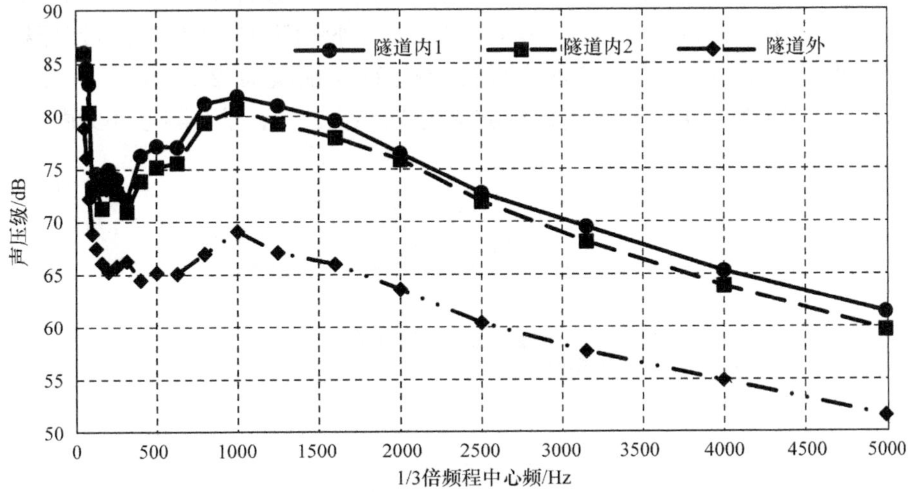

图 4.12　玄武湖隧道内外噪声级(频率特性)

图 4.13 中，玄武湖隧道内外声压级差达到 13dB(A)。其车流量差为 282 辆，对噪声的影响仅为 0.3dB。因此隧道内外噪声差异十分巨大。

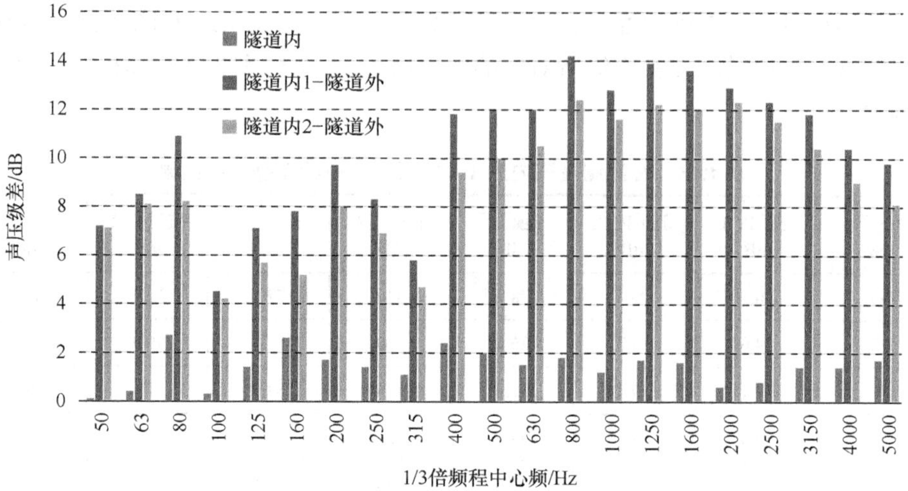

图 4.13　玄武湖隧道内外噪声差

4.2.5　九华山隧道

九华山隧道全长 2780m，是南京市快速内环东线的重要组成部分，连接玄武湖东西向隧道，并与新庄立交桥相接。隧道从九华山山体下穿，一路穿越玄武湖，包括山体隧道和湖底隧道两段。隧道山体段采用三联拱结构，双向六车道，断面宽 45m，设计车速 60km/h。全长 445m，从结构形式上是三联拱方式：总宽约 31m，中导洞在中间，直径 2m，两个侧导洞为双向六车道，设计车速 60～80km/h。

2015 年 10 月 11 日对九华山隧道进行了内外噪声普查工作，测量时温度为 23.6℃，最大风速 3.6m/s。噪声测点设置于隧道侧墙距地面 2.1m 位置，测点横断面及平面位置见图 4.14。监测时段内隧道内噪声级 1、2，以及隧道外噪声级所对

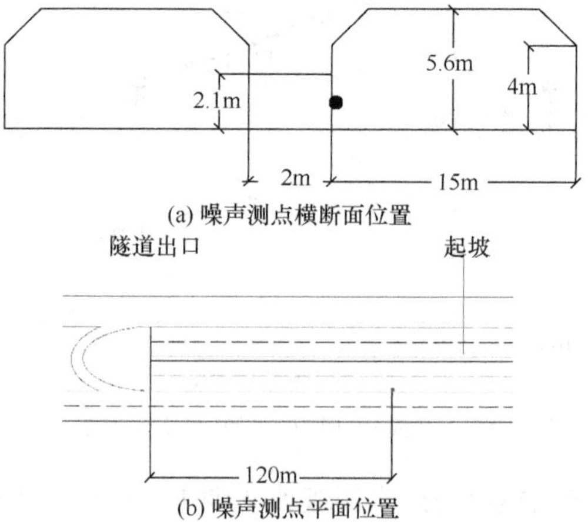

图 4.14　九华山隧道噪声测点位置

应的车流量分别为 2112 辆/h、1944 辆/h 和 2310 辆/h，相应的平均车速分别为 65km/h、70km/h 和 50km/h。所属 3 个测点中，测点 1 在隧道中部，测点 2 在隧道内 1/4 处，测点 3 在隧道外。测量时段分别为 19:13～19:33、19:51～20:11 和 20:23～20:33。

隧道内外的 1/3 倍频程中心频率噪声级测量结果见表 4.14 和图 4.15，隧道内噪声级 1、2 和隧道外噪声级所对应的 A 计权总声级分别为 89.7dB、88.1dB 和 78.9dB。

表 4.14　九华山隧道内外 1/3 倍频程中心频率噪声级结果

中心频率/Hz	隧道内 1/dB	隧道内 2/dB	隧道外/dB	中心频率/Hz	隧道内 1/dB	隧道内 2/dB	隧道外/dB
50	82.2	79.9	76	630	77.2	76.2	67.7
63	83.4	83.2	74.9	800	81	79.6	70.5
80	82.8	82.4	72.5	1000	83.2	81.9	72.3
100	74.3	73.4	68.5	1250	82.1	80.8	70.8
125	72.4	72.3	66.3	1600	81.4	79.5	70
160	70.4	73.8	66.6	2000	79.3	77.1	67.7
200	72.2	72.2	66.8	2500	75.2	72.8	64.3
250	72.3	72.3	65.7	3150	70.8	68.4	60.8
315	74.3	73.5	64.7	4000	66.4	64	57.1
400	73.1	73.8	64.8	5000	62.3	60	53.9
500	74.6	74.2	67.1				

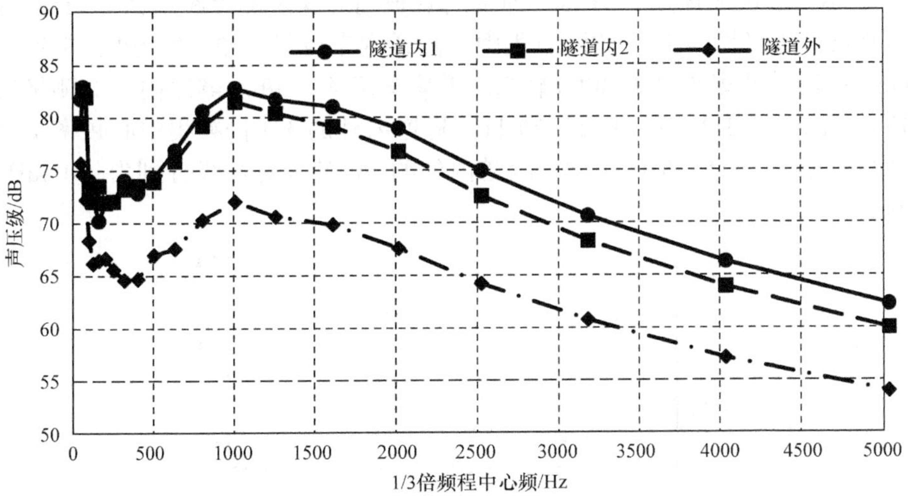

图 4.15　九华山隧道内外噪声级(频率特性)

本隧道测量结果与玄武湖隧道类似，但隧道内外车速变化较大，因此九华山隧道的内外噪声值差应作修正，当车速相同时，隧道内外声压级差将扩大，如图 4.16 所示。

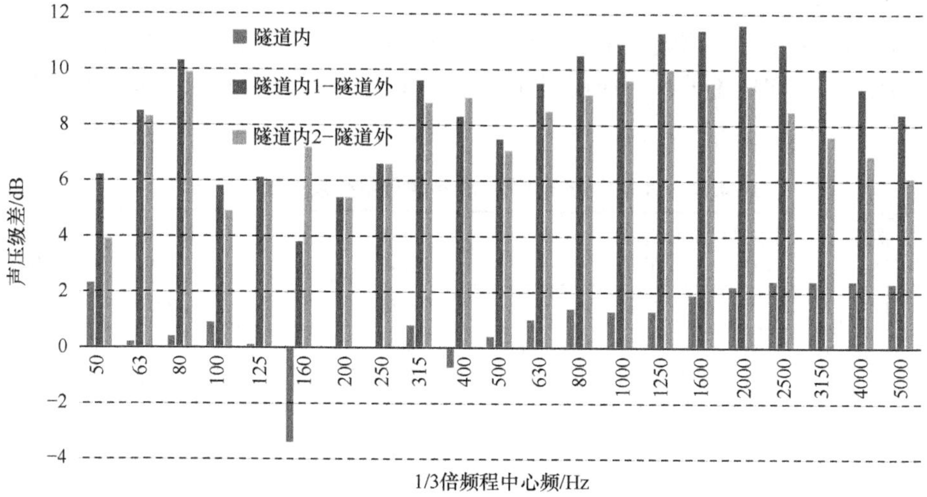

图 4.16　九华山隧道内外噪声差

4.2.6　通济门隧道

通济门隧道位于南京市秦淮区，隧道全长 1400m，其中地下段长 890m。隧道采用矩形断面，内净跨度为 12m，内净高度 5m。

于 2015 年 10 月 11 日对通济门隧道进行了内外噪声普查工作，测量时温度为 22.6℃，最大风速 4.7m/s。通济门隧道内外噪声测点距地面 1.2m，隧道噪声测点位置见图 4.17。监测过程中，隧道内车流量为 2520 辆/h，平均车速 65km/h；隧道外车流量为 3090 辆/h，平均车速 45km/h。隧道内外的测量时段分别为 21:03～21:23 和 19:51～20:11。隧道内外的 1/3 倍频程中心频率噪声级测量结果见表 4.15 和图 4.18，隧道内外的 A 计权总声级分别为 90.6dB 和 78.9dB。

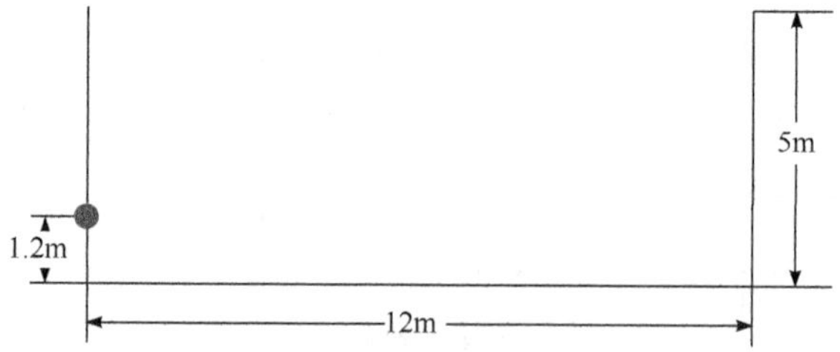

(a) 噪声测点横断面位置

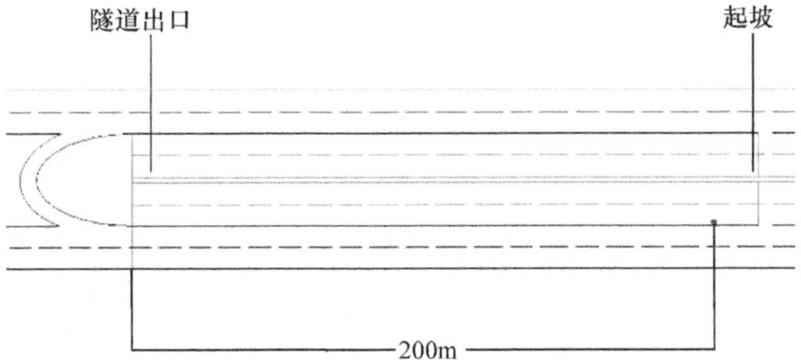

(b) 噪声测点平面位置

图 4.17　通济门隧道噪声测点位置

表 4.15　通济门隧道内外 1/3 倍频程中心频率噪声级结果

中心频率/Hz	隧道内/dB	隧道外/dB	中心频率/Hz	隧道内/dB	隧道外/dB	中心频率/Hz	隧道内/dB	隧道外/dB
50	84.3	76	250	76.4	65.7	1250	82.6	70.8
63	82.8	74.9	315	77.3	64.7	1600	81.6	70
80	77.7	72.5	400	80.3	64.8	2000	78.4	67.7
100	73.6	68.5	500	78.2	67.1	2500	73.8	64.3
125	73.8	66.3	630	79.9	67.7	3150	69.7	60.8
160	74.2	66.6	800	83.4	70.5	4000	65.4	57.1
200	75.3	66.8	1000	84.2	72.3	5000	61	53.9

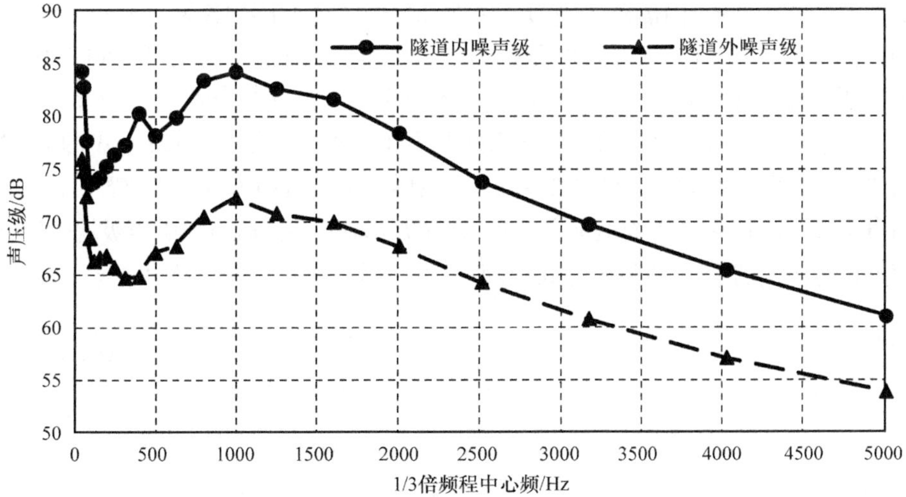

图 4.18　通济门隧道内外噪声级(频率特性)

图 4.19 所示为通济门隧道内外噪声差，可以看出，通济门隧道噪声内外差值与九华山隧道相似，需根据车速进行一定修正。

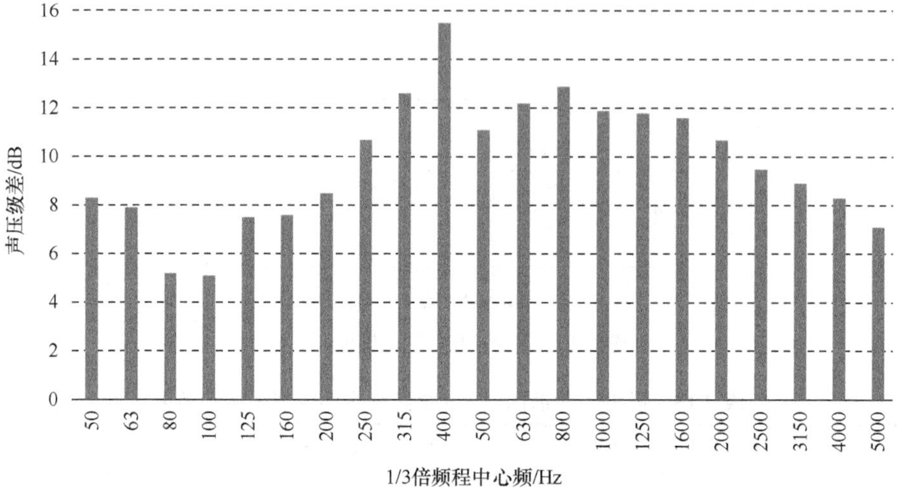

图 4.19　通济门隧道内外噪声差

4.2.7　慧忠路隧道

慧忠路隧道位于北京市海淀区，隧道下穿奥林匹克公园，位于“鸟巢”和“水立方”的北侧。隧道为两条东西向单向隧道，西侧与中关村大街相接，连接中关村核心区；向东与京承高速公路相接，沟通望京边缘集团。慧忠路道路为四车道城市主干道路，两隧道宽度均为 17.25m，行车道宽 16m，设备层宽度为 0.75m，外侧路缘宽度 0.5m，内侧路缘宽度为 0.25m。隧道建筑限界净高 4.5m，设备安装空间净高 1.1m；隧道封闭段长度分别为 170m 和 1030m，两封闭段中间为 90m 长的十字板半敞开段。隧道各车道流量为 1600 辆/h，设计行车速度为 60km/h。

北京慧忠路隧道测试项目为声压级随距声源距离的变化。测试中，声源为 12 面无指向球形声源，距地面高度 1.2m，固定在隧道中央机动车道中线位置，声源 1m 处的声压级恒定在 91.5 压级恒定在动车道中(防火板安装前后声源声压级均恒定在此范围内)。沿车道距离声源每增加 0.5m 取测点，测点高度 1.2m。测试方案见图 4.20。

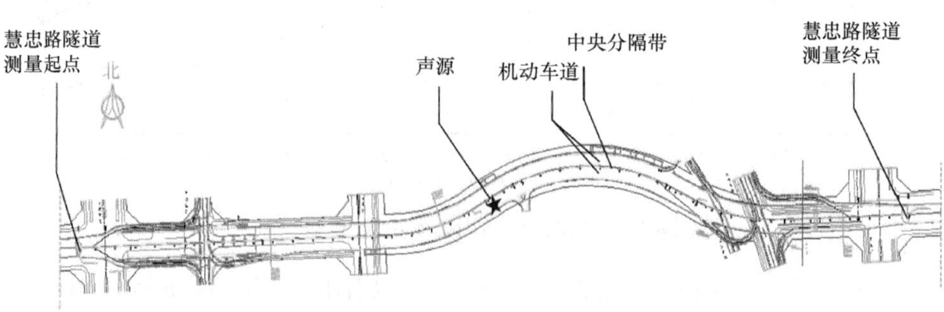

图 4.20　成府路隧道噪声实测方案图

北京慧忠路隧道测试结果见图 4.21。测试结果表明，当声源位于隧道中，在声源两侧 200m 隧道范围内，安装防火板后声级降低量不大于 1dB(A)。在声源两侧 200～600m 隧道范围内，安装防火板后声级降低量平均为 6～10dB(A)。

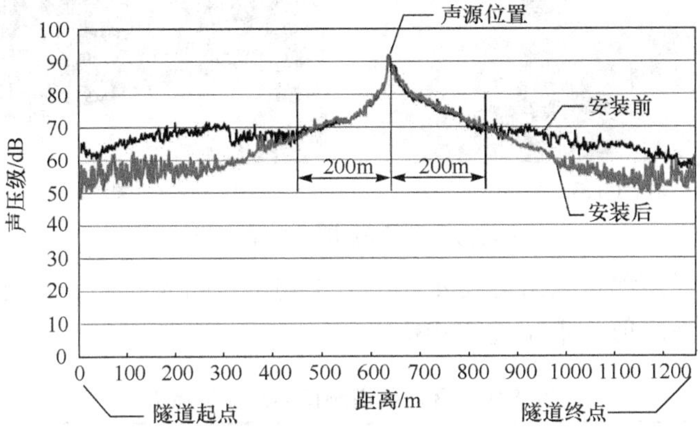

图 4.21　慧忠路隧道噪声实测结果图

4.2.8　紫之隧道

紫之隧道位于杭州市西湖区，连接紫金港路与之浦路，全长 13.9km，隧道内设计为双向 6 车道，包含 3 座桥梁、2 座隧道。主线双向四车道进出洞，并各设置一对匝道。主线设计车速：80km/h；匝道设计车速：30km/h。

于 2018 年 5 月 5 日下午对紫之隧道洞口噪声进行测量，测试位置定于隧道北侧出口，紧邻西溪路和紫金港路，隧道出口东侧为一住宅小区。测量时体感温度为 19℃，东南风 3～4 级，空气湿度为 93%。噪声测量共设置 3 个测点：测点 1 位于洞口外 6.5m；测点 2 距路口 34.75m；测点 3 位于隧道东侧小区，距路口 34.75m，测点示意图见图 4.22，现场测试图片见图 4.23。

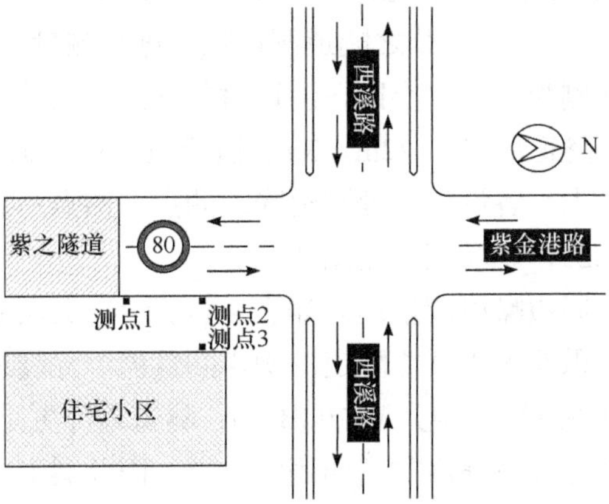

图 4.22　紫之隧道洞外噪声测点示意图

(a) 测点2　　(b) 测点3

图 4.23　紫之隧道洞外噪声测试

隧道洞口噪声测量结果见表 4.16，由于测试时间为周末，所测路段交通量不大，各点所测噪声值均未超过 70dB(A)。

表 4.16　紫之隧道洞口噪声测量结果

测点	噪声级/dB(A)	测试条件	测点	噪声级/dB(A)	测试条件
测点 1	67.0	—	测点 2	58.2	近车道无车
	61.6	近车道无车，对向车道有车		61.4	近车道少车
	63.8	近车道有车，对向车道无车	测点 3	55.4	近车道无车
	65.4	双向有车减速		66.7	近车道少车

4.2.9　灵溪隧道

杭州市灵溪隧道及其接线工程，北起古墩路至西溪路新凉亭交叉口，穿越北高峰，向南与灵隐路连接。工程全长 2.7km，涵盖灵溪隧道 1.49km，设计车速 50km/h。隧道宽 12m，双向两车道宽 9m，两侧设置人行通道。

于 2018 年 5 月 5 日下午对紫之隧道洞口噪声进行测量,测试位置定于隧道北侧出口，隧道出口西侧为一住宅小区，测试时气候条件与紫之隧道相同。噪声测量共设置 7 个测点：隧道洞口外 22m、3m；隧道洞口内 5m、50m、100m 和风机位置以及隧道外小区内，各设置一处隧道噪声测点，测点示意图见图 4.24。隧道内部交通条件见图 4.25，现场照片见图 4.26。

灵溪隧道洞内及周边噪声测量结果如表 4.17 所示，灵溪隧道交通量比紫之隧道要大，因此所测结果要大于紫之隧道的噪声测量值。除隧道外小区内噪声值小于 65dB(A)外，其他各点结果均大于 70dB(A)，隧道内部更是高达 80dB(A)以上。隧道内噪声值是其内部环境噪声共同作用的结果，因此隧道内风机处的噪声值并未呈现出大于周边值的特点。

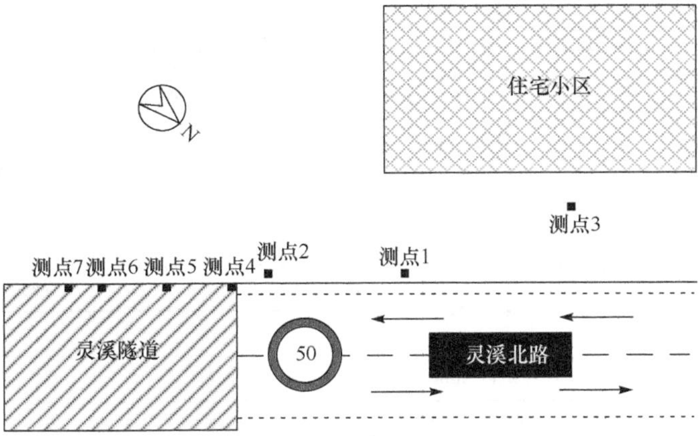

图 4.24　灵溪隧道噪声测点示意图

图 4.25　灵溪隧道内部交通状况

(a) 测点1

(b) 测点2

图 4.26　灵溪隧道外噪声测点

表 4.17　灵溪隧道洞口噪声测量结果

测点编号	测点位置	噪声级/dB(A)	测试条件
测点 1	隧外 22m	76.4	进洞有车，出洞少车
		72.9	进洞有车，出洞少车
		74.7	双向有车

续表

测点编号	测点位置	噪声级/dB(A)	测试条件
测点 2	隧外 3m	79.1	双向有车
		78.5	双向有车
测点 3	隧外小区靠近灵溪北路的绿化带内	64.4	距隧道 16.5m
测点 4	隧内 5m	85.5	双向有车，人行便道
		81.0	双向有车，人行便道
测点 5	隧内 50m	86.8	双向有车，人行便道
测点 6	隧内 100m	86.6	双向有车，人行便道
测点 7	隧内风机下方	86.5	双向有车，人行便道

4.3　隧道单车噪声测量

单车噪声测量是使单-机动车辆行驶于隧道之内，对其所产生的噪声进行监控量测，从而更好地掌握单一车辆行驶在隧道中所引起的噪声变化情况(如图 4.27、图 4.28 所示)。在此基础上，基于相关的数学理论，推算隧道内噪声与车流量之间的关系，是验证理论计算的重要手段。

图 4.27　隧道内单车噪声测量

图 4.28　隧道洞口单车噪声测量

4.3.1　隧道内单车噪声测量

隧道内单车噪声测量工作选择在鼓楼隧道进行。鼓楼隧道位于南京市中心区鼓楼广场，南接中山路，北接中央路。隧道宽 9.9m，长 1150m，隧道内设双向四车道。

沿测试车道选择单车噪声测量断面，于断面内车道两侧布置 3 个噪声测点，如图 4.29 所示，以不同车速通过测试断面，并记录各测点的噪声。测量过程中选取了 40km/h、60km/h 和 80km/h 三种车辆行驶速度，出于减小对市内交通影响的目的，测量工作选定于凌晨 1:00～2:00 进行。

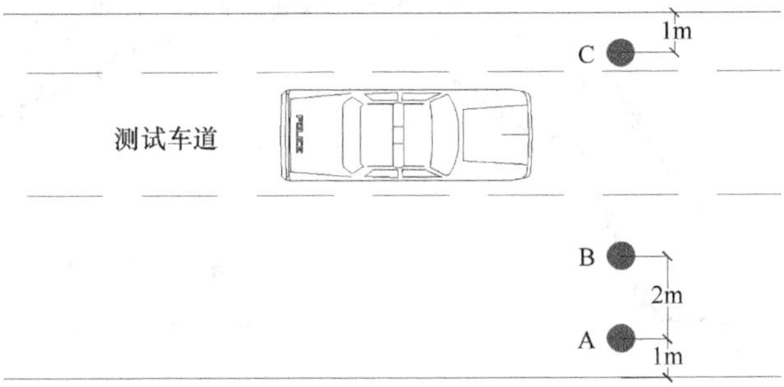

图 4.29　单车隧道内噪声检测布置图

1. 40km/h 车速下的隧道内单车噪声

1) 测点 A

测试点 A 沿车辆行进方向有 45°的下坡，由于第一次测试时司机在测点附近有松开油门，并在之后重新踩上油门，测点附近数据有一定偏差，因此进行了第二次测量。

两次测量均记录车辆与测点距离及其相应的 A 声级，根据所记录的数据，绘制车辆距测点距离与 A 声级之间的关系曲线，见表 4.18 和图 4.30。两次测量结果均呈现出车辆离测点越近，相应 A 声级越高的趋势。

表 4.18　40km/h 车速下测点 A 噪声级测量结果

与测点距离/m	A 声级/dB		与测点距离/m	A 声级/dB		与测点距离/m	A 声级/dB	
	1	2		1	2		1	2
−167	48.6		−44	68.4	73.4	78	74.3	70.3
−156	48.5		−33	70.9	73.6	89	72.5	68.7
−144	53.2		−22	74.9	73.1	100	71.1	67.8
−133	54	60.5	−11	75.9	73.1	111	71.4	67.2
−122	53.3	62.4	0	74.3	74.2	122	68.2	66.4
−111	54.9	65.5	11	74.2	72.4	133	66.4	65.8
−100	59.7	68.4	22	72.5	72.5	144	65.1	65.4
−89	64.2	68.2	33	74.6	72.6	156	60.3	
−78	65.1	69.6	44	76.3	72.3	167	56.4	
−67	65.2	70.7	56	76.5	71.9			
−56	66.3	72.8	67	75.6	71.1			

注：表中 1 和 2 分别表示两次测量结果。

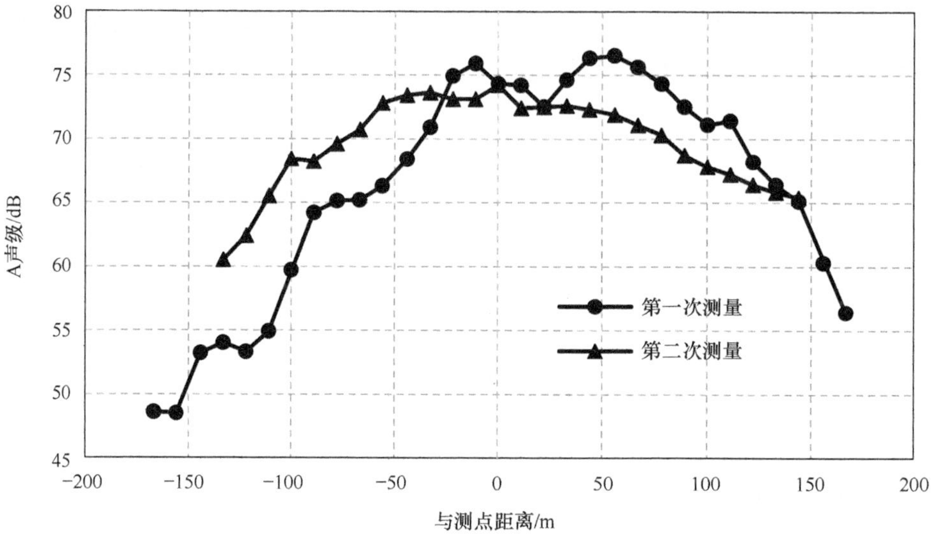

图 4.30　测点 A 处噪声级与车辆距测点距离之间的关系(40km/h)

图 4.31 表明轮胎噪声为中高频噪声，且当车速相同时，轮胎路面噪声相同；而发动机噪声为低频噪声，上坡时发动机噪声大于下坡时发动机噪声。

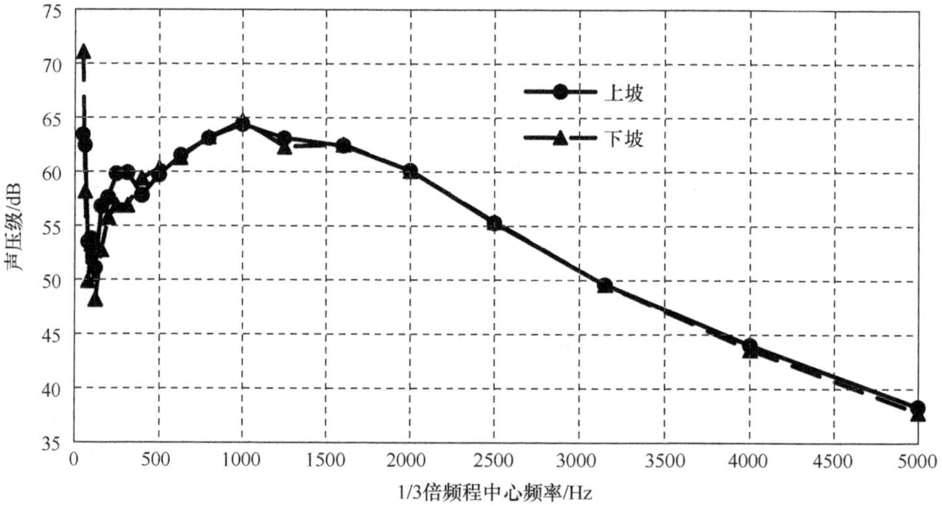

图 4.31　相同 A 声级条件下，上下坡声压级频率特性(表 4.18 中画线数据)

2) 测点 B

测点 B 的测试包括上坡方向和下坡方向两种情况，噪声测量过程中，车速保持恒定。车辆行驶过程中，测点噪声的 A 声级与车辆和测点之间的距离测量结果及相应的变化曲线见表 4.19 和图 4.32。

表 4.19　40km/h 车速下测点 B 噪声级测量结果

与测点距离/m	A 声级/dB		与测点距离/m	A 声级/dB		与测点距离/m	A 声级/dB	
	上坡	下坡		上坡	下坡		上坡	下坡
–144		64.1	–44	73.9	72.9	44	72.5	71.9
–133		63.5	–33	73.7	71.7	56	72.5	69.7
–122		64.4	–22	73.6	71.8	67	71.8	68
–111		65.5	–11	74.6	73.4	78	71.4	69.1
–100		65.5	0	76.8	76.2	89	69.6	67.6
–89		66.7	11	76.3	74.4	100	68.1	68.2
–78		69.3	22	74.4	73.9	111	66.3	67.1
–67		71.6	33	73.4	73.1	122	64.6	63.5
–56		73						

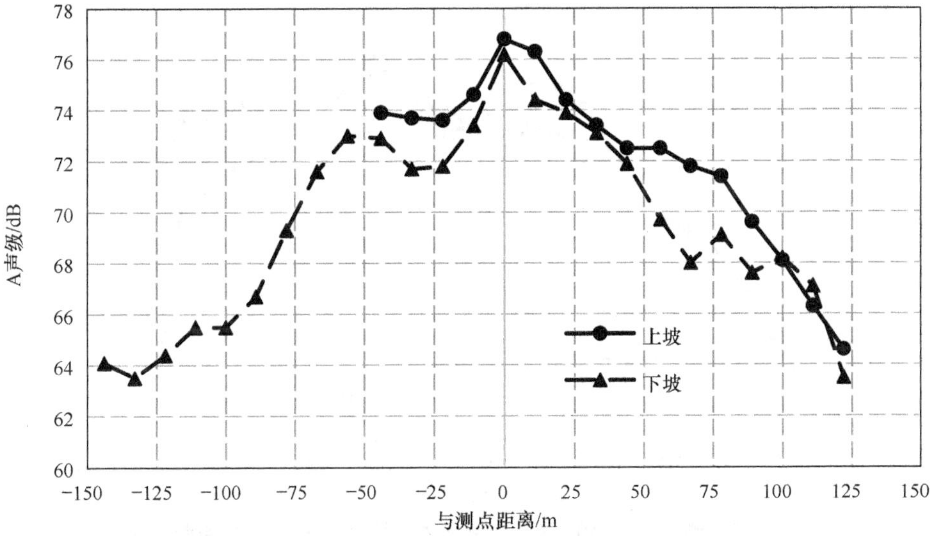

图 4.32　测点 B 处噪声级与车辆距测点距离之间的关系(40km/h)

3) 测点 C

测点 C 的测试包括上坡方向和下坡方向两种情况，车辆行驶过程中，测点 C 噪声的 A 声级与车辆和测点之间的距离测量结果及相应的变化曲线见表 4.20 和图 4.33。

表 4.20　40km/h 车速下测点 C 噪声级测量结果

与测点距离/m	A 声级/dB		与测点距离/m	A 声级/dB		与测点距离/m	A 声级/dB	
	上坡	下坡		上坡	下坡		上坡	下坡
–178		54.5	–67	70.2	73	44	71.3	68.7
–167		56.8	–56	68.7	71.9	56	71.8	67.5

续表

与测点距离/m	A 声级/dB		与测点距离/m	A 声级/dB		与测点距离/m	A 声级/dB	
	上坡	下坡		上坡	下坡		上坡	下坡
−156		59.7	−44	70.2	70.4	67	71.1	66.1
−144		62.4	−33	71.2	69.9	78	70.4	65.7
−133		63.7	−22	71.7	72.5	89	67.7	54.5
−122		64.3	−11	73.3	73.2	100	66.6	
−111		66.3	0	74.8	73.4	111	66.6	
−100		69.1	11	72.5	73.4	122	63	
−89	67.8	72	22	71.2	71.7	133	59.2	
−78	69.5	73.1	33	70.1	70.2			

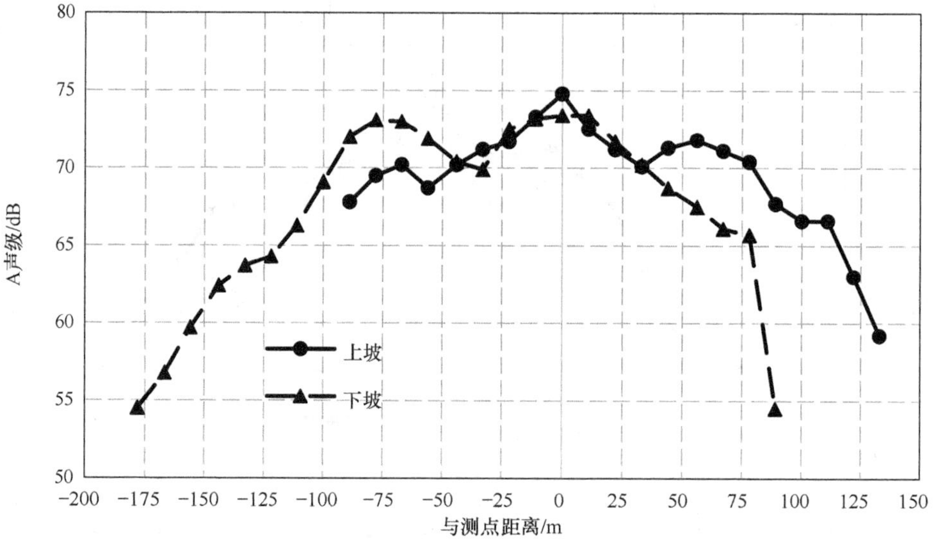

图 4.33　测点 C 处噪声级与车辆距测点距离之间的关系(40km/h)

2. 60km/h 车速下的隧道内单车噪声

1) 测点 A

测点 A 的测试包括上坡方向和下坡方向两种情况，车辆行驶过程中，测点 A 噪声的A声级与车辆和测点之间的距离测量结果及相应的变化曲线见表4.21和图4.34。

表 4.21　60km/h 车速下测点 A 噪声级测量结果

与测点距离/m	A 声级/dB		与测点距离/m	A 声级/dB		与测点距离/m	A 声级/dB	
	上坡	下坡		上坡	下坡		上坡	下坡
−183		61.7	−50	79.7	78.6	83	76.9	76.9
−167	57.5	65.1	−33	80.2	78.6	100	74.7	74.4

续表

与测点距离/m	A 声级/dB		与测点距离/m	A 声级/dB		与测点距离/m	A 声级/dB	
	上坡	下坡		上坡	下坡		上坡	下坡
−150	60.9	68.2	−17	81	78.9	117	72.6	73.8
−133	65.6	71.8	0	82.9	79.7	133	70.6	74
−117	69.3	74.2	17	82.2	79.4	150	69.2	71.8
−100	72	76.1	33	80.8	79.2	167	67.1	67.6
−83	75.7	77.3	50	79.5	78.5	183	64.2	67.6
−67	79	77.8	67	78.3	78.1			

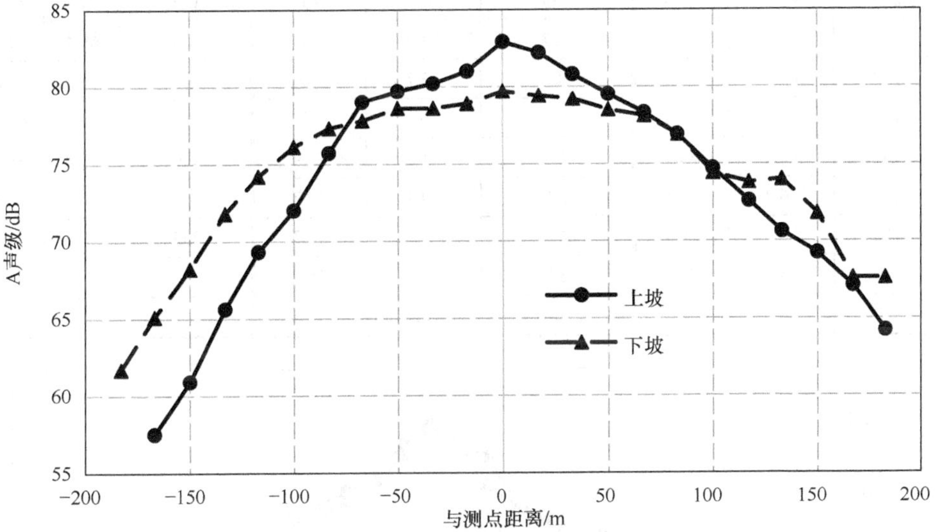

图 4.34　测点 A 处噪声级与车辆距测点距离之间的关系(60km/h)

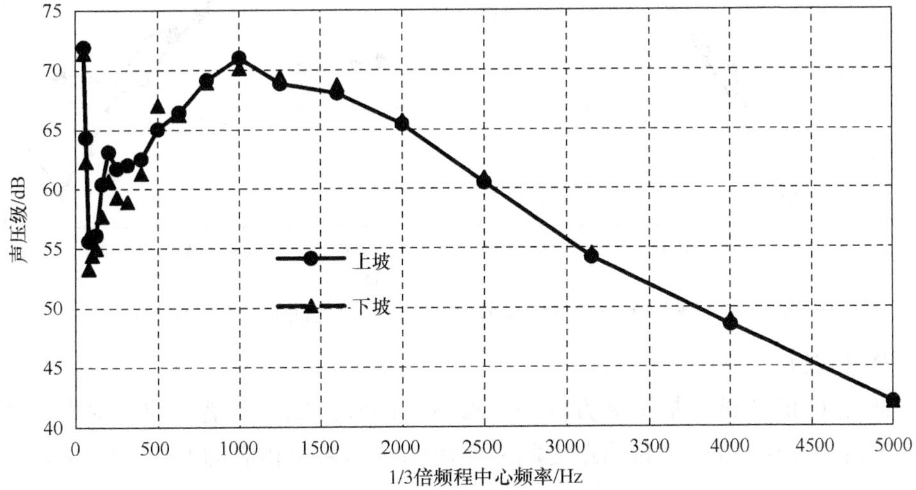

图 4.35　相同 A 声级条件下，上下坡声压级频率特性(表 4.21 中画线数据)

2) 测点 B

测点 B 的测试包括上坡方向和下坡方向两种情况，车辆行驶过程中，测点 B 噪声的 A 声级与车辆和测点之间的距离测量结果及相应的变化曲线见表 4.22 和图 4.36。

表 4.22　60km/h 车速下测点 B 噪声级测量结果

与测点距离/m	A 声级/dB		与测点距离/m	A 声级/dB		与测点距离/m	A 声级/dB	
	上坡	下坡		上坡	下坡		上坡	下坡
−217	57.1	56.6	−50	79.8	79.3	117	73.9	76
−200	60.4	60.6	−33	83	81	133	71.7	71.3
−183	64.9	67.3	−17	84.4	83.8	150	69.4	70.4
−167	67.8	68.8	0	85.7	85.4	167	66.4	69.8
−150	71.1	71.4	17	84	83	183	65.6	65.9
−133	74	74.1	33	81.6	81.4	200	66.8	61.1
−117	76.4	75.5	50	80.4	79.7	217	66.7	57.6
−100	76.8	76.9	67	79.4	78.2	234		60.9
−83	76.5	77.8	83	78.2	75.8			
−67	78.1	78.5	100	76.4	76.7			

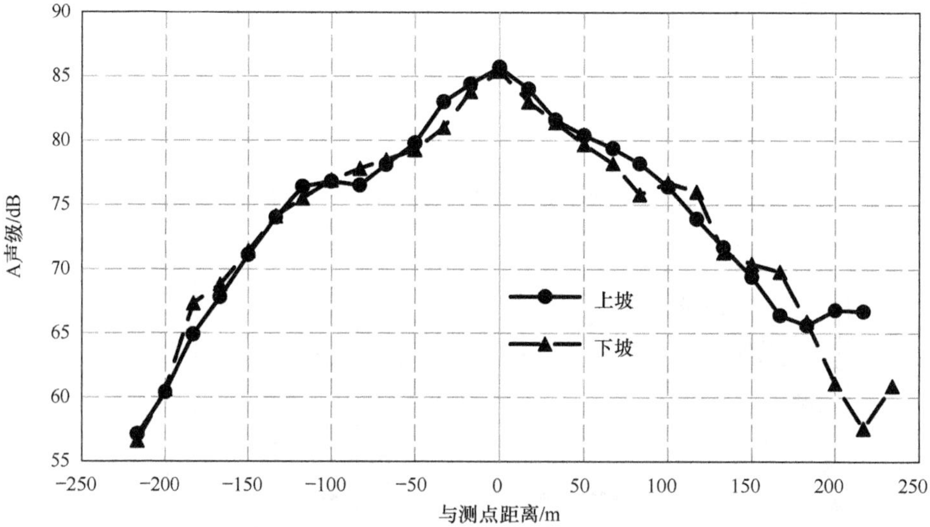

图 4.36　测点 B 处噪声级与车辆距测点距离之间的关系(60km/h)

3) 测点 C

测点 C 的测试包括上坡方向和下坡方向两种情况，车辆行驶过程中，测点 C 噪声的 A 声级与车辆和测点之间的距离测量结果及相应的变化曲线见表 4.23 和图 4.37。

表 4.23　60km/h 车速下测点 C 噪声级测量结果

与测点距离/m	A 声级/dB		与测点距离/m	A 声级/dB		与测点距离/m	A 声级/dB	
	上坡	下坡		上坡	下坡		上坡	下坡
−178	55.3		−67	76.5	75.9	33	78.6	81.6
−167	57.7		−56	77	76.4	44	77.3	80.4
−156	62.5		−44	77.8	78.1	56	77	77.9
−144	65.1	62.1	−33	79.1	80.1	67	75.6	74.7
−133	67.5	67.5	−22	81.5	82.7	78	73.9	74.2
−122	70.1	71.9	−11	84.1	84.4	89	72.6	72.5
−111	71.5	74.7	0	86.8	86.6	100	71.6	69.4
−89	73.1	75.3	11	82.4	83.3	111		69.1
−78	75.3	75.9	22	80.5	82.3			

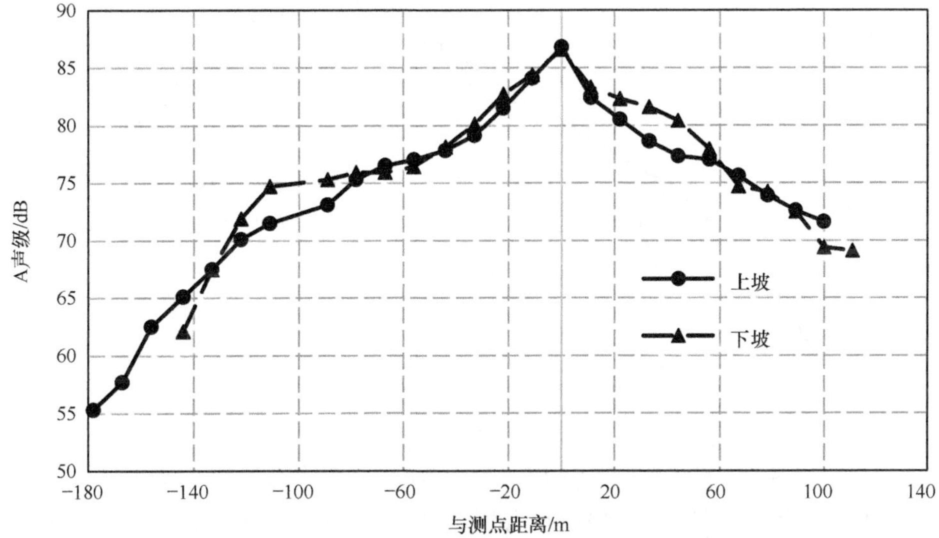

图 4.37　测点 C 处噪声级与车辆距测点距离之间的关系(60km/h)

3. 80km/h 车速下的隧道内单车噪声

车速为 80km/h 工况下仅对 C 点的数据进行了测量，与前面的情况相同，车辆行驶方向分为上坡和下坡两种。车辆行驶过程中，测点 C 噪声的 A 声级与车辆和测点之间的距离测量结果及相应的变化曲线见表 4.24 和图 4.38。

表 4.24　80km/h 车速下测点 C 噪声级测量结果

与测点距离/m	A 声级/dB		与测点距离/m	A 声级/dB		与测点距离/m	A 声级/dB	
	上坡	下坡		上坡	下坡		上坡	下坡
−325	61.2		−125	80.6	80.8	75	82.3	84.4
−300	65.7		−100	82	82.9	100	80.4	81.6

续表

与测点距离/m	A 声级/dB		与测点距离/m	A 声级/dB		与测点距离/m	A 声级/dB	
	上坡	下坡		上坡	下坡		上坡	下坡
−275	68.9		−75	84.1	84.9	125	78.6	79.1
−250	71.7		−50	86.3	87	150	76.3	75.9
−225	73.9	66	−25	88.3	89.7	175	73.8	74.4
−200	75.9	73.6	0	88.4	91.5	200	71.7	74.8
−175	77.6	77.2	25	85.7	87.3			
−150	79.3	79.3	50	84.7	86.2			

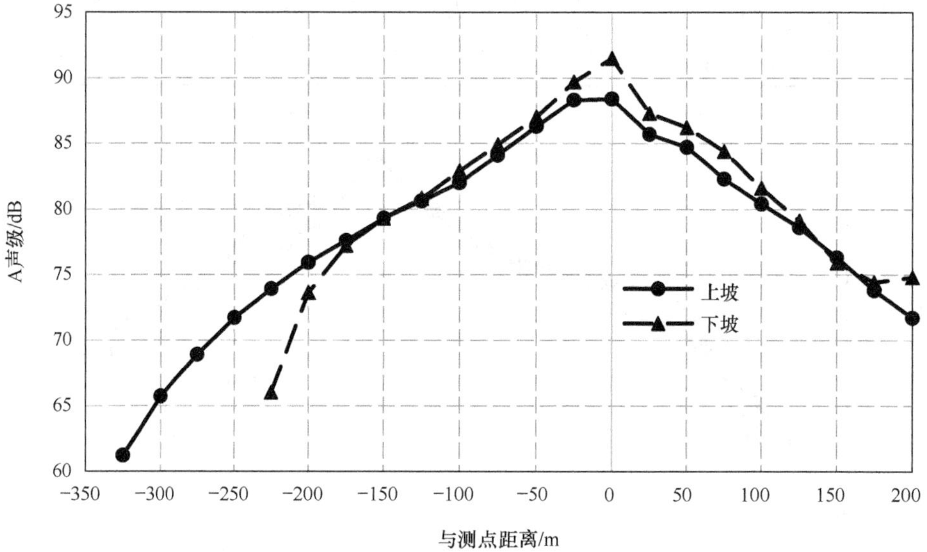

图 4.38　测点 C 处噪声级与车辆距测点距离之间的关系(80km/h)

上坡时，测点 C 不同行驶速度下的最大噪声声压级频率特性如图 4.38 所示。发动机噪声上，60km/h 与 80km/h 比 40km/h 时有着较明显的区别，而轮胎路面噪声，60km/h、80km/h 与 40km/h 时相比，也有着明显的提升，如图 4.39 所示。

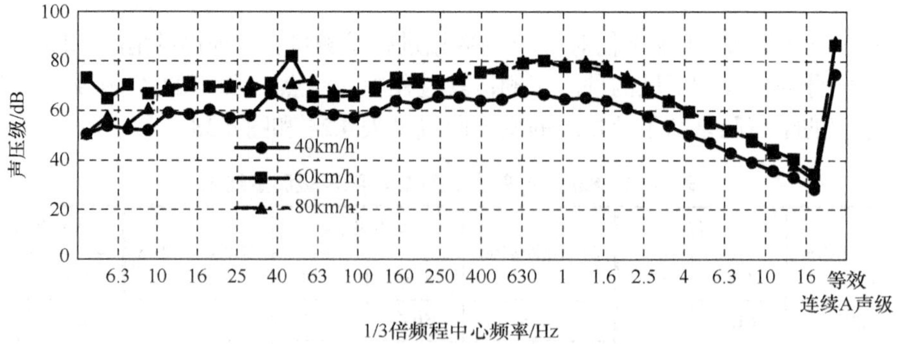

图 4.39　单辆车噪声与车速关系(上坡)

下坡时，噪声随车速变化明显。车速越高，噪声越大，但是，车速增量与噪声增量并非线性关系。综合上坡时噪声数据。车辆噪声随速度的增加，其噪声增量减小，如图 4.40 所示。

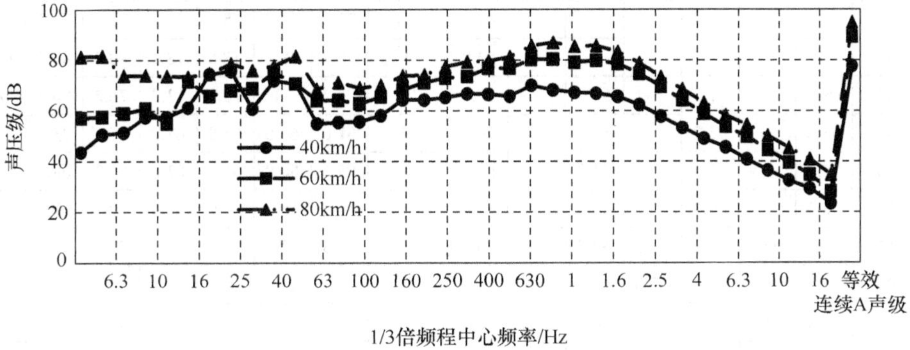

图 4.40　单辆车噪声与车速关系(下坡)

4.3.2　隧道口单车噪声测量

隧道口单车噪声测量选定玄武湖隧道进行，测量时间选定为凌晨 3:00～4:00，该时段内洞口与洞内均没有其他车辆行驶。隧道口设置有阻拦门，车速被限制为 60km/h。

根据隧道实际情况，共布设洞内 2 个和洞外 5 个噪声测点(见图 4.41)，其中隧道内测点 G 和 F 分别距隧道口 50m 和 23m；隧道外测点 A、B、C、D 和 E 分别距洞口 34m、27m、19m、11m 和 5m。各测点隧道口单车噪声测量结果及其车辆与测点距离之间的关系分别如表 4.25 和图 4.42 所示。

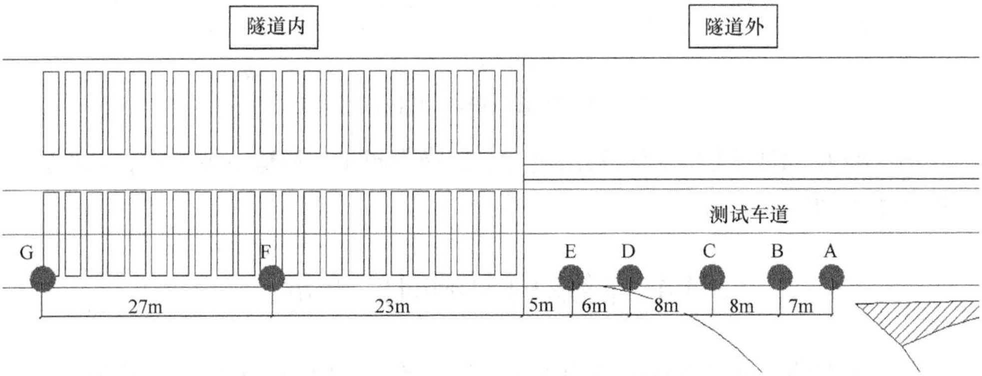

图 4.41　隧道口单车噪声测量布置图

表 4.25　各节点隧道口单车噪声测量结果

距离/m	测点编号							距离/m	测点编号						
	A	B	C	D	E	F	G		A	B	C	D	E	F	G
−233							46.8	−33	67.5	72.5	69.6	71.2	66.1	70.7	79.8
−217							49.1	−17	72.2	77.7	75.8	75.8	72.8	72.2	80.1
−200							52.8	0	76.7	78.1	77.8	78.1	80.2	80.7	82.5
−183	52		51.5		50.3		57.1	17	72.2	71	70.5	73.2	76.5	80.3	78
−167	53.8	54	53.7		52.9		60.8	33	61.6	65.6	63.8	67.9	68.1	73.8	73.7
−150	55.5	56.5	56.3		54.8		64.5	50	55.6	60.8	61.5	63.2	64.2	68.6	68.5
−133	58.3	58.1	59.3		56.5		67.4	67	52.5	56.5	57.9	60.4	60.2	65	63.1
−117	61.9	60	62.2	61.7	59.8		70.7	83	50.3	52.5			57.1	60.6	55.7
−100	63.4	64.1	65.5	63.6	62.7		71.4	100		49.1			53.9	57.3	50.6
−83	59.4	62.7	63.4	66.4	66.7	67.5	73	117		45			51.8	55	46.1
−67	57.6	63.6	61.7	64.5	68.6	69.7	74.7	133						52.2	43.6
−50	62.3	68.4	62.6	65.2	66.5	72	75.9	150						50.3	41.9

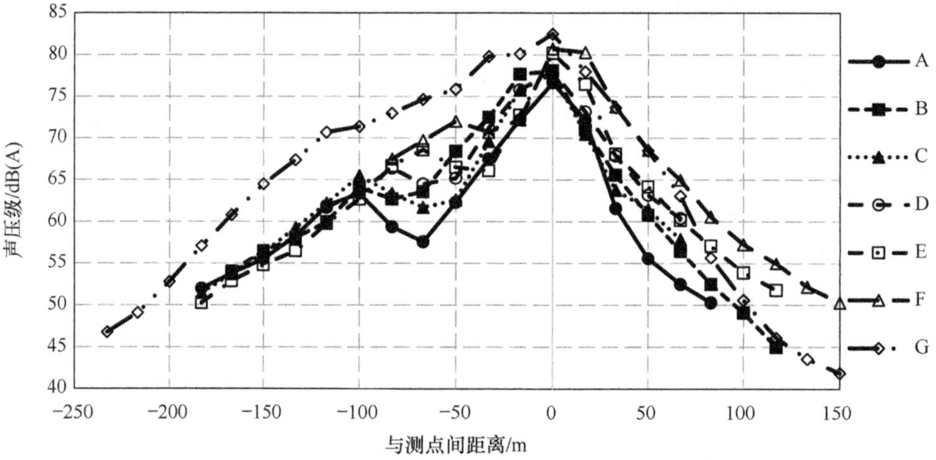

图 4.42　隧道口噪声测量数据图

图 4.42 中曲线表明，距离隧道越远，其噪声越小。隧道口范围内，噪声影响范围低于 10dB。

4.4　隧道内混响时间测量

隧道内混响声能是造成隧道内外声压级差的根本原因，其大小与隧道体型、吸声布置等相关，是隧道噪声控制技术的重要依据。隧道内混响声能定义为声源停止发声后，声压级减少 60dB 所需要的时间，单位为 s。在前述隧道内噪声普查的基础上，采用气球爆炸模拟无指向脉冲声源，对部分隧道进行了隧道内混响时间的测量工作，如图 4.43 所示。

图 4.43　隧道内混响时间测量

1. 扬子江隧道定淮门节点工程

沿定淮门隧道内道路方向设定 4 个位置点，包含 1 个声源和 3 个混响时间测点，4 个点呈矩形分布。声源点距墙 2m，沿道路方向测点间距为 5m，垂直道路方向测点间距为 4.6m。隧道内混响时间测点示意图如图 4.44 所示。

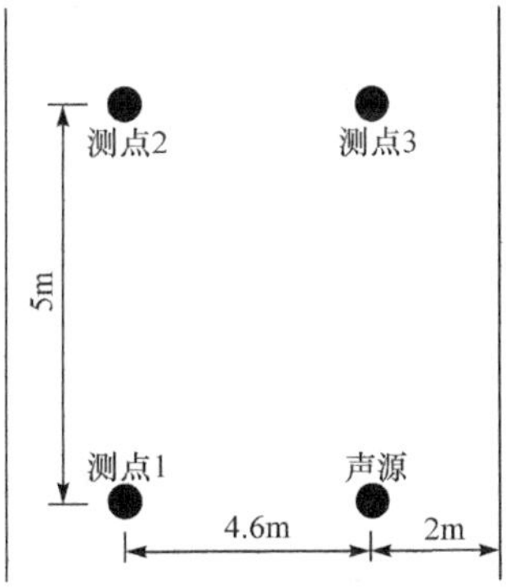

图 4.44　扬子江隧道定淮门节点隧道内混响时间测量测点

隧道为新装修隧道，尚未全部施工完毕，测点前后 40m 施工已完成。顶部为黑色玻镁板，侧墙 3.5m 以下为搪瓷钢板。隧道尚未施工完毕，一侧封堵、一侧敞开。

扬子江隧道定淮门节点隧道内混响时间测量数据及相关曲线见表 4.26 和图 4.45 所示。

表 4.26　扬子江隧道定淮门节点混响时间测量结果　(单位：s)

测点	倍频程中心频率					
	125Hz	250Hz	500Hz	1000Hz	2000Hz	4000Hz
1	4.78	3.62	3.12	3.10	2.83	2.41
2	4.72	3.11	3.29	3.19	2.89	2.37
3	5.24	3.68	3.3	3.03	2.80	2.24

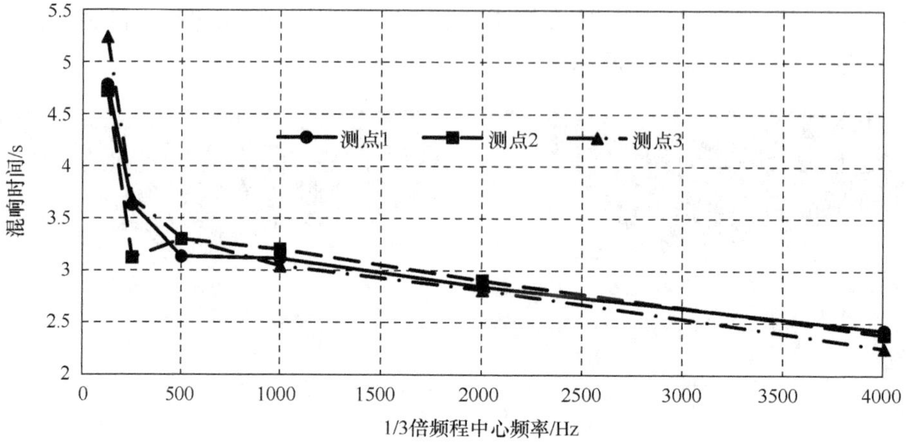

图 4.45　扬子江隧道定淮门节点混响时间与中心频率关系

2. 鼓楼隧道

鼓楼隧道内沿隧道中心线设置声源，在过声源的断面内隧道一侧设置两个混响时间测点，测点及声源距地面高度 1.2m，测点平面及断面示意图如图 4.46 所示。

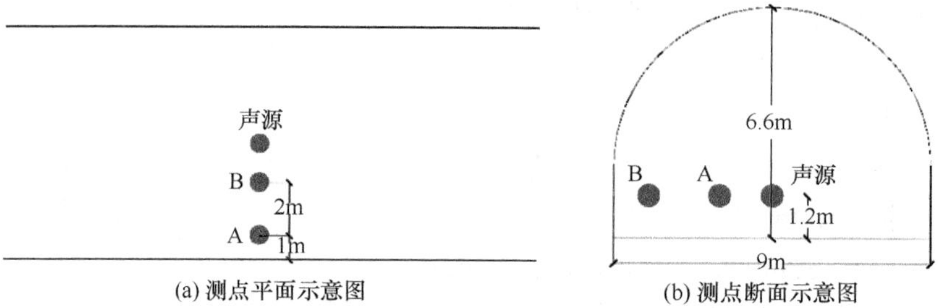

图 4.46　鼓楼隧道混响时间测量点示意图

鼓楼隧道内混响时间测量数据及相关曲线见表 4.27 和图 4.47 所示。

表 4.27　鼓楼隧道混响时间测量结果　(单位：s)

1/3 倍频程中心频率/Hz	A 点	B 点	1/3 倍频程中心频率/Hz	A 点	B 点	1/3 倍频程中心频率/Hz	A 点	B 点
50	0	0	250	3.77	3.73	1250	4.79	4.83
63	0	0	315	3.7	4.32	1600	4.34	4.64
80	0.39	0	400	4.82	5.48	2000	3.14	3.81
100	4.29	0.42	500	5.61	5.32	2500	2.78	3.1
125	2.09	2.95	630	5.53	5.5	3150	2.29	2.51
160	2.51	2.58	800	5.47	5.63	4000	1.63	1.92
200	3.45	3.62	1000	4.72	5.07	5000	1.36	1.52

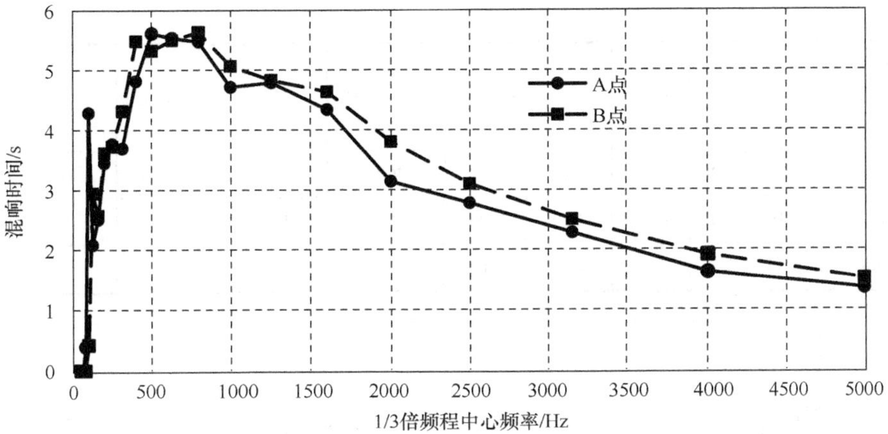

图 4.47　鼓楼隧道混响时间与中心频率关系

3. 清凉山隧道

清凉山隧道混响时间测量点位置如图 4.48 所示，隧道内共设置 3 处声源和对应的 3 处测点，测点与声源在相同断面。左侧测点距隧道侧墙 4.3m，中间和右侧测点均距侧墙 1.0m。相应的测试结果见表 4.28 和图 4.49。由于现成声源声压级低频较小，无法准确地测出低频混响时间数据。

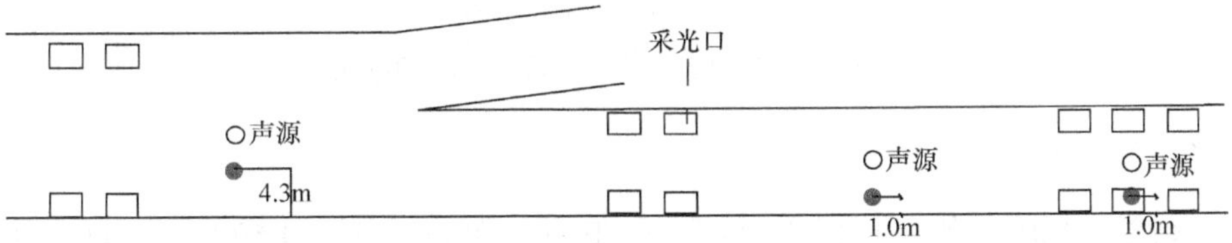

图 4.48　清凉山隧道混响时间测量点位置图

表 4.28　清凉山隧道混响时间测量结果　(单位：s)

1/3 倍频程中心频率/Hz	左点		中点	右点		1/3 倍频程中心频率/Hz	左点		中点	右点	
50	0	0	0	0	0	630	5.08	4.89	4.76	4.01	4.06
63	0	0	0	0	0	800	4.38	4.73	4.39	3.32	3.97
80	0	1.03	0	0	1.54	1000	3.96	4.09	4.47	3.44	3.18
100	0	0.28	0	1.06	0.87	1250	3.53	3.78	3.72	3.03	3.19
125	0.31	1.76	3.52	4.73	0	1600	3.16	3.43	3.78	2.81	2.92
160	1	7.74	4.3	3.36	3.79	2000	2.95	3.15	3.33	2.85	3.11
200	6.15	3.55	3.21	4.51	2.53	2500	2.49	2.73	2.75	2.25	2.84
250	5.71	6.3	5.45	4.04	3.9	3150	2.19	2.18	2.14	1.79	1.81

续表

1/3 倍频程中心频率/Hz	左点		中点	右点		1/3 倍频程中心频率/Hz	左点		中点	右点	
315	5.23	5.99	4.41	4.27	3.01	4000	1.75	1.75	1.54	1.54	1.53
400	5.19	5.01	4.72	4.29	4.35	5000	1.31	1.39	1.05	1.2	1.31
500	5.54	5.48	5.16	4.69	4.08						

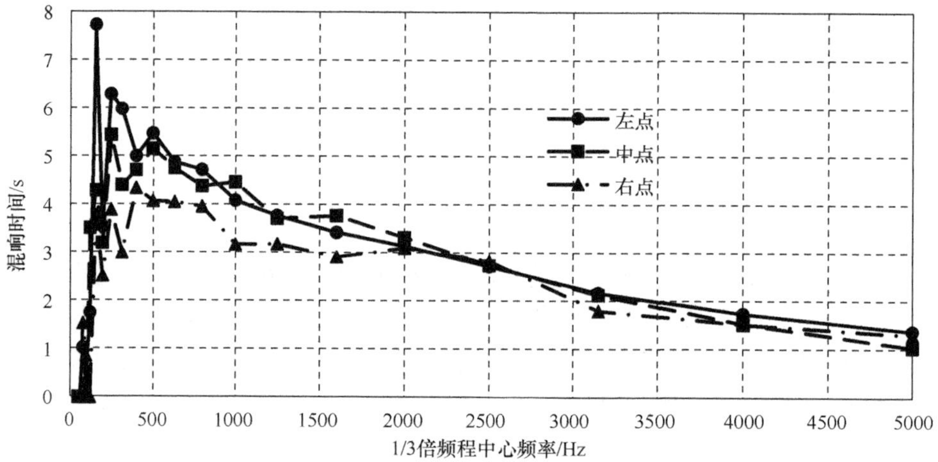

图 4.49　清凉山隧道混响时间与中心频率关系

4. 玄武湖隧道

玄武湖隧道混响时间测试共设置 A、B 两个测点，如图 4.50 所示。除本次测量中的 A、B 测点使用截断声源法外，其他测量均使用脉冲声源法进行，本隧道内部另有一测点，使用的是脉冲声源法。

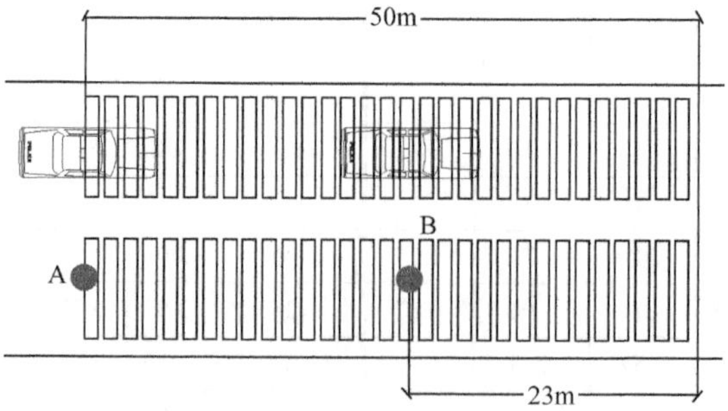

图 4.50　玄武湖隧道混响时间测量点位置图

玄武湖隧道混响时间测量结果及其与 1/3 倍频中心频率的关系见表 4.29 和图 4.51。由于测量时采用低频声强度严重不足的汽车喇叭作为声源，测量结果中低频部分有所欠缺。

表 4.29　玄武湖隧道混响时间测量结果　　(单位：s)

1/3 倍频程中心频率/Hz		A 点		B 点		C 点	
50	0	0	0	0	0	0	0
63	0	0	0	0	0	0.49	0.31
80	0	0	0	0	0	0	1.81
100	0	0	0	0	0	0	4.02
125	0	0	0	0	0	0	8.7
160	0	0	0	0	0	0	5.57
200	0	0	0	0	0	0	5.93
250	0.39	0	0	0	0	0	4.3
315	0	0	0	0.21	0	0	3.57
400	1.47	1.12	1.19	0.98	0.37	0.6	3.67
500	0.77	0.8	0.86	0.57	0.43	0.31	3.68
630	0.49	0.58	0.33	0.66	0.36	0.35	4.23
800	0.84	0.57	2.1	0.33	0.6	0.32	4.5
1000	2.58	1.12	2.01	0.9	1.05	0.93	4.48
1250	1.41	2.75	2.62	0.5	0.61	0.45	4.36
1600	2.81	1.1	1.89	0.73	0.6	1.88	3.72
2000	2.57	3.56	2.96	1.33	0.58	0.69	3.54
2500	0.77	1.06	0.73	0.81	1.21	0.62	3.18
3150	1.75	0.98	2.51	0.52	0.65	0.94	2.7
4000	1.05	0.46	1.41	0.56	0.55	0.57	2.17
5000	0.85	0.64	1.02	0.66	0.49	0.61	1.73

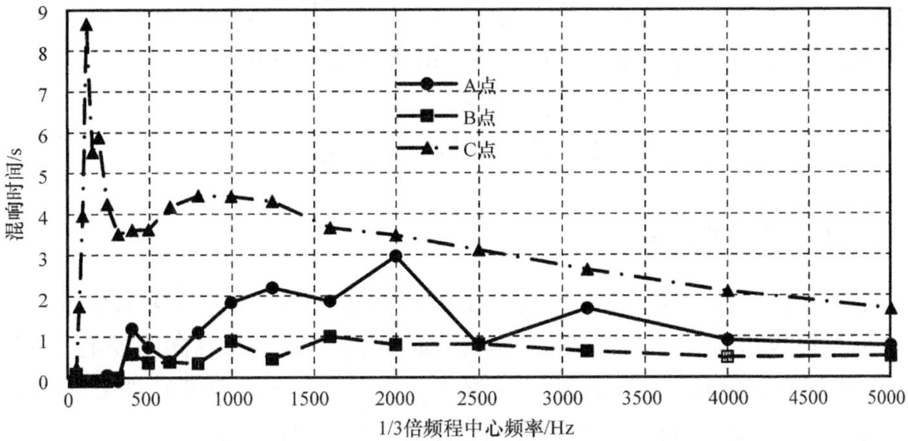

图 4.51　玄武湖隧道混响时间测量结果

将前述各隧道内混响时间测量值的平均值绘制于一张图中，如图 4.52 所示。玄武湖隧道天窗处的测量使用汽车喇叭作为声源，使用截断法进行测量，其低频声压级不足，因此导致低频结果失真。

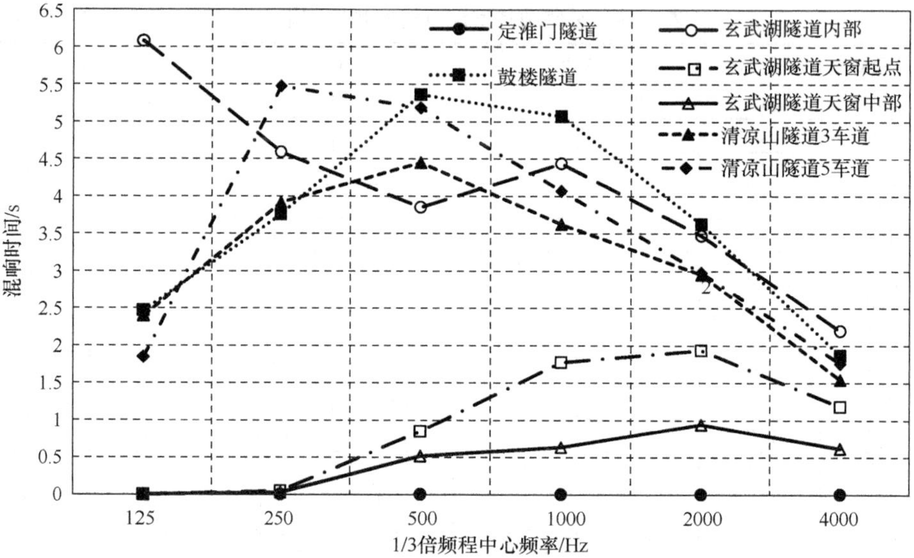

图 4.52 各隧道混响时间

测量结果显示，越接近隧道口的测点，混响时间越短。且每个隧道由于自己独特的设计，虽然混响时间都偏长，但各自的频率特性却不同。但是，所有隧道内，高频混响时间都呈下降趋势，这是由于空气对高频声具有更强的声吸收能力。部分隧道在 125Hz 的低频处，有很长的混响时间，而其他隧道在 125Hz 处混响时间较短，猜测其原因，为声源使用的大多是气球，当气球爆炸时，低频声不足，隧道线度较大，使部分测量无法得到准确的低频混响的值。

4.5 隧道噪声传播扩散规律

4.5.1 纵向扩散传播规律

隧道属地下细长型结构，该特点使得其内部噪声扩散和反射有别于普通公路或其他建(构)筑物，主要体现在纵向和横向两个方面。在纵向路径上，隧道噪声随声源位置变化而出现不同的扩散规律。利用专业声学模拟软件 Odeon 对一座 300m 长的隧道进行模拟，得到汽车通过隧道全过程中纵向噪声分布规律，如图 4.53 所示。

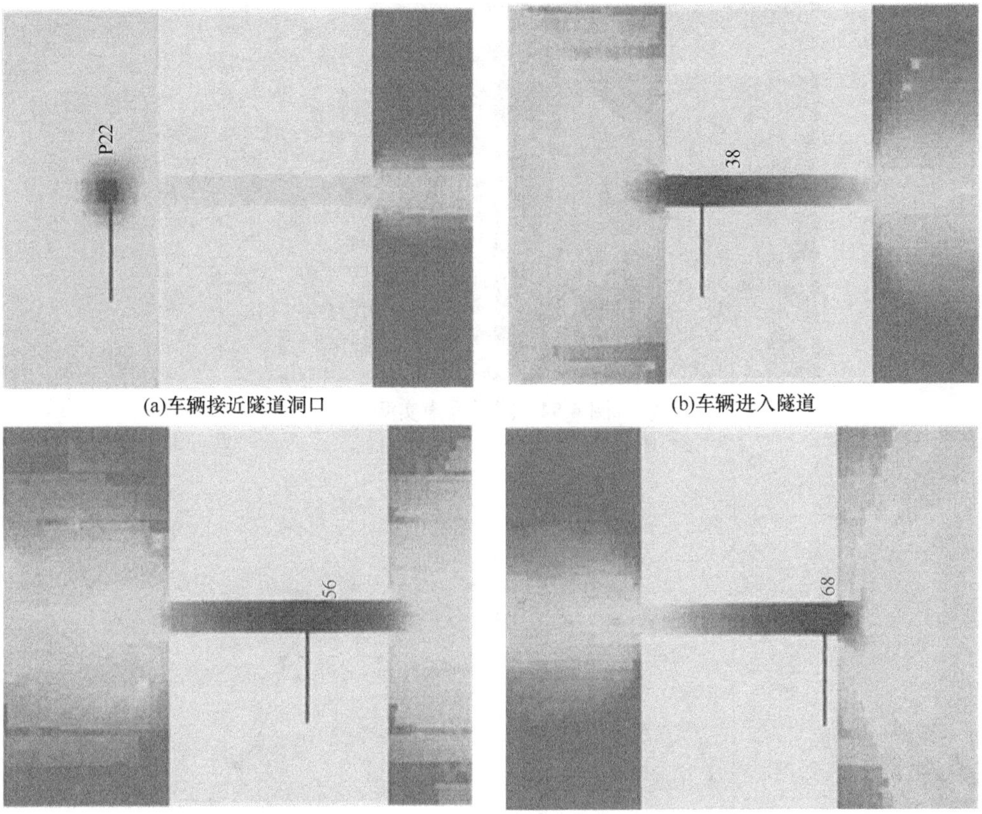

(a)车辆接近隧道洞口　(b)车辆进入隧道

(c)车辆驶入隧道中部　(d)车辆即将驶出隧道

图 4.53　隧道纵向噪声传播扩散规律

由图 4.53(a)可知，在车辆接近隧道口附近时，隧道内噪声强度虽然不大，但衰减程度相较于外部空间小；图 4.53(b)所示为车辆进入隧道时的情形，此时整个隧道内噪声强度较高，且隧道进口出现了明显的“喇叭效应”，噪声从隧道进口以一定角度向外发散，且强度较大；图 4.53(c)示意的是车辆处于隧道中部情况，此时隧道表现出明显的“音箱效应”，这个隧道处于强噪声环境，同时在隧道口也有较为明显的噪声扩散；图 4.53(d)是车辆驶出隧道的情形，此时的情况与车辆驶入时的较为相似，隧道出口也出现明显的噪声扩散。

为了进一步揭示隧道纵向不同位置的噪声分布规律，采用声级计对隧道不同位置的噪声值进行实地测量。现场气温 23℃，风速 2.4m/s，测试时间段内现场车流量 1456 辆/h，平均车速 45km/h。测点沿隧道纵向间隔 20m 等间距布设，采集探头放置于隧道边墙处，高度距路面 1.2m。测试过程和结果分别如图 4.54 和图 4.55 所示。

图 4.54　隧道噪声实测

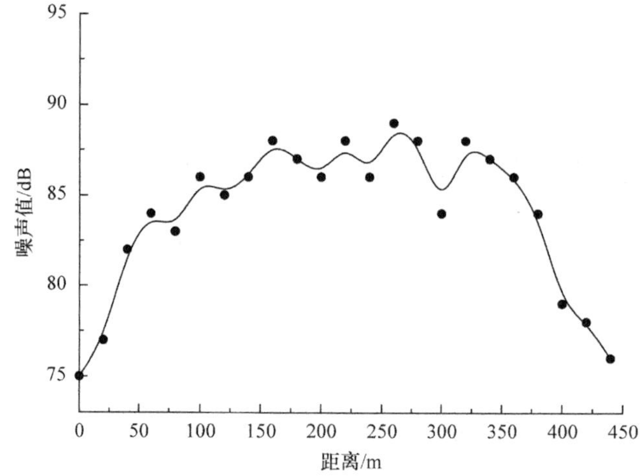

图 4.55　隧道噪声纵向分布规律

通过测点的车流量、车速以及车辆类型具有一定随机性，会导致噪声测试结果出现波动，从实测数据的曲线上可以看出：隧道内噪声呈现明显的中间高两端低的分布特性(图 4.55)。在隧道外部噪声值为 75dB 左右，接近普通公路的交通噪声；进入隧道后噪声值快速增加，且在前 50m 增加迅速，此后缓慢增加并渐趋稳定；到隧道中部时，噪声接近 88dB，相比于隧道外部高出近 13dB；此后，随着与隧道出口距离的减小，噪声逐渐减小，并最终恢复到正常水平。

4.5.2　横向扩散传播规律

隧道横向尺度相对纵向尺度小很多，声波遇到断面边界会在短时间内产生多次反射并叠加，导致隧道内混响时间较长，对于圆弧形隧道断面，边界还会对噪声产生聚焦作用。因此隧道内的噪声应分两步进行分析：一是分析直达声与一次反射声，此时的噪声具有较强的指向性，不能通过室内声学的方法来计算；二是将二次及以上次数的反射声能视作混响声能，因为二次及以上反射声已经不具备十分明显的指向性和聚焦特性，可以近似地看作扩散声场，即隧道中的声压级=直达声+一次反射声+混响声。

由此，可以利用 MATLAB 软件编制相应的计算分析程序，实现对隧道横断面噪声传播扩散规律的模拟。为了编制程序方便，分析隧道模型横断面采用半径 5m 的标准圆弧，如图 4.56 所示。

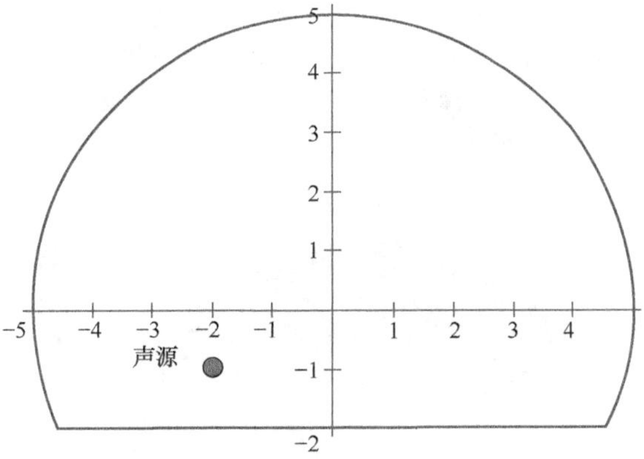

图 4.56　分析计算模型

点声源在三维空间内的衰减系数为 $4\pi r^2$，在平面内设置一定向外辐射的声线，其自然衰减系数为 $2\pi r$，因此在此基础上，每条声线仍需有 $2r$ 的衰减。将此衰减量输入计算程序进行模拟，得到隧道内因一次反射声而增加的声压级分布见图 4.57。

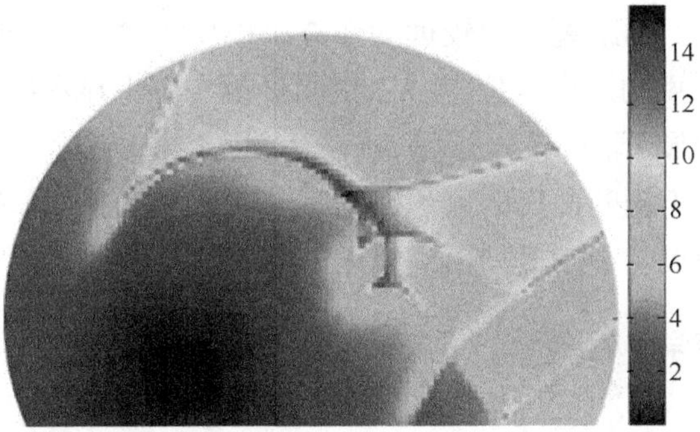

图 4.57　一次反射声线分布

图 4.57 显示内容并非直接是隧道内一次反射声声能分布情况，而是相对于声

源在开阔空间(平直公路)上的一次反射声对声压级的增量。图中能明显地反映出隧道边界对一次反射声的聚焦效应。利用同样的方法，可以对隧道内存在不同声源情况进行分析。图 4.58 和图 4.59 分别为单声源和双声源情况下的隧道噪声增量。

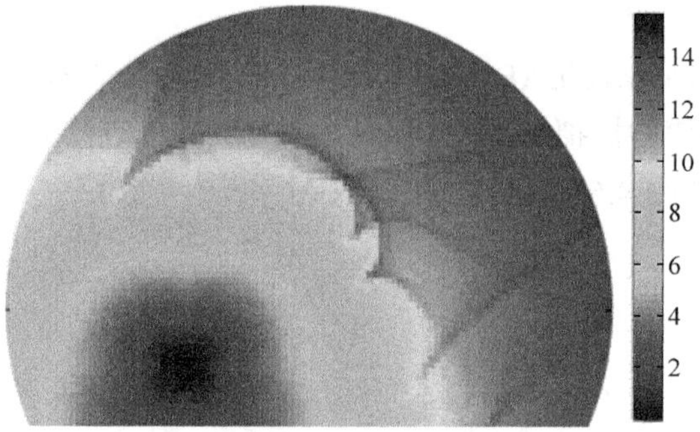

图 4.58　单声源隧道噪声增量

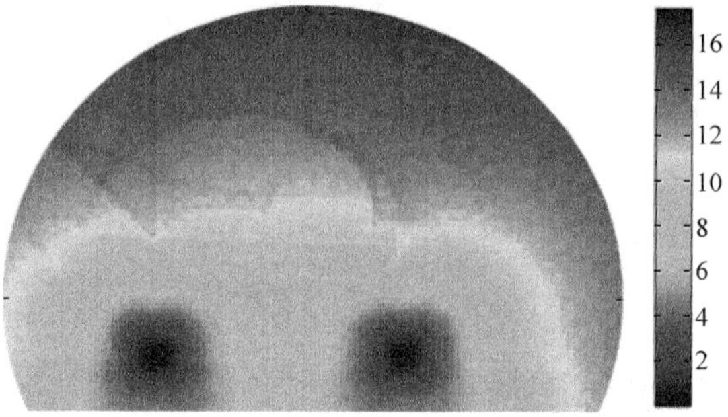

图 4.59　双声源隧道噪声增量

由图 4.58 和图 4.59 可以看出，在当前情况下，车辆行驶位置(声源位置)的噪声值增加不明显，原因是靠近声源的地方，直达声过大，与较小的混响声能叠加后没有明显的变化。而距离声源较远的地方，声压级增加十分明显，最大可达到 14dB。而一次反射声的声聚焦位置可以很明显地在图中显示出来，声聚焦引起的声压增量同样非常显著。

总的看来，隧道横断面内的直达声是噪声的主要来源，一次反射声在其声聚焦处影响巨大，而混响声则增加了隧道内的整体噪声情况。

4.5.3　隧道噪声声学特性

1. 频谱特性

通过现场实测隧道内噪声频谱特性可知，隧道内车辆噪声主要由两个部分组成：发动机噪声和轮胎-路面摩擦噪声。其中发动机噪声主要分布在低频段，从 50～250Hz，是发动机噪声较大的区间；而轮胎-路面噪声集中在中频段，从 500～2000Hz，其中最高点出现在 1200Hz 附近，隧道内外噪声频率分布如图 4.60 所示。

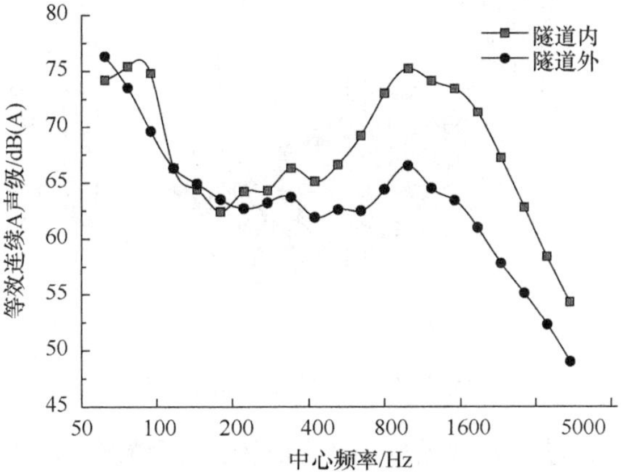

图 4.60　隧道噪声频谱特性

由图 4.60 可知，隧道内外交通噪声频谱特性都呈现明显的双峰状，在 100Hz 和 1200Hz 附近分别出现峰值，在隧道内第二峰值要高于隧道外，这也说明若要进行隧道降噪设计，轮胎与路面间的中频摩擦噪声是考虑重点。

2. 混响时间

隧道内混响时间，是用来描述声音衰减快慢程度的物理量，定义为声源停止后从初始的声压级降低 60dB 所需的时间，理论上，其值大小与隧道周边吸声系数以及断面周长面积比有关，关系如下：

$$10\lg\frac{p^2}{p_0^2}=10\lg\left[\left(1-\bar{\alpha}\right)^{\frac{c_0Ct}{\pi s}}\cdot\frac{1}{2c_0t}\right]=-60 \tag{4.8}$$

式中，p、p_0 分别为当前和初始声压，$\bar{\alpha}$ 为隧道横断面的平均吸声系数，c_0 为声速，C 为隧道横断面周长，s 为隧道横断面面积，t 为混响时长。将 c_0=334m/s，π=3.14 代入上式，得

$$106\frac{Ct}{s}\cdot\ln\left(1-\bar{\alpha}\right)=\ln t-6.7 \tag{4.9}$$

由式(4.9)可知，隧道内的混响时间与隧道横断面周长与面积比以及平均吸声系数都有关系。周长与面积比越大，混响时间越短；吸声系值越大，混响时间越

短。由以上关系可得隧道内混响时长、吸声系数以及周长面积比之间的关系如图 4.61 所示。

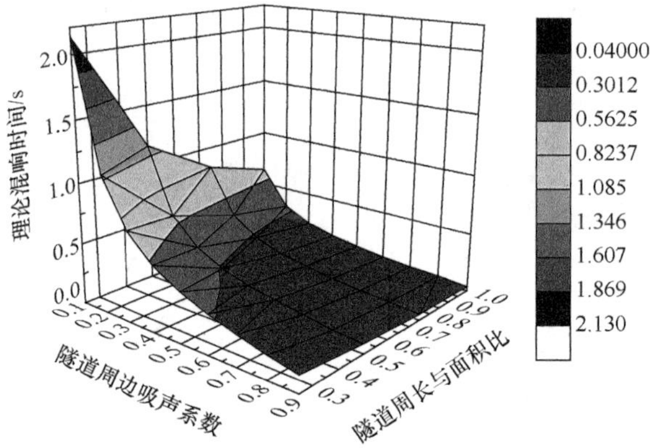

图 4.61　隧道噪声混响时间

图 4.61 表示的是隧道两端无反射声的理想平面情况下的混响时间。但实际情况下，隧道往往不能做到绝对的平直，而且在隧道开口处，由于声阻抗不匹配，一定会产生反射声，所以测量值与该计算值会有一定出入。但上述结果可以表现混响时间与隧道基本参数之间的定性关系。在设计中，可以利用改变隧道横断面周长与面积比和平均吸声系数的方法对隧道内混响时间进行调节。

实际情况中隧道内混响时间较为复杂，且与噪声频率密切相关。为了能更好掌握隧道内混响时间与频率的关系，选取了一座夜间封闭的隧道为测试对象，进行了 5 个典型断面的实地测试，测试过程和结果分别见图 4.43 和图 4.62。图 4.62 中现场实测结果在前端出现了陡峭的上升段，这主要是由于试验中声源产生的低

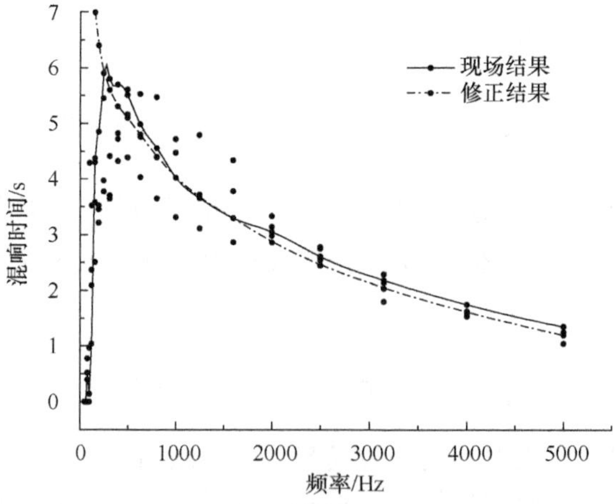

图 4.62　隧道内混响时间与频率的关系

频声很少，难以探测。实际关系应如图 4.62 中的修正结果所示，即随着噪声频率的升高，混响时间逐渐降低。由图 4.61 理论结果与图 4.62 实测结果对比可知，实测值明显大于理论值，这主要由于实际隧道情况与理想状态差距较大，也体现了隧道噪声实测的重要意义。

4.5.4　隧道噪声影响因素分析

影响隧道噪声测试结果的因素很多，包括测试条件、隧道结构、车型车速、测点位置等。其中测试条件通常是作为是否适合进行测试的判定条件，即只有满足一定条件才进行测试，否则不能测试。而隧道中的环境相对比较稳定，因此在此不进行深入分析。通过对几座典型隧道内的噪声实测数据的分析，重点对隧道长度、平均车速和车流量对测试结果的影响进行说明。实测结果如表 4.30 所示。

表 4.30　测试隧道基本情况

隧道名	长度/m	断面形式	气温/℃	风速/(m/s)	车流量辆/h	平均车速/(km/h)	实测噪声值/dB		
							噪声内	噪声外	差值
中山门隧道	63	圆拱形	26.1	2.1	877	33	79.8	75.3	4.5
富贵山隧道	127	圆拱形	25.9	1.1	1425	44	81.8	73.6	8.2
定淮门隧道	500	矩形	28.5	1.7	2280	49	78.2	72.5	4.7
通济门隧道	1400	矩形	22.6	4.7	2805	55	90.6	78.9	11.7
玄武湖隧道	2660	矩形	26.2	4.3	4626	52	87.1	75.6	11.5
九华山隧道	2780	矩形	25.7	2.4	2112	66	88.8	77.9	10.9

由表 4.30 隧道内外噪声差值结果可知，正常运营情况下，隧道内外噪声差值最小的是中山门隧道(4.5dB)，最高为通济门隧道(11.7dB)，平均差值为 8.6dB。表 4.30 中差值在平均值以下的三座隧道和平均值以上的三座隧道相比，具有隧道长度相对较短、车速相对较慢等明显特征。

为了进一步研究测点位置、车速以及隧道纵坡对测试结果的影响，本节针对 4.3.1 节的隧道内单车噪声测量进行详细的分析，各测点单车噪声如图 4.63 所示。

以上测试结果表明，同一断面内的不同测点位置以及隧道纵坡对测试结果影响不明显；车速对噪声的影响较为显著。车速从 40km/h 增大到 80km/h 的过程中，

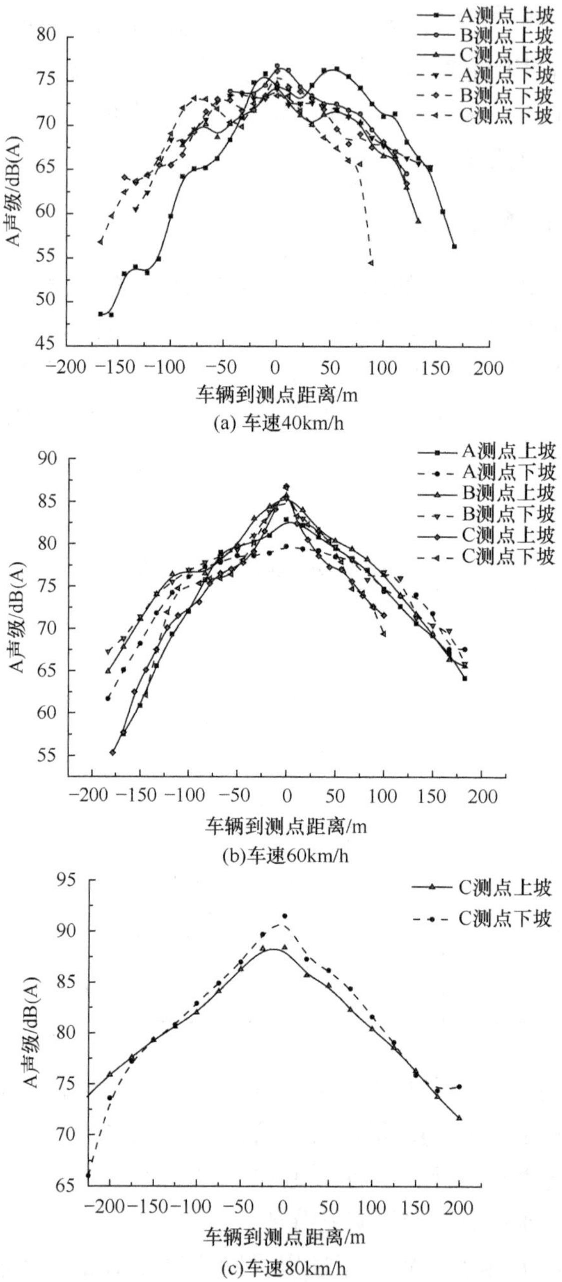

(a) 车速40km/h

(b)车速60km/h

(c)车速80km/h

图 4.63　不同车速下隧道内单车噪声

最近点 A 声级从 75dB(A)增大到 89dB(A)。在 40～80km/h 速度范围内，车速每增加 1km/h，噪声值平均增加 0.35dB(A)。

第 5 章　隧道噪声评价与控制

城市中采用隧道的区域都是闹市区，道路红线宽度小，建筑物紧挨道路，噪声污染问题严重，设计必须考虑降噪问题。隧道降噪处理，应在设计、施工中就开始，不仅降噪效果好，付出的代价也小得多。如果在工程结束新增降噪措施，其效果通常不够理想。因此，隧道降噪是一项极具实际意义的研究工作，尤其对于人口和交通密集的城市隧道，其意义不言而喻。

5.1　噪声评价指标

噪声评价物理量主要有以下几种。

1) A 声级

A 声级是一种对所有声音频率加权求平均的频率综合声级，可由仪器直接读出。通常用 L_{PN} 表示，单位贝(B)或分贝(dB)。A 声级表示的声音与人们的主观感受有很好的相关性。

2) 等效声级

实际存在的噪声往往是围绕其平均值而变化的，这种现象称为噪声起伏。为了能够给随时而变的噪声提供一个按声能计算的单值评价量，引入等效声级的概念。若某一稳定状态的 A 声级与现场测得的某一时段内的起伏噪声的效果相同，这一稳定的声级就称为该时段内的等效声级，用 L_{eq} 表示，单位分贝(dB)。

3) 语言干扰级

由于人们交谈的声能大部分位于 800Hz 附近，所以可用语言干扰级来评价噪声对语言掩蔽的影响。一般以妨碍谈话的噪声在中心频率 500Hz、1000Hz、2000Hz 频带上声压级的算术平均值表示，符号 SIL，单位分贝(dB)。

4) 噪声评价数(NR)

为了评价噪声的可接受性，以保护听力和保证语言，避免噪声干扰，国际标准化组织(ISO)提出了一组噪声评价曲线，称为 NR 线。不同功能房间允许的噪声评价数(NR)见表 5.1。

表 5.1　不同功能房间允许的噪声评价数

房间名称	N值	房间名称	N值
录音室	15	城市住宅	30
电视演播室(无观众)	20	郊外公寓	25
电视演播室(有观众)	25	城市公寓	30
剧场	20	食堂	40
电影院	25	小卖店	40
教室	25	银行	40
实验室	30	计算机室	40
图书馆	30	机械厂	65
手术室	25	木工厂	65
病房	25	电工厂	65
郊外住宅	25	体育馆	35

5.2　隧道声环境检测

5.2.1　检测项目

隧道噪声测试方法可参照交通噪声测试方法，测试点应包括隧道暗埋段、敞开段、隧道口及风机和风塔等位置。测试参数应包含 A 计权声压、混响时间和噪声频谱。A 计权声压可以判断隧道噪声大小，将其与平直公路上的噪声级进行对比，能够反映出隧道对公路噪声的增强情况，是研究隧道降噪性能的基础。

此外，隧道噪声频谱特性和混响时间也应作为必测项目，因为声频谱特性是隧道降噪措施制定过程中降噪材料和方案选取的重要前提，使降噪方案更具针对性，提高噪声控制效果；混响时间作为隧道噪声衰减规律的综合参数，能够反应隧道噪声叠加程度，通过对比降噪前后隧道混响时间也可以对降噪效果进行定量评价。测试过程中应同时记录隧道断面形式、出入口形式、温度、风速、设计车速以及车流量等信息。

5.2.2　检测方案

由于隧道噪声在纵向和横向都具有特定的空间分布特性，测点布置应综合考虑隧道长度和横断面形式，并结合当前技术手段而制定。

纵向测点应包含隧道外、隧道进口、隧道前端、隧道中部以及隧道横断面或纵断面曲率发生变化的地方。隧道外测点主要是作为对比基准点，其距离隧道口应大于 50m 以上。检测过程中天气应良好，风速不大于 5m/s。横断面内，为减小干扰，测点应布置在距路面高 1.2m 处，且距隧道侧墙 2m。测点布置如图 5.1 所示。

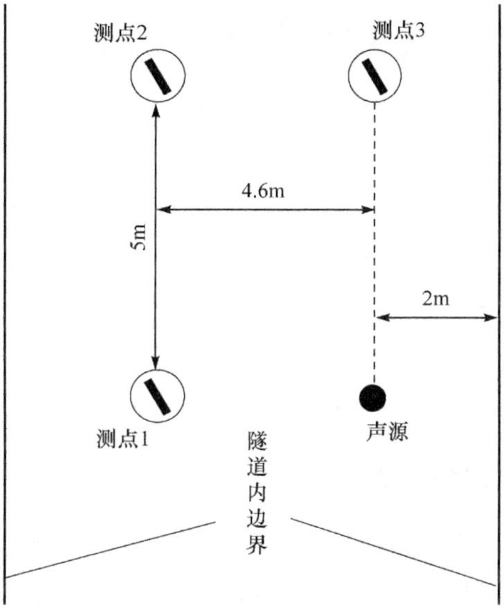

图 5.1　混响时间检测方案

混响时间检测过程中，应采用专业无定向脉冲声源，当现场条件不允许时，也可采用气球爆炸声作为替代声源。

5.3　声环境标准和功能区划分

5.3.1　国家标准划分

生态环境部的《声环境质量标准》(GB 3096—2008)、《声环境功能区划分技术规范》(GB/T 15190—2014)和《环境影响评价技术导则 公路建设项目》征求意见稿以及交通运输部《公路建设项目环境影响评价规范》(JTG B03—2006)对城环境功能区进行了划分。

0 类声环境功能区：特别需要安静的区域。

1 类声环境功能区：需要保持安静的区域。

2 类声环境功能区：需要维护住宅安静的区域。

3 类声环境功能区：需要防止工业噪声对周围环境产生严重影响的区域。

4 类声环境功能区：指交通干线两侧一定距离之内，需要防止交通噪声对周围环境产生严重影响的区域，包括 4a 类和 4b 类两种类型。4a 类为高速公路、一级公路、二级公路、城市快速路、城市主干路、城市次干路、城市轨道交通(地面段)、内河航道两侧区域；4b 类为铁路干线两侧区域。

各类声环境功能区环境噪声等效声级限值见表 5.2。

表 5.2　环境噪声限值　　(单位：dB(A))

声环境功能区分类		昼间	夜间
0 类		50	40
1 类		55	45
2 类		60	50
3 类		65	55
4 类	4a 类	70	55
	4b 类	70	60

5.3.2　南京市声环境功能区划分

《南京市声环境功能区划分调整方案》(宁政发〔2014〕34 号)(以下简称《方案》)中对南京市声环境功能区划分方案进行了调整。其中包含了城市声环境功能区、交通干线两侧声环境功能区、工业区内声功能区以及乡村声环境功能区的定义与划分。

1. 城市声环境功能区

对于城市声环境功能区，《方案》中共划分 0～4 类共计 5 种类别的声环境功能区。

(1) 0 类声环境功能区：指康复疗养区等特别需要安静的区域。

(2) 1 类声环境功能区：指以居民住宅、医疗、卫生、文教、办公为主要功能，需要保持安静的区域。

(3) 2 类声环境功能区：指以商业金融、集市贸易为主要功能，或者居住、商业、工业混杂，需要维护住宅安静的区域。

(4) 3 类声环境功能区：指以工业生产、仓储物流为主要功能，需要防止工业噪声对周围环境产生严重影响的区域。

(5) 4 类声环境功能区：指交通干线两侧一定距离之内，需要防止交通噪声对周围环境产生严重影响的区域，包括 4a 类和 4b 类两种类型。4a 类为高速公路、一级公路级公路、城市快速路、城市主干路、城市次干路、城市轨道交通(地面段)、内河航道两侧区域；4b 类为铁路干线两侧区域。

2. 交通干线两侧声环境功能区

1) 道路交通干线两侧 4a 类功能区

(1) 若临街建筑以高于三层楼房以上(含三层)的建筑为主，将第一排建筑物面向道路一侧至道路边界线(道路红线)的区域划为 4a 类声环境功能区。

(2) 若临街建筑以低于三层楼房建筑(含开阔地)为主，将道路边界线(轨道用地范围、内河航道的河堤护栏或堤外坡脚)外一定距离的区域划为 4a 类声环境功能域。距离的确定方法如下：

① 相邻区域为 1 类声环境功能区域，距离为 50m；

② 相邻区域为 2 类声环境功能区域，距离为 35m；

③ 相邻区域为 3 类声环境功能区域，距离为 25m。

2) 铁路干线两侧 4b 类声环境功能区划分

(1) 将铁路用地范围外一定距离以内的区域划分为 4b 类声环境功能区域。距离的确定不计相邻建筑物的高度，其原则和方法同道路交通干线两侧 4a 类功能区划分中第(2)条。

(2) 如铁路与其他交通干线平行，划分为 4b 类声环境功能区。

规划确定的客货运枢纽区域、高速公路服务区、铁路站场区域及其边界外 30m 内区域执行 4a 或 4b 类区标准。

3. 工业区内声功能区

位于各类工业区规划范围，总体上划定为 3 类区的区域，在下列情况下执行 2 类区标准：

(1) 规划为工业用地，但尚未开发建设，且仍有敏感目标的区域。

(2) 现状为学校、医院、住宅、机关、公园、宾馆、会所等噪声敏感区域。

(3) 开发区详规确定为非工业用地的区域。

(4) 以商务办公、软件研发等为主的非生产区域。

4. 乡村声环境功能区

(1) 位于乡村的康复疗养区执行 0 类区标准。

(2) 村庄原则上执行 1 类区标准，与工业企业相邻的村庄在企业边界外 200m 以内区域执行 2 类区标准。

(3) 集镇执行 2 类区标准。

(4) 位于交通干线两侧一定距离(参见 2. 交通干线两侧声环境功能区)内的噪声敏感建筑物执行 4 类区标准；高速公路、国道、省道、铁路干线及轨道交通地面段两侧道路红线外 200m 以内区域(不包含确定为 4a、4b 类标准的区域)，执行 2 类区标准。

(5) 独立于村庄、集镇之外的工业、仓储集中区执行 3 类声环境功能区要求。

南京市辖区范围内的声环境功能区划分方案见附录 A。

5.3.3　南京地区环境噪声标准限值

南京地区各类声环境功能区限值参照表 5.2 中各项规定执行，其中 4b 类声环境功能区环境噪声限值，适用于 2011 年 1 月 1 日起环境影响评价文件通过审批的新建铁路(含新开廊道的增建铁路)干线建设项目两侧区域。在下列情况下，铁路干线两侧区域不通过列车时的环境背景噪声限值，按昼间 70dB(A)、夜间 55dB(A)执行：

(1) 穿越城区的既有铁路干线；

(2) 对穿越城区的既有铁路干线进行改建、扩建的铁路建设项目(既有铁路是指 2010 年 12 月 31 日前已建成运营的铁路或环境影响评价文件已通过审批的铁路建设项目)。

各类声环境功能区夜间突发噪声，其最大声级超过环境噪声限值的幅度不得高于 15dB(A)。机场周围受飞机通过所产生噪声影响的区域执行国家《机场周围飞机噪声环境标准》(GB 9660—88)。无飞机通过时，机场周围规划区域执行 2 类标准。铁路和城市轨道交通(地面段)场站、公交枢纽、港口站场、高速公路服务区等具有一定规模的交通服务区域规划范围内，划为 4a 类或 4b 类声环境功能区。除上述划定的各类区域外，其他未划分区域参照 1 类标准执行，待建设用地规划功能确定之后，按照规划用地性质参照相应功能属性确定。

5.4　隧道噪声评价

根据声环境质量标准、隧道运行引起的敏感目标噪声级增量以及隧道噪声对行人身体的影响为依据，将隧道噪声等级划分为 A、B 两类。

5.4.1　A 类隧道

A 类隧道以隧道对周边环境的影响作为分类依据(表 5.3)，包括：①隧道外敏感目标户外噪声级 $L_{\mathrm{eq,tout(nst)}}$ 与声功能区噪声限值 $[L]$ 的关系；②由隧道引起的敏感目标噪声级增量 $\Delta L_{\mathrm{t(nst)}}$。

表 5.3　隧道周边声环境分类(A 类隧道)

分类	隧道周边声环境/dB(A)
A1 类	$L_{eq,tout(nst)} \geqslant [L]$ 且 $\Delta L_{t(nst)} \geqslant 2$
A2 类	$L_{eq,tout(nst)} \geqslant [L]$ 且 $\Delta L_{t(nst)} < 2$
A3 类	$L_{eq,tout(nst)} < [L]$

隧道周边敏感建筑物噪声值，根据《声环境质量标准》(GB 3096—2008)确定。根据该标准，隧道周边敏感目标噪声超标时，应进行噪声治理。为查明噪声来源，分析隧道对噪声敏感目标的影响，引入了隧道引起的敏感目标噪声级增量指标 $\Delta L_{t(nst)}$。根据声学软件模拟结果，当隧道暗埋段平均吸声系数从 0.1 提高到 0.4：

(1) $\Delta L_{t(nst)} = 3$ dB(A)时，敏感建筑物噪声降低 2.3dB(A)；

(2) $\Delta L_{t(nst)} = 2$ dB(A)时，敏感建筑物噪声降低 1.3dB(A)。

因此认为，当 $\Delta L_{t(nst)} \leqslant 2$ dB(A)时，仅在隧道范围(以暗埋段为主)进行噪声治理的效果不佳，此时应考虑以暗埋段外道路交通噪声为主要治理对象，采取针对性的噪声控制措施。

5.4.2　B 类隧道

对通行非机动车及行人的隧道，隧道内声环境根据隧道内最大噪声级按表 5.4 进行分类。

表 5.4　隧道内声环境等级划分(B 类隧道)

分类	隧道内声环境/dB(A)
B1 类	$L_{eq,tin} \geqslant 85$
B2 类	$80 \leqslant L_{eq,tin} < 85$
B3 类	$L_{eq,tin} < 80$

B 类隧道以噪声对人体的影响作为分类依据，包括：

(1) 根据《工作场所有害因素职业接触限值 第 2 部分：物理因素》(GBZ 2.2—2007)[33]，85dB(A)为人耳可接受的噪声限值，因此规定，凡是噪声值⩾85dB(A)的隧道应进行噪声治理。

(2) 根据国家卫生和计划生育委员会的调查，人耳长期处在 80dB(A)的声环境中，会对听力造成损害[34]，根据编制组的调查，国内通行行人与非机动车的隧道最长达 1.5km，行人通行约 10～20min，噪声值处于 80～85dB(A)之间的隧道宜进行噪声治理，因此将该范围内的隧道作为 B2 类。

5.5 隧道噪声控制

5.5.1 总体设计

长隧道应进行隧道降噪设计，尤其是人车混行隧道，在南京富贵山隧道、中山门大街隧道、玄武湖隧道、九华山隧道、通济门隧道等隧道的现场实测结果，隧道内噪声普遍超过 80dB(A)，个别时段甚至超过 90dB(A)。

当行人、非机动车及机动车在同一空间内通行时，机动车的噪声将严重影响通行人员。设置独立且封闭的行人与非机动车通行空间，可有效降低通行人员受到的噪声影响。因此，对于明挖法施工的隧道，应首先考虑设置独立的行人与非机动车通行空间；当不具备条件时，如钻爆法隧道或用地受限制时，应采取其他措施降低噪声对行人的影响。

为符合声环境质量标准，隧道降噪量指标根据声功能区环境噪声限值确定。同时，为确保在一定的误差下，仍可以达到最终的设计值，设置了噪声控制安全值。参考《声屏障声学设计和测量规范》(HJ/T 90—2004)关于隔声设计目标值的确定方法，结合技术经济性，取噪声控制安全值为 2dB(A)。

当 $\Delta L_{t(nst)} \leqslant 2$ dB(A)时，仅在隧道范围(以暗埋段为主)进行噪声治理的效果不佳，此时应考虑以暗埋段以外的道路交通噪声作为主要治理对象。针对不同类型的隧道采取相应的噪声控制措施。

(1) 对于 A 类隧道，有：

① A1 类隧道应对隧道暗埋段进行噪声控制；

② A2 类隧道宜对隧道暗埋段进行噪声控制；

③ A3 类隧道可不进行隧道噪声控制。

(2) 对于 B 类隧道，有：

① B1 类隧道应进行隧道噪声控制；

② B2 类隧道宜进行隧道噪声控制；

③ B3 类隧道可不进行隧道噪声控制。

隧道降噪量应根据下列公式确定：

$$\Delta L_{\mathrm{eq,tin}} = L_{\mathrm{eq,tin}} - 85\mathrm{dB}(\mathrm{A}) + F \tag{5.1}$$

$$\Delta L_{\mathrm{eq,tout(nst)}} = L_{\mathrm{eq,tout(nst)}} - [L] + F \tag{5.2}$$

式中，$\Delta L_{\mathrm{eq,tin}}$为隧道暗埋段噪声降噪量(dB(A))；$\Delta L_{\mathrm{eq,tout(nst)}}$为噪声敏感目标噪声降噪量(dB(A))；$F$为噪声控制安全值，取 2dB(A)。

隧道所使用的材料应符合通风、照明、装饰及耐久性要求，以及防火、防水、防霉、防潮、防蛀、防腐、防烟雾、防尘、防紫外线等隧道环境使用要求，且无二次污染且对人和动物无害。同时，还应满足其他相关的质量标准和技术要求。

5.5.2　吸声设计

隧道吸声设计主要是指在隧道暗埋段及敞开段安装的吸声材料。吸声材料的设计应与交通噪声源的频率特性相对应，针对不同的噪声源，应该相应地调整吸声材料，以使其在特定的频率达到更大的吸声系数。根据在南京富贵山隧道、中山门大街隧道、玄武湖隧道、九华山隧道、通济门隧道等隧道的现场实测结果，交通噪声在低频段(125Hz、250Hz 倍频程)处和中频段(1000Hz 倍频程)处具有较大的能量(图 5.2)。吸声材料(结构)的选择应更加注重上述 3 个倍频程的吸声效果。

当隧道内有行人与非机动车通过，或对噪声有较高要求时，应对隧道全暗埋段及敞开段侧墙设置吸声材料。当隧道更多地考虑其对外的噪声辐射影响时，吸声材料的布置应自洞口向隧道内延伸且长度不小于 70m，下沉式隧道还应在敞开段全范围设置吸声材料。

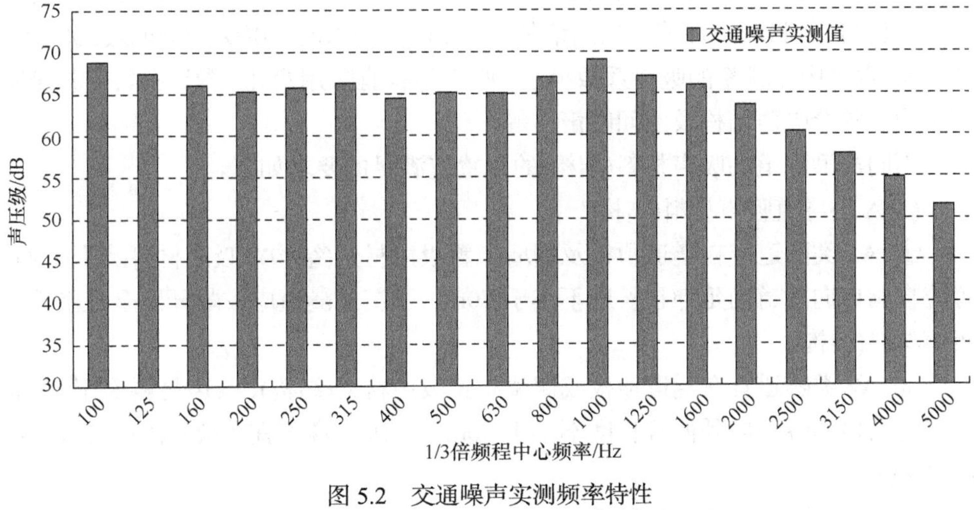

图 5.2　交通噪声实测频率特性

吸声材料的设置范围引用了新加坡国立大学关于隧道内吸声材料的研究成

果[9]。该文献显示，隧道洞口设置长度为 70m 的吸声材料效果最佳，见图 5.3。

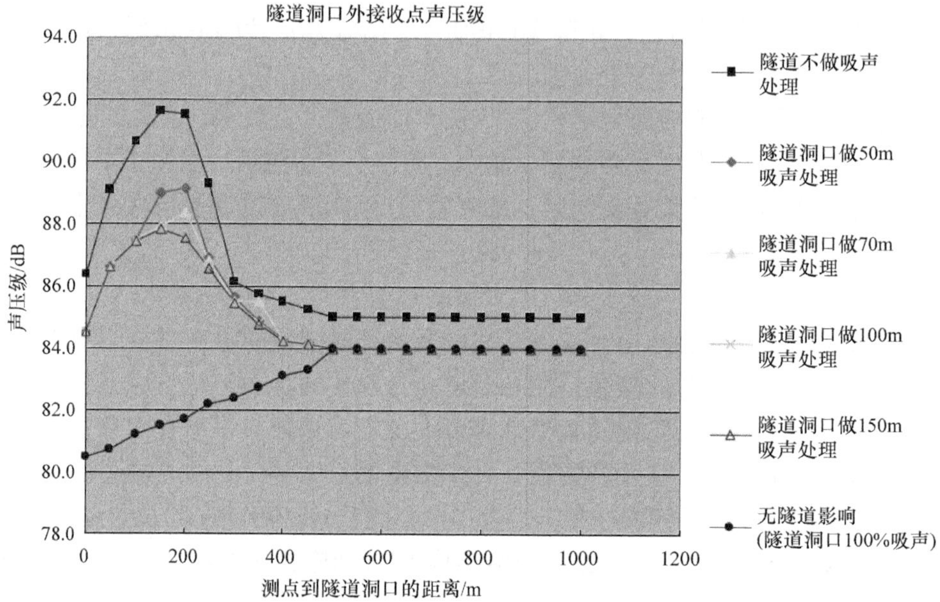

图 5.3　隧道洞口外接收点声压级与吸声长度关系

吸声材料的选择应综合权衡材料厚度、密度、流阻、孔隙率、结构因子、材料背后空气层厚度、材料表面的装饰处理、安装和布设方式以及现场温度、湿度等外部条件对降噪效果的影响。

吸声材料宜选用具有适当孔径、孔隙率且孔洞开放、相互连通的多孔和纤维类吸声材料。材料吸声性能宜采用倍频程 125Hz、250Hz、500Hz、1000Hz、2000Hz、4000Hz 六个中心频率的吸声系数描述。吸声结构宜采用穿孔、微穿孔等共振类吸声结构、复合吸声结构及空间吸声体等。

不同类型隧道的吸声材料(结构)的布置应满足的要求如下。

(1) A 类隧道吸声材料(结构)。

① A1 类隧道应在隧道顶板及侧墙布置吸声材料(结构)，吸声材料(结构)的布置应自洞口向隧道内延伸且长度不小于 70m，下沉式隧道应在敞开段全范围设置吸声材料(结构)。

② A2 类隧道宜在隧道顶板或侧墙布置吸声材料(结构)，吸声材料(结构)的布置应自洞口向隧道内延伸且长度不小于 50m，下沉式隧道宜在敞开段设置吸声材料(结构)。

③ A3 类隧道可不进行隧道洞口吸声处理。

④ 吸声材料宜选用宽频吸声材料(结构)和中低频范围吸声性能突出的材料

(结构)。宽频吸声材料或结构在 125～4000Hz 频率范围内的 6 个倍频程中心频率的平均吸声系数应≥0.6；以中低频为主的吸声材料在 125～1000Hz 频率范围内的 4 个倍频程中心频率的吸声系数都应不小于 0.4。

(2) B 类隧道吸声材料(结构)。

① B1 类隧道应在隧道长度范围内布置吸声材料(结构)。

② B2 类隧道宜在隧道长度范围内布置吸声材料(结构)。

③ B3 类隧道可不进行隧道内吸声处理。

④ 吸声材料宜选用宽频吸声材料(结构)和中低频范围吸声性能突出的材料(结构)。宽频吸声材料或结构在 125～4000Hz 频率范围内的 6 个倍频程中心频率的平均吸声系数应≥0.6；以中低频为主的吸声材料在 125～1000Hz 频率范围内的 4 个倍频程中心频率的吸声系数都应不小于 0.4。

5.5.3　隔声设计

隧道口隔声设计应根据交通噪声的频谱特征、传播形式及其与噪声敏感点的位置关系确定，可采用声屏障、隔声墙、绿化林带、景观堆坡、全封闭式声屏障等。隧道内隔声设计应根据隧道断面形式、交通噪声的频谱特征、传播形式及其与噪声敏感点的位置关系确定，可采用全封闭式声屏障、隔声墙等(图 5.4)。

图 5.4　隧道洞口隔声设计方案效果图

声屏障、隔声墙及全封闭式声屏障的设计应符合《声屏障声学设计和测量规范》(HJ/T 90—2004)[35]相关要求，并满足以下要求：

(1) 应考虑声屏障主体结构对隧道行车安全、结构安全的影响。

(2) 双向行车的隧道出入口，宜在中央隔离带设双侧吸声式声屏障。

(3) 隧道噪声影响对象为高层噪声敏感建筑物时，可结合光过渡要求设置全封闭式声屏障。

1. 声屏障

隧道结构的半封闭特点使得噪声在洞口出现“喇叭效应”，对于洞口附近居民影响极大，在隧道洞口处搭建一个半封闭的“隔音棚”是最为直接的噪声处理方式。就目前而言，通常情况下隧道洞口段噪声的处理采用“隔音棚+声屏障”的处理方式，从而达到噪声治理的目的。

声屏障是在发声源和受声源之间建立的一种阻碍。屏障上面的声学材料对于车辆发出的噪声波可以吸收、反射以及衍射，从而有效降低城市道路沿线交通噪声的影响。通常情况下，声屏障降噪声级可达 5～10dB。相对于其他降噪措施来说，声屏障具有占地小、施工安装简单、造价低、取得效益快、容易更换和维修等优点。

对于屏体材料，泡沫铝、混凝土木屑复合、纤维水泥复合以及混凝土橡胶颗粒复合型吸声屏障均具有优异的吸声性能，同时外表美观、耐候性好，已在欧美广泛应用。泡沫铝在国外已经形成工业化生产，比较著名的公司和品牌有加拿大 Cymat 铝业公司和日本 Shinko wire 公司(Alporas 泡沫铝)。泡沫铝和纤维铝声屏障吸声性能优异，耐候、耐高温性能好，特别适宜室外露天使用。但不足之处在于金属结构的隔声屏单元连接也较困难，且容易产生噪声泄漏。

从声屏障的顶端形状方面讲，分为多重边缘顶部结构、T 形顶部结构、Y 形及鹿角形顶部结构、声学软表面以及二次余数序列顶部结构[36]。

1) 多重边缘顶部结构

此种顶部结构为在直立型声屏障顶端附近增加与声屏障平行的轻型障板，其原理在于通过顶部结构的反复反射，消耗经过此处的噪声能量，从而达到降噪的效果(图 5.5)。此种方式在不增加声屏障高度和极少增加成本的情况下，可以显著增强声屏障的降噪效果，具有结构简单、安装方便的特点。

2) T 形顶部结构

声屏障 T 形顶部结构的剖面形状见图 5.6，与矩形反射声屏障相比具有更好的声学性能。在声屏障高度为 4m 情况下，具有吸声材料的 T 形顶部结构声屏障的附加降噪效果在 2～3dB[37]。

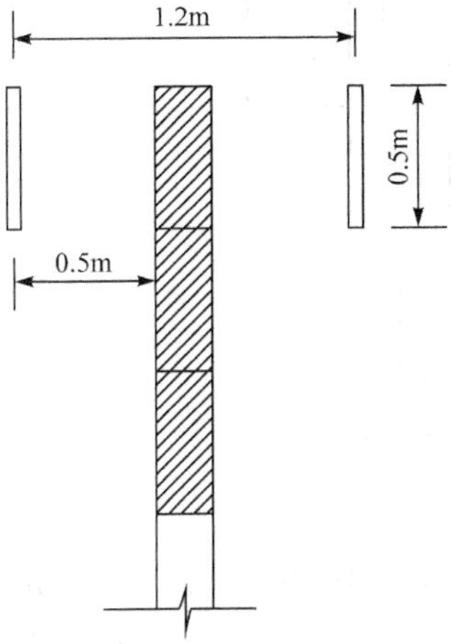

图 5.5　多重边缘顶部结构

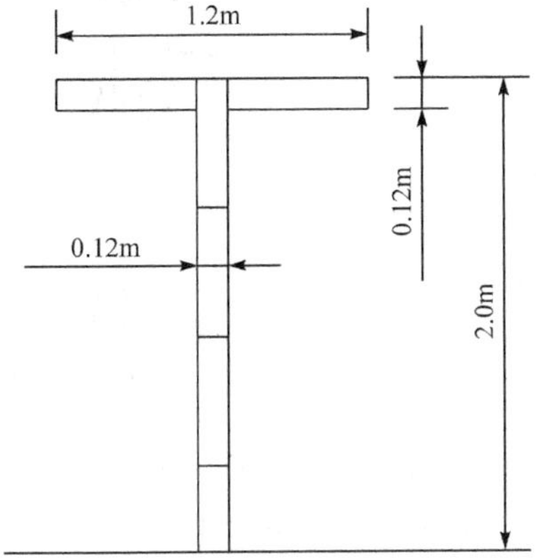

图 5.6　T 形顶部结构

3) Y 形及鹿角形顶部结构

Y 形顶部结构声屏障也具有较好的降噪效果，同时，由 Y 形顶部结构又衍生出了降噪效果更加优秀的“鹿角”形声屏障(图 5.7)。有研究表明，鹿角形结构大约降噪 3～5dB；在表面不覆盖吸声材料的情况下，Y 形和鹿角形结构在附加插入损失方面有较大优势；在表面覆盖有吸声材料的前提下，其他形状顶部结构由于吸声材料而增加的附加插入损失较多，此种情况下 Y 形和鹿角形声屏障的降噪效果没有明显优势。从结构上讲，鹿角形结构比 T 形结构要复杂一些。

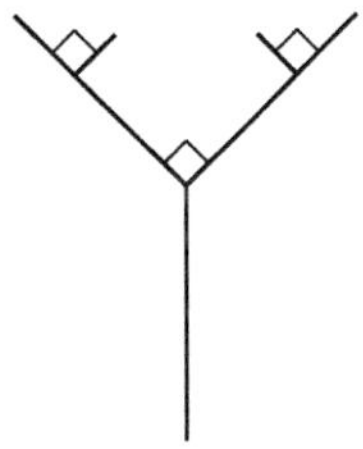

图 5.7　鹿角形顶部结构

4) 声学软表面

声学软表面，是指表面的阻抗为零的表面。对于声屏障，是指在原声屏障顶部附着一层“声学软表面结构”，由于其阻抗为零，具有优异的降噪效果。其缺点在于对材料要求较高，传统材料难以制造出这种声学软表面。

目前可以查到的声学软表面结构包括水车形圆柱软表面(图 5.8(a))和顶部槽状声学表面(图 5.8(b))。数值计算和比例模型实验表明：水车形圆柱软表面的附加降噪效果在高频段非常明显，在声屏障后一些区域的最大降噪量达 10dB。其缺点在于，在某些低频频段的降噪效果有所降低，且所屏蔽的频段较窄，仅有一个倍频。顶部槽状声学表面通过不同槽宽和槽深的组合可以获得针对不同频段的最佳降噪效果，但目前的频率仍在 2000Hz 以上，暂时无法适应以 500Hz 为主的交通噪声频段。

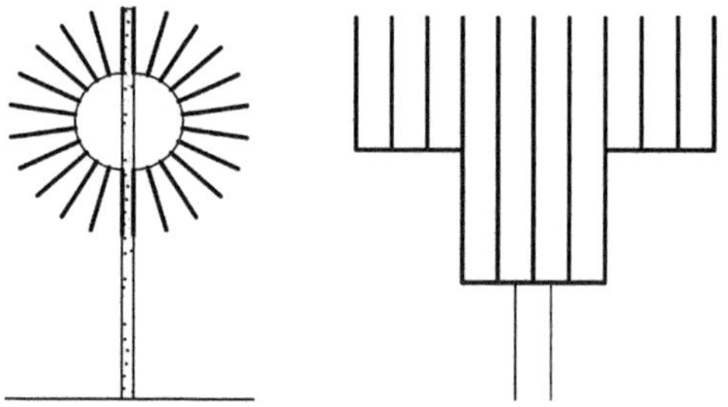

(a) 水车形圆柱软表面　　(b) 顶部槽状声学表面

图 5.8　声学软表面顶部结构形式

5) 二次余数序列顶部结构

二次余数序列扩散体是一种格栅型槽沟扩散体，由德国声学家施罗德根根据数论和声学原理发明，其基于共振原理进行消声，通过设计可对指定的音频范围进行降噪(图 5.9)。

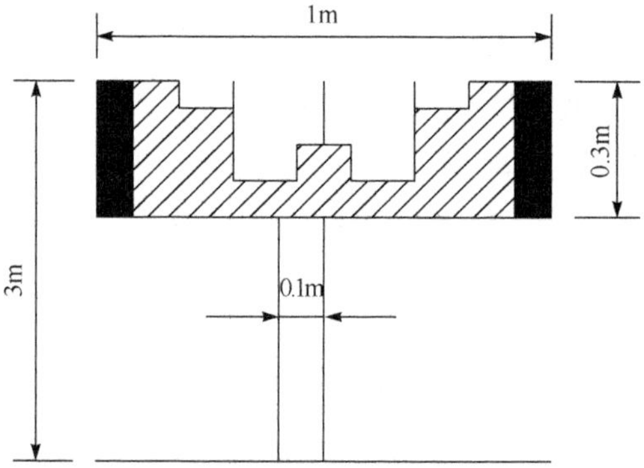

图 5.9　二次余数序列 T 形顶部结构形式

2. 绿化林带

绿化林带是以乔木和灌木为主并且成行列有规则地栽植于道路两侧，能够有效地通过吸收和反射声能从而降低道路沿线的交通噪声污染(图 5.10)。其降噪基本原理在于：茎的木质部中聚集排列的导管就具有微穿孔板谐振腔吸声结构的特征；叶片细胞间隙可以看做是由很多近似平行的毛细管组成，声波在毛细管中传播时，声波受到黏滞力的作用引起噪声传播过程中的热损耗，而且根据毛细管吸声系数公式，毛细管越细，噪声频率越高，吸声系数就越大[38]。此外，还可以利用道路网状特点将城市中各个绿地连接起来，形成城市绿色生态防护体系，改善人居环境条件，具有其他降噪设施所不具备的生态功能。

声传播途径中林带越宽，产生的吸收和散射越多，更高的林带提供更大的表面，因此有更多的机会散射和吸收[39]。日本调查表明，40m 宽林带可减低噪声 10～

20dB，高 6～7m 的绿化带平均减低噪声 10～13dB，一条宽 10m 的绿化带可降低噪声 20%～30%；郁闭度 0.6～0.7、高 9～10m、宽约 30m 的林带可减少噪声 7dB；高大稠密的宽林带可降低噪声 5～8dB，乔木、灌木、草地相结合的绿地，平均可以降低噪声 5dB，高者可降低噪声 8～12dB。

图 5.10　隧道敞开段绿化林带效果

绿化带高度对减噪效果的影响与声源和绿化带间的距离也有一定关系，当声源和接收器高度与林带高度比值减小，声源和接收器距离与林带高度比值减小并且林带宽度与能见度比值增大时，林带的噪声衰减效果更好[40]。当林带距声源点距离小于 4m 时，高度为 3.8m 的林带降噪效果最好；当林带距声源点距离大于 4m 时，高度大于 7m 的林带降噪效果好。同时，为避免噪声绕射，绿化带应该沿噪声敏感目标两侧延伸到长度为绿化带到受声点距离的 3 倍以上距离。

绿化带种类应根据当地气候环境和地理环境进行选取，以多叶常青中小乔木为宜，有条件的情况下可设置多层绿化带。

5.5.4　装修设计

圆形横断面隧道侧墙装饰宜采用平板结构，顶部装饰宜采用平板结构或空间吸声体结构。圆形横断面的隧道一般在路面附近会出现声聚焦点，为避免声聚焦对人体的影响，圆形横断面隧道宜使用直板作为装饰面，改造横断面形状。隧道中采用凹、弧形装饰板容易导致声聚焦，显著提高声聚焦区域的噪声值，因此应避免使用，尤其应避免行人和非机动车空间产生声聚焦。

根据 1/4 波长的吸声规律，当吸声板与墙面间距为 200～400mm 时，吸声板对 210～425Hz 范围的噪声存在吸声量峰值，对抑制交通低频噪声有益。因此，吸声板与隧道结构面间距宜为 200～400mm。

下沉式隧道敞开段隔声(吸声)结构应考虑景观设计，与周边环境相协调，条件允许时，可按折板式设计(如图 5.11 所示)，折板高度与水平投影长度可根据实际路况调整。

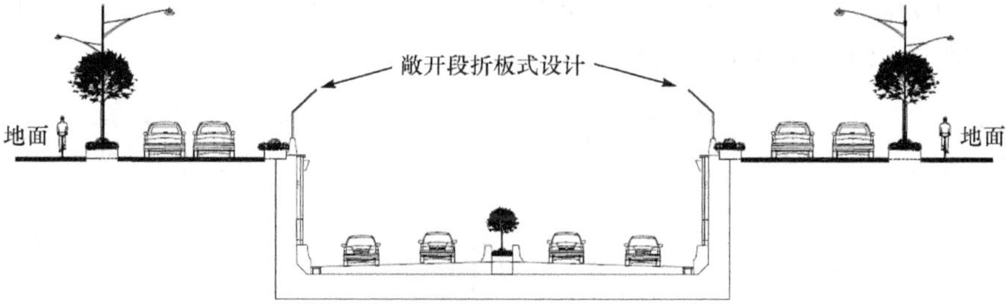

图 5.11　下沉式隧道敞开段折板式设计示意图

5.5.5　路面设计

1. 路面噪声来源

汽车行驶时，由于轮胎与路面间的相互作用产生轮胎路面噪声。该噪声主要存在以下来源。

1) 泵气噪声

轮胎在路面上滚动时，轮胎上的纹路与路面接触，纹路内的空气被挤压排出，形成局部不稳定的气流。同时，当轮胎压过路面的孔洞时，空气也会被挤压出孔洞。而当轮胎与路面分离时，空气又回到纹路与孔洞中。这种空气的往返运动形成点噪声源。

2) 振动噪声

轮胎与路面接触区产生切向力，部分切向力导致轮胎在路面上滑动。引起轮胎的振动，从而产生可听噪声。该噪声主要是由轮胎胎面和胎侧振动引起的噪声。

3) 空气动力噪声

轮胎旋转导致其周边空气压力变动而产生湍流(空气振动)，进而引起空气动力噪声。

2. 路面降噪方案

目前常用的橡胶沥青路面、多孔性沥青路面、超薄沥青混凝土路面及多孔弹性路面等均可有效降低交通噪声。从低噪声路面的既有使用情况上看，低噪声路面具有行车舒适、噪声低等优点，但存在耐久性不易保证，孔隙易堵塞等问题。低噪声路面降噪机理主要有以下几点。

(1) 多孔性材料吸声原理。低噪声路面具有较大的孔隙率(一般为 15%～25%，个别案例高达 30%)，类似于多孔材料，通过吸声降低噪声辐射量。

(2) 降低泵气噪声。轮胎与低噪声路面接触时，接触面积减小，表面纹路与空隙间的空气相连通，减小了泵气噪声影响。

(3) 降低振动噪声。沥青类材料路面具有更大的阻尼，具有更佳的吸收、减小轮胎振动和冲击的效果，进而降低轮胎与路面振动噪声。

多孔隙沥青混凝土与普通路面相比，具有较好的噪声控制效果。根据国外成熟的案例，在日本，对于小汽车可降低 5～8dB(A)，对于载重汽车可降低 3dB(A)，而且即使载重车在停车空运转时也有 2dB(A)的降噪效果；在法国，对于小汽车可降低 4dB(A)，对于重型汽车则可降低 7dB(A)。在英国，在粗糙度相同的情况下噪声可降低 4～5.5dB(A)。在比利时，多空隙沥青混凝土与刻槽水泥路面相比，可降低噪声 6～8dB(A)。

隧道噪声控制应使用低噪声路面，优先选用沥青玛蹄脂碎石混合料(SMA)，条件允许下采用大空隙开级配排水式沥青磨耗层(OGFC)。低噪声路面的设计应满足《公路沥青路面设计规范》(JTG D50—2017)、《公路沥青路面施工技术规范》(JTG F40—2017)中的相关规定。

5.5.6　机电设计

隧道风机应配置隔声罩与消声器，并优先选用低噪声风机，风机消声器的选用应满足以下要求：

(1) 根据风机声源特点，在所需消声的频率范围内有足够大的消声量。

(2) 消声器的附加流阻必须控制在设备运行的允许范围内。

(3) 隧道风塔、风井、开孔等对周边环境存在影响时，宜采用消声通风复合技术，如半封闭或全封闭隔声罩及消声器等。

第 6 章　隧道噪声控制材料与结构

吸声材料和吸声结构广泛地应用于噪声控制中。吸声材料本身具有吸声特性，如玻璃棉、岩棉等纤维或多孔材料。吸声结构的材料本身不具有吸声特性，其原理在于由材料组成某种结构而产生吸声效果，如穿孔石膏板吊顶。在隧道结构的降噪方案设计中，需要综合考虑材料的使用，包括吸声性能、装饰性、强度、防火、吸湿、加工等多方面。

6.1　噪声控制材料的吸声原理与效果

6.1.1　基本原理

吸声是指声波通过介质或入射到介质分界面上时声能减少的过程。当声波在空气中传播时，由于空气质点振动的摩擦作用，声能转化为热能的损耗，引起声波随传播距离增加而逐渐衰减即为我们平常所讲到的空气吸收。

当以材料表面作为介质分界面时，部分声能被吸收称之为材料的吸声，其原理首先是由于黏滞性、热传导性和分子吸收而转变为热能。

(1) 黏滞性和内摩擦。在声波传播的过程中，各处质点的振动速度不同，存在着速度梯度，引起相邻质点间产生相互作用的黏滞力或内摩擦，对质点的运动起到了阻碍作用，使声能不断转化为热能。

(2) 热传导效应。声波传播过程中介质质点疏密程度不同，各处的介质温度也不同，存在温度梯度，在相邻质点间产生热量传递，使声能不断转化为热能。

6.1.2　材料吸声效果评价

声波遇到壁面或其他障碍物时，一部分声能被反射，一部分声能被壁面或障碍物吸收转化为热能而消耗，还有少部分声能透射到另一侧，而某种材料或结构的吸声能力大小采用称为吸声系数。材料吸声示意图见图 6.1。

材料吸声系数的定义为：声波接触吸声界面后失去能量占总能量的比例。吸声系数越大，表示材料的吸声效果越好。根据定义，材料吸声系数的表达式如下：

$$\alpha=\frac{E_2+E_3}{E_0}=1-\frac{E_1}{E_0} \tag{6.1}$$

式中，E_0 为入射声能，E_1 为反射声能，E_2 为被吸收的声能，E_3 为透射声能。当 $E_1=E_2$ 时，$\alpha=0$，表示材料是全反射的；当 $E_1=0$ 时，$\alpha=1$，表示材料是全吸收的。就目前发现的材料而言，其吸声系数永远小于 1。

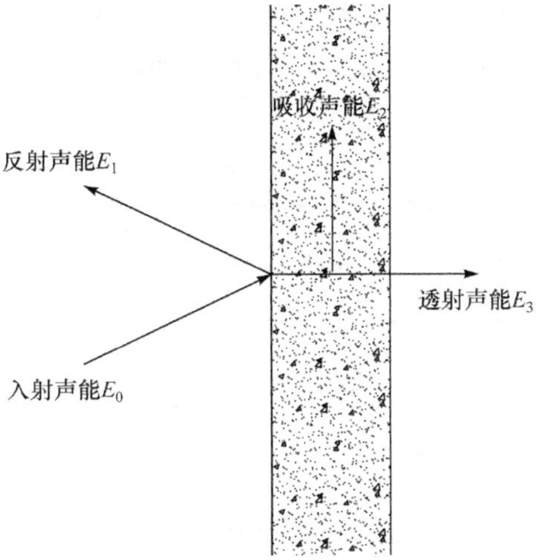

图 6.1　材料吸声示意图

吸声系数的大小与声波入射角度有关，相应地，在吸声系数的量测中有垂直入射吸声系数、无规律入射吸声系数和斜入射吸声系数。

1) 垂直入射吸声系数

当声波以材料表面法线方向垂直入射时所测定的吸声系数为垂直入射吸声系数。通常在驻波管中进行测量，用于材料吸声性能的研究分析、比较和产品的质量控制。垂直入射吸声系数的数值通常低于无规律入射吸声系数。

2) 无规律入射吸声系数

当声波从各个方向以相同概率无规律入射时测定的吸声系数称为无规律入射吸声系数。其测定在混响室中进行，由于其测量条件较为接近于材料的实际使用条件，常作为工程设计的依据。

3) 斜入射吸声系数

当声波斜向入射时的吸声系数称为斜入射吸声系数。

同一吸声材料对于不同频率声音的吸声系数是不同的，一般常用 100～5000Hz 的 18 个 1/3 倍频带的吸声系数表示。有些时候也可采用平均吸声系数或降噪系数粗略衡量材料的吸声能力。

除吸声系数外，还可采用降噪系数(NRC)和吸声量来定义材料的吸声性能。其中，降噪系数是 250Hz、500Hz、1000Hz、2000Hz 测出的吸声系数的算术平均值，计算结果尾数四舍五入整理成.5 或.0。吸声量又称等效吸声面积，即与某表面或物体的声吸收能力相同而吸声系数为 1 的面积，其单位为平方米。一个表面的等效吸声面积等于它的吸声系数乘以其实际面积。

按照吸声机理的不同，吸声体可分为多孔性吸声材料和共振吸声结构，其中以多孔性材料在工程中应用最为广泛。目前主要的吸声材料见表 6.1。

表 6.1　主要吸声材料

名称	示意图	实例	主要吸声性能
多孔材料	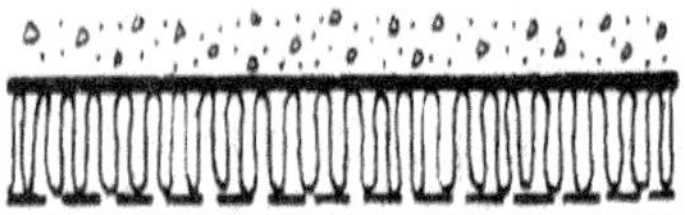	矿棉、玻璃棉、泡沫塑料、毛毡	本身具有良好的中高频吸收，背后留有空气层时还能吸收低频
板状材料	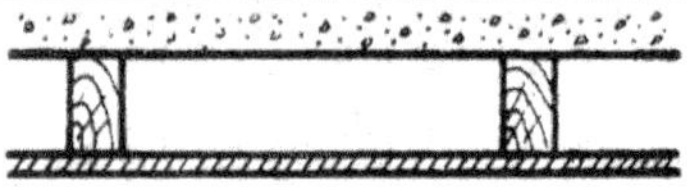	胶合板、石棉水泥板、石膏板、硬质板	吸收低频比较有效(吸声系数 0.2～0.5)
穿孔板	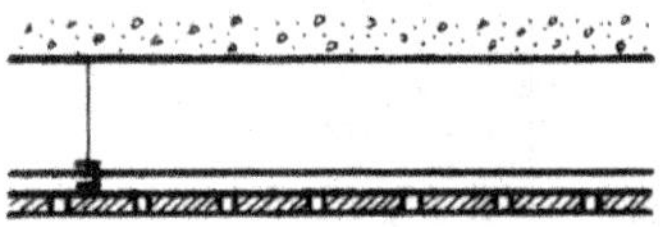	穿孔胶合板、穿孔石棉水泥板、穿孔石膏板、穿孔金属板	一般吸收中频，与多孔材料结合使用吸收中高频，背后留大空腔还能吸收低频
成型顶棚吸声板	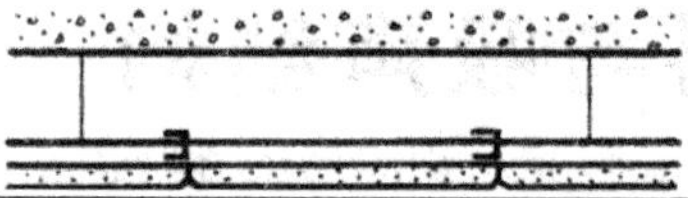	矿棉吸声板、玻璃棉吸声板、软质纤维板	视板的质地而别，密实不透气的板吸声特性同硬质板状材料
膜状材料	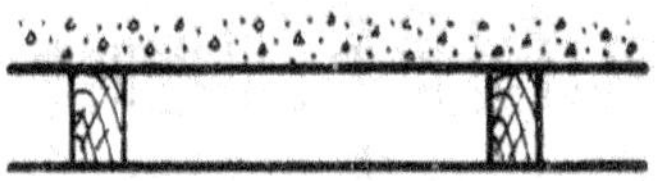	塑料薄膜、帆布、人造革	视空气层的厚薄而吸收中低频
柔性材料	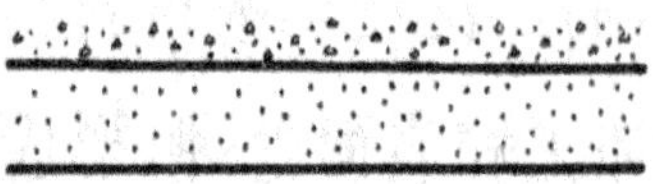	海绵、乳胶块	内部起泡不联通，与多孔材料不同，主要靠共振有选择地吸收中频

6.2　多孔吸声材料

6.2.1　多孔吸声材料的性能

多孔吸声材料具有一定的透气性能，其构造特征是其内部有许多微小细孔直通材料表面，或其内部有许多相互连通且与表面相通的气泡。其吸声机理是材料内部包含大量互相贯通的开口孔，声波在穿透材料的过程中深入孔隙。受空气分子摩擦和黏滞阻力，带动细小纤维做机械振动，从而使声能转化为热能，产生损耗，降低声波强度。对于材料内部微孔的具体要求包括：

(1) 材料内部应包含大量的微孔和间隙。除材料中空气体积与材料孔隙率要高外，这些孔隙应尽可能细小，并在材料内部均匀分布，以利于声能的吸收。

(2) 单独的气泡和密闭间隙起不到吸声作用，因此材料内部的微孔应是互相贯通的。

(3) 微孔向外敞开，使声波易于进入微孔内。不具有敞开孔仅是表明凹凸的材料不会有好的吸声性能。

从多孔材料的吸声特性曲线上看，其总的变化趋势是吸声系数随频率的增加而增大。曲线由低频向高频逐步升高，在高频段出现不同程度的起伏；起伏随频率的升高逐步减小，最终趋向一个缓慢变化的数值。常见多孔吸声材料、使用情况及其性能见表 6.2。

表 6.2　常见多孔吸声材料、使用情况与性能

<table>
<tr><th colspan="2">主要种类</th><th>常用材料实例</th><th>使用情况</th><th>性能</th></tr>
<tr><td rowspan="5">纤维材料</td><td rowspan="2">有机纤维材料</td><td>动物纤维：毛毡等</td><td>价格昂贵，使用较少</td><td rowspan="5">中低频范围内，随厚度的增加与体积密度的增大，材料吸声系数有增大趋势。在材料体积密度相同的情况下，吸声系数随纤维直径的增大而迅速降低，纤维直径越小，平均吸声系数越大</td></tr>
<tr><td>植物纤维：麻绒、海草、椰子丝等</td><td>防火、防潮性能差，原料来源丰富，价格便宜</td></tr>
<tr><td rowspan="2">无机纤维材料</td><td>玻璃纤维：中粗棉、超细棉、玻璃毡等</td><td>吸声性能好，保温隔热，不自燃，防腐防潮，但松散纤维易污染环境，需做好护面层或加工成制品</td></tr>
<tr><td>矿渣棉：散棉、矿棉毡等</td><td>吸声性能好，不燃，耐腐蚀，但性脆易折断成碎末，污染环境，施工扎手</td></tr>
<tr><td>纤维材料制品</td><td>软质木纤维板、矿棉吸声板、岩棉吸声板、玻璃棉吸声板、木丝板、甘蔗板等</td><td>装配式施工，多用于室内吸声装饰工程</td></tr>
<tr><td rowspan="3">泡沫材料</td><td>泡沫塑料</td><td>聚氨酯泡沫塑料、尿醛泡沫塑料等</td><td>吸声性能不稳定，吸声系数使用前需实测</td><td rowspan="3">内部微孔贯通程度不一，吸声系数偏低</td></tr>
<tr><td rowspan="2">其他</td><td>吸声型泡沫玻璃等</td><td>强度高、防水、不燃、耐腐蚀</td></tr>
<tr><td>加气混凝土等</td><td>微孔不贯通，使用较少</td></tr>
<tr><td rowspan="2">颗粒材料</td><td>砌块</td><td>矿渣吸声砖、膨胀珍珠岩吸声砖、陶土吸声砖等</td><td>多用砌筑截面较大的消声器</td><td rowspan="2">耐潮、防火、耐腐蚀和强度较高，适用于具有调整气流的强噪声排气消声结构。工程上常用粒料加黏结剂和部分填料制成吸声砌块或吸声板材，实际应用效果优于泡沫类材料，劣于纤维类材料</td></tr>
<tr><td>板材</td><td>珍珠岩吸声装饰板等</td><td>质轻、不燃、保温、隔热、强度偏低</td></tr>
</table>

6.2.2 影响多孔吸声材料性能的因素

从材料的结构参数看，影响多孔吸声材料吸声性能的因素主要有流阻、孔隙率和结构因数；从工程实用角度，主要有材料厚度、材料容重、空气层、护面层等因素。

1. 材料厚度

多孔吸声材料的低频吸声系数一般较低，在厚度增加的情况下，低频吸声系数增加很快，对高频吸声系数的影响很小。对于同种材料，当材料的厚度加倍时吸声系数最大的频率向低频方向移动一个倍频程。如果吸声材料层背后为刚性壁面，材料最佳吸声频率声波波长为材料厚度的 1/4。

图 6.2 为某容重为 20kg/m^3 的超细玻璃棉的典型吸声特性曲线，可以看到，在低频阶段内材料吸声系数随厚度的增大而增加很快。

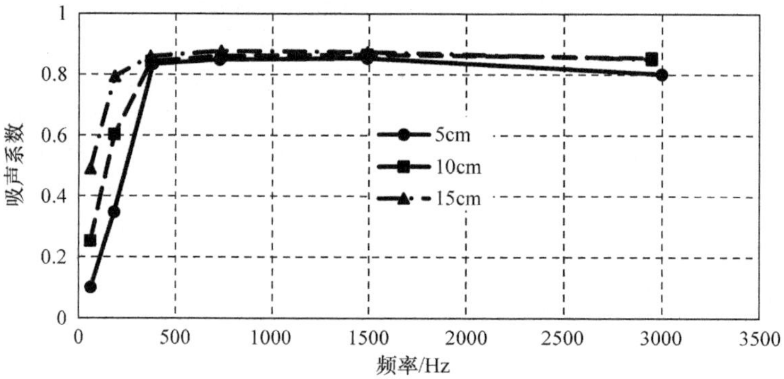

图 6.2 超细玻璃棉的吸声系数与材料厚度关系

2. 材料容重

在材料厚度一定的情况下，当增大其容重时，较大吸声系数值将向低频方向移动。在适用范围内，材料容重所引起的吸声系数变化要小于材料厚度。然而，材料容重过大，吸声系数降低，因此各吸声材料存在最佳容重。

目前工程中使用较多的离心玻璃棉以 24～48kg/m^3 为最佳。图 6.3 为某 5cm 超细玻璃棉的典型吸声系数与其容重之间的关系，可以看到材料容重越大，低频吸声系数增加较快。

3. 空气层

吸声材料层与壁面刚性层之间的空腔层起到改善低频吸声性能的作用，其作用相当于增加了材料层的有效厚度，要比单纯增加材料厚度或容重更为经济。研

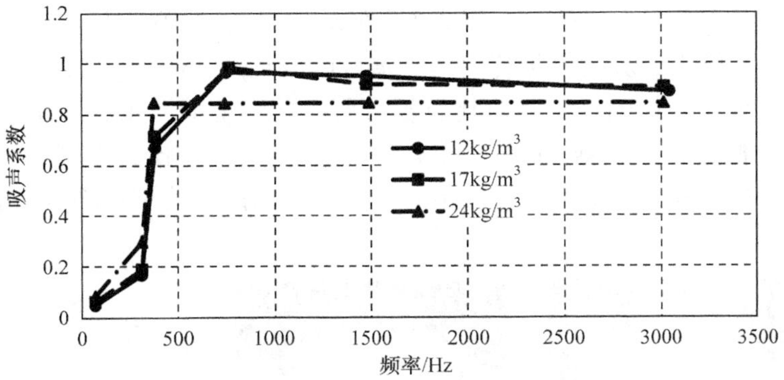

图 6.3 超细玻璃棉的吸声系数与材料容重关系

究表明，当空气层厚度接近 1/4 入射声波波长的奇数倍时，材料对该声波的吸声系数为最大；当空气层厚度接近 1/2 入射声波波长整数倍时，材料对该声波的吸声系数最小。实际应用中，吸声材料背后空气层过厚不切实际，过薄则无法有效吸收低频噪声。当敷设墙面吸声材料时，其背后空气层以 5～10cm 最为合适。

4. 护面层

从材质上讲，多孔材料一般都很疏松，直接应用于室内的话既无法固定也不美观。从安全和美观两方面考虑需要增加护层面，常用的构造有以下两种。

1) 护面穿孔板

材质上以金属薄板、硬质纤维板、胶合板和塑料薄片居多，在板面上需钻圆孔、开槽缝或做其他花纹。在不影响板材结构机械强度的前提下，面板穿孔率一般不宜小于 20%。实验结果表明，大穿孔率对中高频噪声的吸声效果好，较小的穿孔率则对低频声音的吸声性能要好。对于孔径，以 3～6mm 居多。

2) 织物和网纱

为防止多孔材料从小孔中漏出，可用玻璃纤维布、纱布、塑料网纱、金属丝网、拉网钢板等覆盖于多孔材料表面。护面材料的穿孔率高，因此几乎不会影响多孔材料的吸声性能。为了施工方便，有时也将织物预制成袋状，在袋内填入多孔材料。

6.2.3 主要的多孔材料

1. 纤维型多孔吸声材料

1) 离心玻璃棉

离心玻璃棉用离心头将破碎的玻璃、沙子和其他一些材料高温熔化后甩拉成丝状玻璃纤维，再喷胶、压制、成型(如离心玻璃棉板、离心玻璃棉筒、离心玻璃棉管道等)，形成的多孔吸声材料。由于玻璃纤维蓬松交错，孔隙率大，吸声性能优良。

纤维直径较粗的玻璃棉被称为短玻璃棉(short glass wool)，纤维直径在 12μm 左右，由于短玻璃棉的纤维相对比较粗，所以扎手情况严重；纤维再细一些的被称为细玻璃棉(fine glass wool)，纤维直径在 3～6μm；比细玻璃棉纤维还细的玻璃棉纤维被俗称超细玻璃棉(ultrafine glass wool)，其纤维直径<3.5μm，如图 6.4 所示。

(a) 短玻璃棉　　(b) 细玻璃棉　　(c) 超细玻璃棉制品

图 6.4　直径不同的离心玻璃棉制品

离心玻璃棉的容重轻、导热系数小、吸声系数高、阻燃性能好，因此被广泛用于热力设备、空调恒温、冷热管道、烘箱烘房、冷藏保鲜及建筑物的保温、隔热、降噪等方面。

玻璃棉虽然价格低廉且应用广泛，但存在着环保方面的问题，建议人们慎重使用。此外，玻璃棉纤维直径很细，一般在 4～6μm(约为头发直径的 1/4)。由于二氧化硅硬度高，拉成丝状后形成纤细的玻璃纤维同样具有一定的硬度，同时易折断。用手触摸玻璃棉时，玻璃纤维会扎入到皮肤中，且不易清除。

2) 岩棉

岩棉最早被应用于保温行业(如造船业等)，主要采用火焰喷吹法形成(见图 6.5)。岩棉的性质类似玻璃棉，但纤维更粗，容重更大，直径约 6～10μm，也存在环保问题。受岩棉重量等因素影响，运输及其他成本相对较高，因此在吸声应用中没有玻璃棉广泛。

图 6.5　岩棉吸声板

3) 矿棉

矿棉是用玄武岩烧制成棉绒压制的棉板，其纤维为颗粒状，容重比岩棉大，约为 150～200kg/m^3，如图 6.6 所示。矿棉的性质和玻璃棉也极其相似，在欧美及我国香港地区的餐厅中禁止使用矿棉作为吸声材料；在我国的餐厅中几乎没有使用吸声构造，只有在肯德基、麦当劳等少数餐厅采取吸声处理，一般情况下都采用矿棉板进行吸声。

图 6.6　矿棉吸声板

矿棉吸声板同样存在环保问题，日本最大的矿棉板生产商将其在日本本土的生产厂转移到别国，因为他们认为矿棉在生产、安装及使用时存在污染问题；美国最大的矿棉生产商阿姆斯装公司也将其在美国本土的所有生产厂转移到别国。

4) 铝纤维吸声板

铝纤维吸声板将铝熔化、甩拉、抽丝形成 100～150μm 的铝纤维做原料，在上、下层铝网板中间加设一层由铝丝制成铝丝毡(上、下层铝网板均为菱形网孔)，以此形成铝纤维吸声板(图 6.7)。厚度一般在 0.8～2.0mm，面密度 0.5～2.0kg/m^2，单板吸声系数可达到 0.3～0.4。铝纤维吸声板的优势在于：

(1) 防火等级为 A 级，具有、防水、散热和电磁屏蔽特性；

(2) 原材料环保，不含甲醛等化学黏合剂；

(3) 易于弯曲、剪裁，由于铝纤维密度较大，纤维不会在空气中飘浮；

(4) 具有薄板吸声特性，低频吸声效果好。

图 6.7　铝纤维吸声板

但是铝纤维吸声板视觉效果特殊，金属感强，不能被所有人接受，常需附其他吸声材料共用。

5) 木丝吸声板

木丝吸声板的全称为木丝水泥压力吸声板，它是将木丝和水泥混合在一起进行压制，形成的板状物(图 6.8)。这种板材大约在 1960 年开始出现，我国也在这个时期开始大量研制。由于当时的技术问题，在我国木丝板发展停顿；在欧美国家，木丝板被大力发展，尤其在欧洲采用长纤维的木绒和菱镁矿粉(水泥)混合后，不用任何黏合剂进行压制，加工成木丝吸声板。由于木丝板具有耐潮湿的特点，其在国外最早应用于地铁。

图 6.8　木丝吸声板

木丝板分为粗丝木丝板和细丝木丝板两种。常见的木丝吸声板的厚度为 2.5cm，它的吸声系数可以达到 0.3～0.4，也可以做到 5cm 厚，吸声系数可以达到 0.4～0.6。木丝板的优点主要体现在以下几个方面：

(1) 具有木丝肌理，装饰美观，有视觉个性；

(2) 防火性能为 B1 级(玻璃棉的防火性能为 A 级)，防霉防潮性好；

(3) 原材料环保(由木纤维、水泥构成，即使有木纤维飘浮在空气中，吸入人体后也能被吸收)，不含甲醛等化学黏合剂；

(4) 板材强度高，不变形，耐冲击；

(5) 既可直接当作饰面用于装饰吸声，又可用于隔声墙体内吸声。

木丝板密度与玻璃棉相比偏大，约为 500kg/m^3。而目前为止，密度最大的玻璃棉也仅为 300kg/m^3 左右，大部分的玻璃棉的密度在 10～30kg/m^3。因此，在部分场合会影响木丝板的使用。

6) 聚酯纤维吸声板

在欧洲和美国一些知名度较高的大型企业还生产一种名为聚酯纤维板的吸声材料，如图 6.9 所示。聚酯纤维为石油化工产品，又名涤纶，纤维直径在 12μm 左右，经阻燃处理压制成棉板状，成为聚酯纤维吸声板。常见的聚酯纤维吸声板厚度在 9mm 左右，体积密度约为 250kg/m^2，见图 6.10。

图 6.9　聚酯纤维吸声板

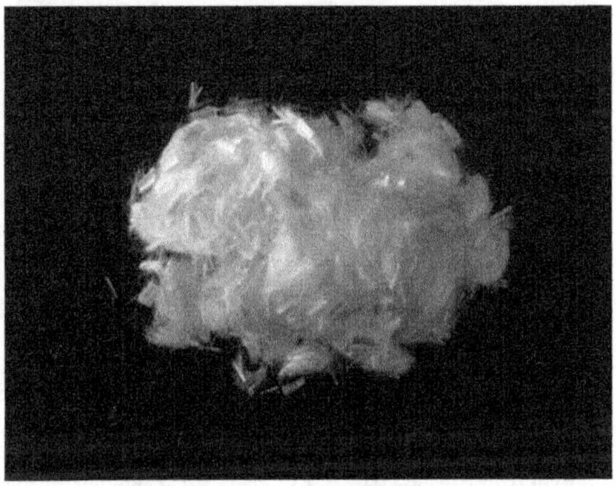

图 6.10　聚酯纤维

聚酯纤维吸声板的优势在于：

(1) 装饰美观，色彩丰富，可彩喷绘画；

(2) 防火等级为 B1 级，原材料环保，不含化学黏合剂；

(3) 易于弯曲、剪裁，纤维不会在空气中飘浮；

(4) 吸声效果好，可用作墙体内填吸声棉。

除价格因素外，聚酯纤维是替代玻璃棉的重要可选材料之一，但是聚酯纤维也会有粉尘飘落现象。由于聚酯纤维吸声板为化学产品，成分主要是碳水化合物，随着生产技术的不断成熟，可在生产过程中用加入少量的熔点温度较低的其他纤维代替喷胶，使聚酯纤维吸声板对人的损伤更小且更加环保。

7) 植物纤维素喷涂

植物纤维素是天然再循环纤维，是将废旧木材、树皮、废纸等粉碎，经过化学处理而形成的一种喷覆式吸声装饰材料(图 6.11)。使用时，利用机器将植物纤维和胶混合，再用喷枪将其喷射到物体表面(图 6.12)。因其使用方便，自 2002 年传入我国至今被广泛应用，其体积密度约在 100kg/m^3 左右。

图 6.11　植物纤维素

图 6.12　植物纤维素墙体内填吸声棉

2. 泡沫型多孔吸声材料

1) 密胺泡沫(三聚氰胺海绵)

密胺泡沫来源于石油化工行业产品，又称密胺海绵、三聚氰胺或三聚氰胺泡沫(图 6.13)。三聚氰胺为液态，容重约为 1570kg/m^3，生产过程中在其中添加发泡剂或膨胀剂后进行加热，膨胀后形成网状结构，属于氨基塑料族中固树脂塑料，但硬度高、耐磨，分子内部为精细三维丝网结构。

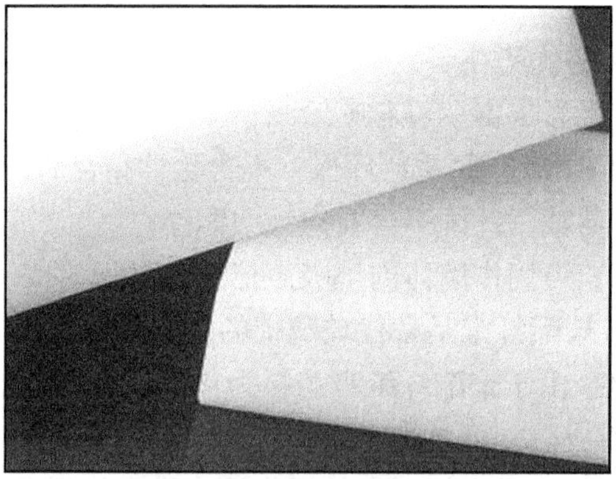

图 6.13　三聚氰胺海绵板

三聚氰胺非常环保，对油没有亲和力，所以三聚氰胺泡沫被广泛应用到清洁、制造食品餐具等行业。作为吸声材料，它的特性很像离心玻璃棉，吸声系数也和离心玻璃棉接近。密胺泡沫的优势在于：

(1) 重量轻，体积密度在 10～30kg/m^3；

(2) 防火性可达到 B1 级，原料环保，不含黏合剂；

(3) 易于弯曲、剪裁、安装；

(4) 洁净度高，空气中无游离漂浮物；

(5) 吸声效果好，可用作墙体内填吸声棉。

除价格因素外，密胺泡沫在将来可能是替代玻璃棉的重要材料之一。但是密胺泡沫长期在紫外线照射下有变色现象，这也限制了密胺泡沫的使用。

2) 泡沫铝(烧结铝、膨胀铝)

烧结铝又称膨胀铝或泡沫铝，是采用烧结、填入膨胀剂、发泡剂等方法，将铝制成多孔发泡形式，体积密度在 100～300kg/m^3 左右，如图 6.14 所示。其特点在于：

(1) 防火等级为 A 级；

(2) 洁净度高(不存在任何掉渣现象)，质量轻，吸声效果尚可；

(3) 具有电磁屏蔽特性；

(4) 易于加工，装饰独特；

(5) 价格偏高，幅面一般较小，装饰性稍差些。

图 6.14　烧结铝

3) 铝泡沫吸声板

铝泡沫吸声板是一种金属吸声材料，我国在 20 世纪 90 年代由国内开始研究此类材料。铝泡沫吸声板采用发泡法生产，在铝液中加入化学发泡剂，烧成铝锭后，再将发泡剂泄出，成型为块状，用电锯切割加工成所需的材料(图 6.15)。铝泡沫吸声板的主要技术性能如表 6.3 所示。

表 6.3　铝泡沫吸声板主要技术性能指标

性能名称	单位	技术指标
主孔径	mm	0.9，1.6，2.5　常用规格 1.6
孔隙率	%	60～80(1.6mm 孔径时为 68～78)
通孔率	%	85～90(1.6mm 孔径时为 90～95)

续表

性能名称	单位	技术指标
体积密度	kg/m^3	500～1100(1.6mm 孔径时为 600～850)
燃烧性	—	不燃 A 级
抗压强度	MPa	8.61(压缩 10%条件下)
抗弯强度	MPa	8.06
抗拉强度	MPa	3.41
抗老化	h	250，无变色，无脱落，无老化现象
电磁屏蔽性	dB	40～50(80～1.5GHz)

图 6.15　铝泡沫吸声板

铝泡沫吸声板是一种多孔性吸声材料，具有坚硬刚度大、弯折易断裂的特点。一般使用厚度比无机纤维材料(岩棉、矿棉、离心棉)要小得多，实际使用厚度为 4～10mm。安装时其后部一定要留有空腔，否则会大大降低其吸声系数。

4) 泡沫玻璃

将二氧化硅中加入膨胀剂和玻璃充分混合，加热后玻璃内形成大量的气泡称为泡沫玻璃，如图 6.16 所示。其结构很像密胺海绵，但比密胺海绵容重大，其防火等级为 A 级。由于泡沫玻璃具有结构强度差、吸声效果差、装饰性差的缺点，因此使用范围受限。

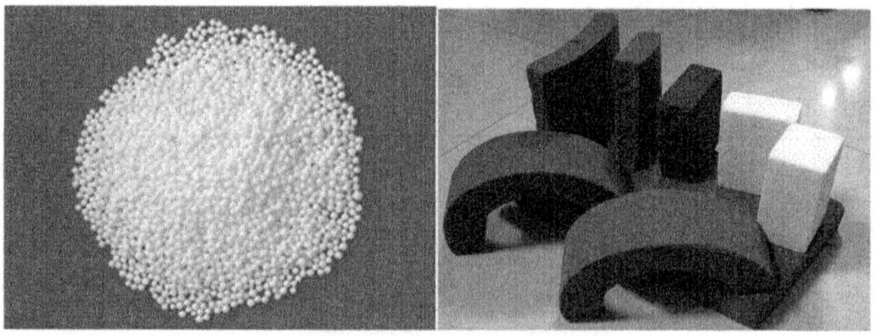

图 6.16　泡沫玻璃

5) 开孔聚氨酯发泡

聚氨酯发泡的使用：使用喷枪将两种不同材料(液体)混合喷出，形成大量的泡沫(如冰箱的保温材料、座椅内的吸声坐垫、冷库的保温材料等，见图 6.17)。聚氨酯主要有两种形式：一种为开孔聚氨酯，一种为闭合聚氨酯(如冰箱内的保温材料、冷库里的保温板)。只有开孔聚氨酯材料才具有吸声性能，主要用于座椅吸声。但聚氨酯的防火性能差，仅为 B2 级，且在紫外线下耐老化性差。

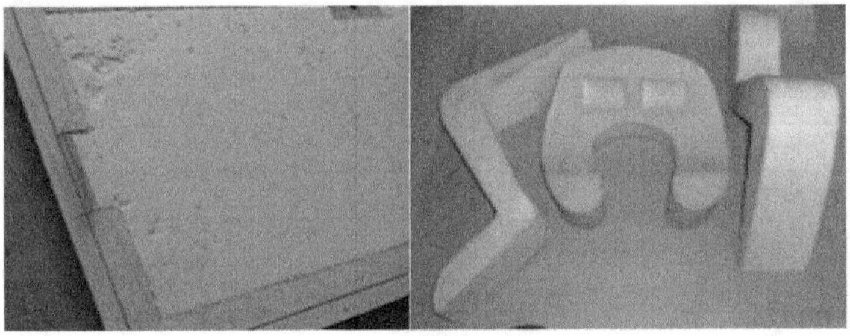

图 6.17　聚氨酯发泡

3. 颗粒型多孔吸声材料

1) 膨胀珍珠岩吸声板

膨胀珍珠岩是用珍珠岩颗粒和膨胀剂等黏混合在一起所形成(图 6.18)。防火等级为 A 级(由于防火等级高而被广泛应用)，吸声性能与矿棉板相似，容重较大，多应用于装饰效果要求不高，不考虑重量的场所。

图 6.18　膨胀珍珠岩

珍珠岩吸声板目前有较成熟产品，是采用天然火山玻璃等硅质材料经破碎、筛选、预热、急剧膨胀而得到多孔颗粒，再与胀结材料拌和、成型、干燥而制成的一种轻质多孔吸声板材。

膨胀珍珠岩颗粒表面有许多半开口小孔，它们构成空腔共振吸声结构，因为其自身的吸声功能较强，从而使产品的吸声性能有了显著的提升。同时，膨胀珍珠岩内部有许多微孔，具有极强的吸水性，在搅拌浇注成型中，水会进入珍珠岩的孔内，使微孔内的空气排出。排出的气体在水泥浆体内扩散，形成一些连通气孔，这也使试样的吸声性能有所提高。珍珠岩吸声板的主要性能指标见表 6.4。

表 6.4　珍珠岩吸声板性能指标

名称	标准要求	实际达到
吸声性能(降噪系数)NRC	0.35～0.60	0.65
不燃性	不燃	A 级
吸湿性/%	3.5～8	4.7
热阻值/($m^2·K/W$)	0.1～0.26	0.44
断裂荷载/N	≥157	206
弯曲破坏载荷/N	≥250	460
体积密度/(kg/m^3)	≤500	320
色差ΔE	≤3	1.0
放射性核素限量	A 类	A 类

执行标准：《室内装饰装修材料建筑材料放射性核素》(GB 6566—2001)，《建筑材料及制品燃烧性能分级》(GB 8624—2012)，《室内装饰装修材料建筑材料放射性核素》(GB 6566—2001)

2) 多孔陶瓷

多孔陶瓷是将无机原料、有机高分子原料和纳米硅酸盐原料，运用化学键合技术复合而成，属于三维连通网状结构的声学材料，具有开口孔隙率高、吸收声波能力强、耐气候变化等特点。它能在野外长年经受风吹、日晒和雨淋，耐酸雨冲刷，耐寒抗冷冻性能优良，有抑制灰尘黏附、消除光线反射和自动排泄积水的作用。因此，多孔陶瓷受潮不会霉变、腐烂变臭；受震动不会散落纤维飘尘，是一种不产生二次污染，对环境很友好的声学材料。

多孔陶瓷吸声板具有共振腔吸声结构，是一种定向的吸声体，当声波进入吸声板后，微孔内空气的黏滞性使其能量逐渐消耗，声波的振动随之减弱，因而能达到良好的吸声降噪效果。表 6.5 为吸声多孔陶瓷物理化学性能。

表 6.5　吸声多孔陶瓷物理化学性能表

项目名称	技术参数	执行标准
降噪系数(NRC)	0.60	《混响室法吸声系数测量》(GBJ47—1983)
常温抗压强度	3.0～5.0MPa	《精细陶瓷压缩强度试验方法》(GB/T 8489—2006)
抗冻性	≥-27℃	《加气混凝土抗冻性试验方法》(GB/T 11973—1997)
耐酸性	耐 pH5、H_2SO_4溶液侵蚀	《陶瓷砖试验方法第 13 部分 耐化学腐蚀性的测定》(GB/T 3810.13—2016) 《天然石材试验方法 第 6 部分：耐酸性试验》(GB / T 9966.6—2020)

续表

项目名称	技术参数	执行标准
抗老化性	紫外线连续照射 250h	《复层建筑涂料》(GB/T 9779—2015)
防火性能	BI 极难燃材料	《建筑材料及制品燃烧性能分级》(GB8624—2019)
密度	400～500kg/m^3	—

按制造工艺不同，吸声多孔陶瓷可分为烧结型和自然硬化型。常用的吸声多孔陶瓷板的厚度为 20mm、30mm、40mm、50mm、75mm 和 100mm，长度为 400mm、500mm 和 600mm，宽度为 400mm、500mm 和 600mm。可在多孔陶瓷板上钻孔，以提高其吸声性能。

多孔陶瓷的声学性能与多孔陶瓷材料的流阻、开口孔隙率、结构因子以及公称孔数(孔隙半径)有关。当多孔陶瓷公称孔数为 30～50ppi(孔隙密度)，开口孔隙率为 78%～83%，密度为 400～560kg/m^3，材料厚度为 50mm，空腔为 100mm 时，其吸声系数列于表 6.6。

表 6.6　多孔陶瓷吸声板吸声系数表

频率/Hz	100	125	160	200	250	315	400	500	630	800
吸声系数	0.14	0.16	0.19	0.37	0.48	0.57	0.60	0.69	0.60	0.52
频率/Hz	1000	1250	1600	2000	2500	3150	4000	NRC		
吸声系数	0.53	0.56	0.70	0.74	0.78	0.77	0.89	0.60		

采用常规的 30mm 厚多孔陶瓷吸声板，在不同空腔尺寸下，其吸声特性曲线如图 6.19 所示。

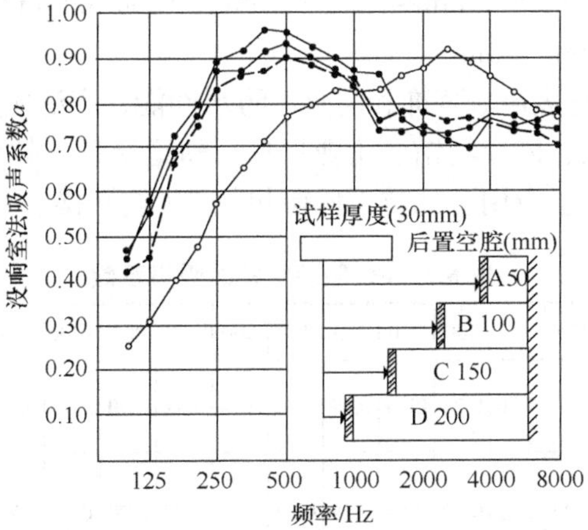

图 6.19　多孔陶瓷吸声板在不同后置空腔情况下的吸声特性曲线

3) FC 吸声结构

FC 高压水泥压力板，系采用优质进口原料、水泥和硅质材料等，并配以万吨压机加压及高温高压蒸养等先进工艺而制成的板材，见图 6.20。根据添加纤维的不同分为温石棉纤维水泥板和无石棉纤维水泥板；根据成型加压的不同分为纤维水泥无压板和纤维水泥压力板。

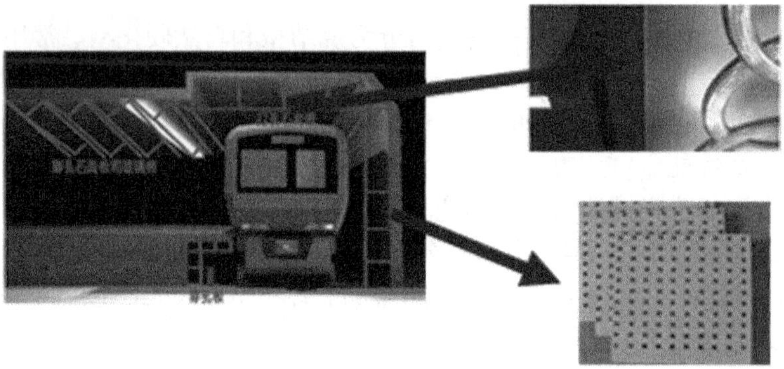

图 6.20　吸声板外形图片

FC 吸声结构是由穿孔 FC 板与其后背的吸声材料及空腔组成吸声结构。该吸声结构通过选用不同孔径、厚度、穿孔率并配以不同的吸声材料，可满足高、中、低频的吸声要求(表 6.7)。

规格不同的纤维水泥板的隔热、隔声性能不同，一般说来密度越高、厚度越厚的板材其隔热隔声性能越好。FC 吸声结构防火等级为 A 级，密度 1.2～1.4g/cm^3，导热系数≤0.3W / (m·K)，放射性符合标准，不受应用范围限制。

标准规格 600mm×600mm×4mm～8mm，1200mm×600mm×4mm～8mm，2400mm×600mm×4mm～8mm。

FC 吸声结构具有吸声、装饰和防火、防水性能，广泛应用于大型建筑，例如机场、电视台、剧院、体育场馆、工业厂房、轨道交通、铁路等领域。在国内外众多重点工程中得到了应用，如首都国际机场 T3 航站楼、北京地铁隧道内。

表 6.7　FC 吸声结构的吸声系数

穿孔率	构造	100	125	160	200	250	315	400	500	630	800	1000	1250	1600	2000	2500	3150	4000
18.5%	穿孔板后空 50mm	0.08	0.19	0.30	0.28	0.43	0.49	0.56	0.74	0.82	0.90	0.93	0.92	0.81	0.76	0.63	0.50	0.51
8%	条形缝板后空 50mm	0.08	0.25	0.25	0.32	0.59	0.59	0.67	0.83	0.77	0.90	0.77	0.74	0.63	0.55	0.45	0.39	0.40

4) 矿石喷涂吸声材料(香港西铁隧道)

香港西铁地铁隧道内采用的喷覆吸声材料，是从美国进口的吸声材料，一次性凝固成型，平均吸声系数达到 0.65 以上。其喷涂的成分为美国进口矿石颗粒，颗粒经过高温煅烧，每个颗粒的表面均布满微小的孔洞，采用一种特殊的无机黏合剂粘接每个颗粒，同时采用两个喷枪，通过喷涂的施工工艺把吸声矿石颗粒喷涂粘合到墙壁上，见图 6.21。

(a) 矿石喷涂吸声材料结构　　(b) 矿石喷涂吸声现场应用

图 6.21　矿石喷涂吸声材料

5) 聚合砂隧道专用吸声板

聚合砂隧道专用吸声板单元长 600mm、宽 300mm、厚 6mm，主要由砂粒、硅基聚合物、钢网三部分构成(图 6.22)。通过筛选优质天然二氧化硅砂粒，结合不锈钢网，采用硅基聚合物聚合、压制而成。聚合过程中聚合物亲硅端与砂粒表面二氧化硅发生聚合溶解，而缠绕端使砂粒相互靠近，砂粒接触时，溶解的二氧化硅相互融合渗透，形成良好的多孔吸声性能。

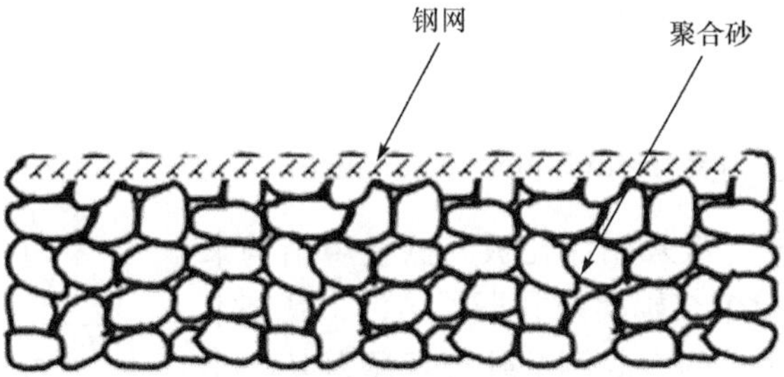

图 6.22　聚合砂样件及结构示意图

该吸声板具有 25 MPa 以上的抗压强度、4MPa 以上的抗拉强度，以及 0.7 以上的降噪系数，满足隧道内使用的强度及声学性能要求。吸声板支撑龙骨沿隧道纵向水平安装，间距 300mm，通过 M8 化学螺栓固定在隧道壁主体结构上，聚合砂吸声板采用压条式及卡槽式两种连接方式。

吸声板采用新型聚合砂吸声材料，要求能在隧道中长期使用，隧道内环境特征主要表现在：

(1) 受到行车车风及自然风荷载的作用；

(2) 隧道内温度低，湿度大，寒冷地区会产生冻融现象；

(3) 隧道渗水、漏水时有发生，隧道所处腐蚀环境可能对敷设的吸声板产生影响；

(4) 隧道作为重要构造物，具有防灾救援要求，聚合砂吸声板作为降噪附属材料，应满足 A 级燃烧性能等级要求；

(5) 隧道内搬运及安装条件较为恶劣，吸声板本身需具有一定的抗折及抗冲击强度。

综合考虑上述隧道环境特征及吸声板现场测试实施条件，聚合砂吸声板在隧道中应用的安全性问题主要包括：

(1) 聚合砂吸声板本身的强度和耐久性、耐火性、疲劳性能；

(2) 聚合砂吸声板在组合风荷载作用下的安全性及动力特性；

(3) 聚合砂吸声板与支撑龙骨连接的安全性；

(4) 支撑龙骨与隧道壁连接的安全性。

6.3 吸 声 结 构

吸声结构具有良好的低频吸声效果，可以弥补多孔吸声材料对低频吸声效果差的特点。常用的吸声结构有穿孔板共振吸声结构、微穿孔板吸声结构、薄板共振吸声结构以及空间吸声体等。

6.3.1 穿孔板共振吸声结构

1. 亥姆霍兹共振器(Helmholtz resonance)

对于低频噪声，常采用穿孔板共振吸声结构来吸声。图 6.23 为单个亥姆霍兹共振器结构，其基本构成为：在容积为 V 的空腔侧壁开有直径为 d 的小孔，板厚为 t。此种共振器叫做亥姆霍兹(Helmholtz)共振器。

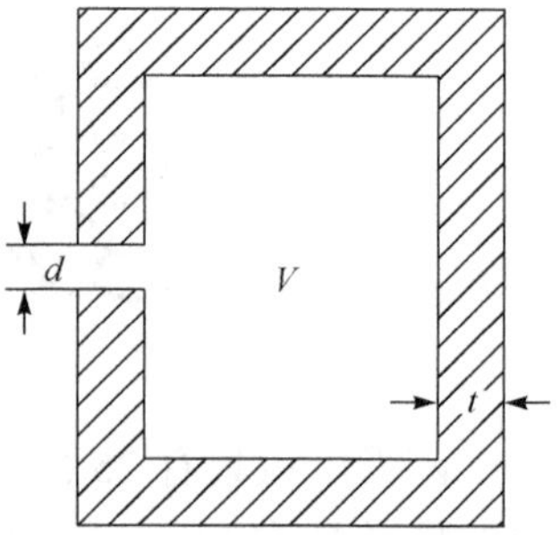

图 6.23 亥姆霍兹共振器结构

亥姆霍兹共振器可以看做由几个作用不同的声学元件组成，开口管内及管口附近空气随声波振动，是一个声质量元件。空腔内的压力随空气的声波波动而变化，起到一个声顺元件的作用。空腔内的空气在一定程度内随声波振动，具有一定的声质量。空腔内空气在开口壁面振动摩擦，在黏滞阻尼和热传导作用下使得声能产生损耗，其作用相当于一个声阻。

赫姆霍兹共振器的吸声主要依靠共振现象，其效果与入射声波的频率有很大关系。当入射声波频率接近共振器的固有频率时，孔颈的空气柱产生强烈振动，在振动过程中克服摩擦阻力而产生声能的消耗。然而，当入射声波频率远离共振器固有频率时，其吸声效果则不甚明显。因此，共振器吸声系数随频率变化，最高吸声系数出现在共振频率处，其共振频率如式(6.2)所示：

$$f_r = \frac{c}{2\pi}\sqrt{\frac{S}{L_K V}} \tag{6.2}$$

式中，$L_K = t + \frac{\pi}{4}d$，为孔颈的有效长度；d 为孔颈的直径；S 为孔颈的横截面积；V 为空腔的体积；c 为声速。

由赫姆霍兹共振器的吸声原理可知，其使用条件是需满足入射声波的波长大于空腔尺寸，同时腔壁上小孔尺寸比空腔尺寸小得多。此种条件仅低频噪声满足，因此亥姆霍兹共振器只适用于低频噪声的控制。

2. 穿孔板吸声结构

如前所述，亥姆霍兹共振器的频率选择性极强，其吸声频带很窄，因此限制了它的使用。实际应用中常采取组合共振器的模式，即一块包含很多孔的穿孔板吸声结构，其实质是多个单共振器并联而成。当共振器的孔数为 n 时，其共振频率为

$$f_r = \frac{c}{2\pi}\sqrt{\frac{nS}{L_K V}} \tag{6.3}$$

或

$$f_r = \frac{c}{2\pi}\sqrt{\frac{p}{L_K D}} \tag{6.4}$$

式中，D 为穿孔板后空气层厚度(cm)；p 为穿孔板的穿孔率；L_K 为孔颈的有效长度(cm)，且有

$$L_K = \begin{cases} t + 0.8d, & d > t \\ t + 1.2d, & \text{空腔内壁贴多孔材料时} \end{cases} \tag{6.5}$$

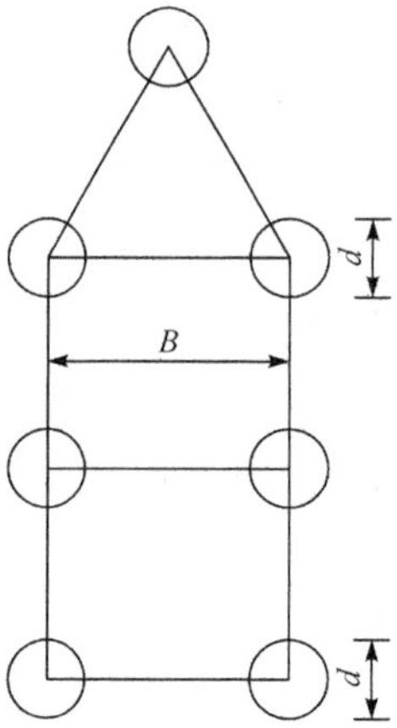

图 6.24　穿孔板开孔率 p 计算示意

当圆孔为正方形排列时，开孔率为 4 个 1/4 圆孔面积与正方形面积的比值；当圆孔为三角形排列时，开孔率为三角扇形面积与三角形面积的比值(图 6.24)。值此，穿孔率 p 根据孔径 d 及孔心距 B 计算如下：

$$p=\begin{cases}\dfrac{\pi}{4}\left(\dfrac{d}{B}\right)^2, & \text{正方形排列}\\ \dfrac{\pi}{2\sqrt{3}}\left(\dfrac{d}{B}\right)^2, & \text{三角形排列}\end{cases} \tag{6.6}$$

在共振条件下，穿孔板吸声结构的吸声系数见式(6.7)：

$$\alpha=\frac{4r_A}{\left(1+r_A\right)^2} \tag{6.7}$$

式中，r_A 为相对声阻，由流阻 r、穿孔板有效长度 L_K 和穿孔率 p 决定，其计算公式为

$$r_A=\frac{r}{\rho_0 c}\cdot\frac{L_K}{p} \tag{6.8}$$

共振器吸声系数高于 0.5 的频带宽度为

$$\Delta f=\begin{cases}8\pi^2\dfrac{V}{\lambda_r}f_r, & \text{单个共振器}\\ 4\pi\dfrac{f_r}{\lambda_r}D, & \text{组合共振器}\end{cases} \tag{6.9}$$

式中，λ_r 为与共振频率 f_r 对应的波长，其余符号含义同前所述。

研究表明，穿孔板的穿孔率在 10%以内时，其吸声效果中既有共振作用，又有阻尼作用；当穿孔率在 20%以上时已经几乎不存在共振作用，此时的穿孔板已不是共振吸声结构，仅仅起到护面板的效果。

6.3.2　微穿孔板共振吸声结构

普通穿孔板存在的最大问题是声阻过小，在背后不填充多孔材料的情况下，其吸声频带较窄。为了克服这些问题，加宽吸声频带，用板厚和孔径均小于 1mm、穿孔率为 1%～5%的薄金属板与背后空气层组成共振吸声结构。所组成的结构较普通穿孔板具有更大的声阻和更小的声质量，声阻与声质量之比大为提高，结构

自身就是良好的吸声结构，称之为微穿孔板。

微穿孔板具有构造简单、易于清洗、耐高温的优点，适合于高速气流、高温或潮湿等特殊环境。为达到吸收不同波频的目的，常制作成双层或多层组合结构。微穿孔板的相对声阻抗率 Z(以声波特性阻抗为$\rho_0 c$ 单位)的计算方法为

$$Z = r + \mathrm{i}\omega m - \mathrm{i}\cot\frac{\omega D}{c} \tag{6.10}$$

式中，c 为声速(m/s)；D 为空气层深度(mm)；ω为角频率，ω=2πf；r 为相对声阻率；i 为表示虚数单位；$\cot\dfrac{\omega D}{c}$ 为穿孔板厚空隙的声抗；m 为相对声质量。

式(6.10)中，相对声阻率 r、相对声质量 m 采用如式(6.11)和式(6.12)的计算方法：

$$r = \frac{atK_r}{d^2 p} \tag{6.11}$$

$$m = 0.294\times 10^3 \times \frac{tK_m}{p} \tag{6.12}$$

式中，K_r 为声阻系数，K_m 为声质量系数，其余符号含义同前所述，有

$$K_r = \sqrt{1+\frac{x^2}{3}} + \frac{\sqrt{2}x}{8}\frac{d}{t} \tag{6.13}$$

$$K_m = 1 + \frac{1}{\sqrt{9+\dfrac{x^2}{2}}} + 0.85\frac{d}{t} \tag{6.14}$$

$$x = \sqrt{\frac{fd^2}{10}} \tag{6.15}$$

微穿孔板吸声结构的共振频率的计算方法参照式(6.4)，其中的 L_K采用如下的计算方法：

$$L_K = t + 0.8 + \frac{pD}{3} \tag{6.16}$$

式中，$\dfrac{pD}{3}$ 为末端修正，D 为腔深。

为了得到更宽的吸声频带，可采用双层吸声结构，此时有两个共振吸收峰，其共振频率为

$$f_{r1}=\frac{c}{4\pi}\sqrt{\frac{p_2}{D_1t_2}}\left[\sqrt{\left(\frac{p_1}{p_2}+\sqrt{\frac{D_1}{D_2}}\right)^2-1}+\sqrt{\left(\frac{p_1}{p_2}-\sqrt{\frac{D_1}{D_2}}\right)^2+1}\right] \tag{6.17}$$

$$f_{r2}=\frac{c}{4\pi}\sqrt{\frac{p_2}{D_1t_2}}\left[\sqrt{\left(\frac{p_1}{p_2}+\sqrt{\frac{D_1}{D_2}}\right)^2-1}-\sqrt{\left(\frac{p_1}{p_2}-\sqrt{\frac{D_1}{D_2}}\right)^2+1}\right] \tag{6.18}$$

式中，各符号含义同前所述，其中下标 1 表示前腔参数，下标 2 表示后腔参数。

双层微穿孔板吸声结构的反共振频率为

$$f_{反}=\frac{c}{2\pi}\sqrt{\frac{p_2}{t_2}\left(\frac{1}{D_1}+\frac{1}{D_2}\right)} \tag{6.19}$$

对于共振频率的理解是换能器阻尼最小时候对应的频率；对于反共振频率则是换能器阻尼最大时候对应的频率。

微穿孔板的吸声系数为

$$\alpha=\frac{4r}{(1+r)^2+2(2\pi gy-\cot 2\pi y)^2} \tag{6.20}$$

式中，$y=\dfrac{fD}{c}$，$g=\dfrac{mc}{D}$。

当入射声波与结构共振频率相同时产生共振，有

$$2\pi f_r m-\cot\frac{2\pi f_r D}{c}=0 \tag{6.21}$$

此时的最大吸声系数为

$$\alpha_0=\frac{4r}{(1+r)^2} \tag{6.22}$$

$\dfrac{\alpha_r}{2}$ 的频带宽度 $\Delta f=f_2-f_1$ 如下：

$$\begin{cases}2\pi f_1 m-\cot\dfrac{2\pi f_1 D}{c}=1+r\\2\pi f_2 m-\cot\dfrac{2\pi f_2 D}{c}=1+r\end{cases} \tag{6.23}$$

在噪声控制设计中，按照设计目标 α_r、f_2、f_1 计算得到 r、m、D 的值，再确定微穿孔板的结构参数。

试验结果表明，微穿孔板厚在 0.2～1mm、孔径为 0.2～1mm、穿孔率适中的情况下的吸声效果很好。当板厚大于 1mm、孔径大于 1mm、穿孔率过大或过小的时候，吸声系数下降明显。

6.3.3　薄板共振吸声结构

薄板共振吸声结构由周边固定于框架上的薄板与其背后适当厚度的封闭空气层组成，薄板可选择胶合板、薄木板、草纸板、硬质纤维板、石膏板、石棉水泥板或金属薄板等。对于薄板共振吸声结构，结构在入射声波高压力激发下发生振动，薄板在周边固定的情况下发生弯曲变形，出现了薄板内部的摩擦损耗，吸声效果显著。研究表明，薄板共振结构的共振频率在 80～300Hz 的低频范围。

在薄板本身劲度远大于板后空气层劲度的情况下，薄板共振结构的共振频率为

$$f_r = \frac{60}{\sqrt{\rho_s D}} \tag{6.24}$$

式中，ρ_s 为薄板的面密度(kg/m^2)；D 为空气层厚度(m)。

薄板共振吸声结构的共振吸声系数一般介于 0.2～0.5，配合在空气层中填充多孔吸声材料与薄板边缘敷设海绵、软橡胶、毛毡等软材料时刻提高吸声系数。

6.3.4　共振吸声结构的声学特性测试

1. 微穿孔板吸声结构

在板厚小于 1.0mm 的薄金属板上穿以孔径小于 1.0mm 的微孔，穿孔率在 1%～5%，后部留有一定厚度的空气层，这样就构成了微穿孔板吸声结构。

微穿孔板吸声结构比普通穿孔板吸声结构的吸声系数高，吸声频带宽，同时可用于高温、高速气流、有水、有气以及有特别洁净要求的场所。可以是单层微穿孔板吸声结构，也可以组合成双层或多层微穿孔板吸声结构。微穿孔板吸声结构由薄金属板构成，在这些薄金属板间无须衬垫多孔性纤维吸声材料，因此，不怕水和蒸汽，能承受较高风速的冲击，用途越来越广泛。表 6.8 列出了部分微穿孔板吸声结构吸声系数。

表 6.8　微穿孔板吸声结构吸声系数表

名称	穿孔率/%	空腔/mm	倍频带中心频率/Hz					
			125	250	500	1000	2000	4000
			吸声系数(α_T)					
单层微穿孔板，孔径ϕ0.8mm，板厚 0.8mm	1	30	—	0.18	0.64	0.69	0.17	—
		50	0.05	0.29	0.87	0.78	0.12	—
		70	—	0.40	0.86	0.37	0.14	—
		100	0.24	0.71	0.96	0.40	0.29	—
		150	0.37	0.85	0.87	0.20	0.15	—
		200	0.56	0.98	0.61	0.86	0.27	—
		250	0.72	0.99	0.38	0.40	0.12	—
单层微穿孔板，孔径ϕ0.8mm，板厚 0.8mm	2	30	0.08	0.11	0.15	0.58	0.40	—
		50	0.05	0.17	0.60	0.78	0.22	—
		70	0.12	0.24	0.57	0.70	0.17	—
		100	0.10	0.46	0.92	0.31	0.40	—
		150	0.24	0.68	0.80	0.10	0.12	—
		200	0.40	0.83	0.54	0.77	0.28	—
		250	0.48	0.89	0.34	0.45	0.11	—
单层微穿孔板，孔径ϕ0.8mm，板厚 0.8mm	3	30	—	0.06	0.20	0.68	0.42	—
		50	0.11	0.25	0.43	0.70	0.25	—
		70	—	0.22	0.82	0.69	0.21	—
		100	0.12	0.29	0.78	0.40	0.78	—
		150	0.21	0.47	0.72	0.12	0.20	—
		200	0.22	0.50	0.50	0.28	0.55	—
		250	0.35	0.70	0.26	0.50	0.15	—
双层微穿孔板，孔径ϕ0.8mm，板厚 0.9mm	2.5～1	D_1=30 D_2=70	0.26	0.71	0.92	0.65	0.35	—
		D_1=40 D_2=60	0.21	0.72	0.94	0.84	0.30	—
		D_1=50 D_2=50	0.18	0.69	0.96	0.99	0.24	—
		D_1=40 D_2=160	0.58	0.99	0.54	0.86	—	—
		D_1=80 D_2=120	—	0.88	0.84	0.80	—	—

续表

名称	穿孔率/%	空腔/mm	倍频带中心频率/Hz					
			125	250	500	1000	2000	4000
			吸声系数(α_T)					
双层微穿孔板，孔径ϕ0.8mm，板厚 0.9mm	2+1	D_1=80 D_2=120	0.48	0.97	0.93	0.64	0.15	—
	3+1	D_1=80 D_2=120	0.40	0.92	0.95	0.66	0.17	—
单层微穿孔板，孔径ϕ0.8mm，板厚 0.8mm	1	200	0.28	0.67	0.52	0.42	0.40	0.30
	2	150	0.18	0.43	0.87	0.32	0.33	0.34
	2	200	0.19	0.50	0.45	0.35	0.35	0.18
双层微穿孔板，孔径ϕ0.8mm，板厚 0.8mm	2+1	D_1=100 D_2=100	0.28	0.79	0.70	0.64	0.41	0.42
	2+1	D_1=50 D_2=100	0.25	0.79	0.67	0.68	0.45	0.38
	2+1	D_1=80 D_2=120	0.41	0.91	0.61	0.61	0.31	0.30
单层微穿孔板，孔径ϕ0.8mm，板厚 0.5～0.8mm	1	50	0.08	0.56	0.78	0.65	0.42	0.32
	2	50	0.11	0.40	0.85	0.77	0.74	0.48
	3	50	0.08	0.35	0.41	0.84	0.82	0.60
	1	80	0.15	0.53	0.68	0.56	0.43	0.21
	2	80	0.13	0.50	0.83	0.71	0.67	0.48
	3	80	0.11	0.29	0.82	0.79	0.94	0.48
	1	100	0.20	0.75	0.63	0.61	0.44	0.48
	2	100	0.29	0.61	0.60	0.68	0.75	0.47
	3	100	0.30	0.67	0.67	0.70	0.75	0.48
双层微穿孔板，孔径ϕ0.8mm，板厚 0.5～0.8mm	2+1	D_1=50 D_2=100	0.25	0.79	0.67	0.68	0.46	0.45
	2+1	D_1=80 D_2=120	0.48	0.97	0.93	0.64	0.15	0.13
	3+1	D_1=80 D_2=120	0.40	0.92	0.95	0.66	0.13	0.11

注：表中 D_1 为前腔尺寸，D_2 为后腔尺寸。

2. 普通金属穿孔饰面板

金属穿孔饰面板多数是由厚度为 0.6～1.2mm 防锈铝、0.5～1.0mm 镀锌钢板或 0.5～1.0mm 普通钢板冲制而成。铝板面经过阳极氧化处理或喷漆处理，钢板经过喷塑或烤漆或喷漆处理，既起护面作用，又起装饰作用。常用的金属穿孔饰面板(又称金属吸声板)性能规格列于表 6.9。

表 6.9　金属穿孔饰面板性能规格表

名称	外形尺寸/mm 长×宽×厚(折边)	材质	穿孔率/%	孔径/mm	重量/(kg/块)
框架吸声板	2000×1020×60 2000×980×60	铝合金板 (电化)	20～25	ϕ65ϕ8 组合	3
平板吸声板	1000×1000	铝合金板 (电化)	20～28	ϕ6 并列三角排列	1.7～1.8
	500×500				0.42～0.45
压花吸声板	500×500	铝合金板 (电化)	20～28	ϕ6 并列三角排列	0.42～0.45
框架微孔吸声板	2000×980×60	铝合金板 (电化)	1～5	ϕ0.8～ϕ1.0	3
平板微孔吸声板	1000×1000	铝合金板 (电化)	1～5	ϕ0.8～ϕ1.0	1.7～1.8
	500×500				0.42～0.45
防锈铝合金吸声面板	495×495	铝合金板	25	ϕ6	—
防锈铝合金吸声多面块体	1000×500×50 1000×500×70 1000×500×100	铝合金板	25	ϕ6	—

第 7 章　隧道噪声控制实践

7.1　工 程 概 况

泰州市永定路快速化改造工程东起泰高高速，西接长江大道，以隧道形式下穿东风路、海陵南路、鼓楼南路。线路全长 12.7km，按城市快速路标准建设，设计车速 80km/h，为双向六车道，其中永定路一号隧道全长 1043m，暗埋段长 680m；永定路二号隧道全长 512m，暗埋段长 160m。隧道起终点、洞口桩号及隧道长度见表 7.1、表 7.2。

表 7.1　永定路一号隧道规模表

名称	敞开段		暗埋段		敞开段		合计/m
桩号(m)	K6+830	K7+030	K7+030	K7+710	K7+710	K7+873	1043
长度/m	200		680		163		

表 7.2　永定路二号隧道规模表

名称	敞开段		暗埋段		敞开段		合计/m
桩号(m)	K5+782	K5+950	K5+950	K6+110	K6+110	K6+294	512
长度/m	168		160		184		

隧道主体结构断面明挖段为"U 形槽"结构，暗埋段为单层双孔矩形结构，隧道埋深范围为 0.6～3.2m，隧道断面形式见图 7.1～图 7.3。

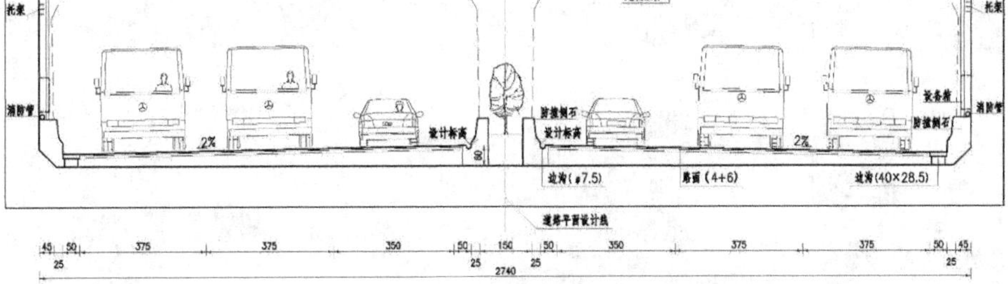

图 7.1　敞开段横断面

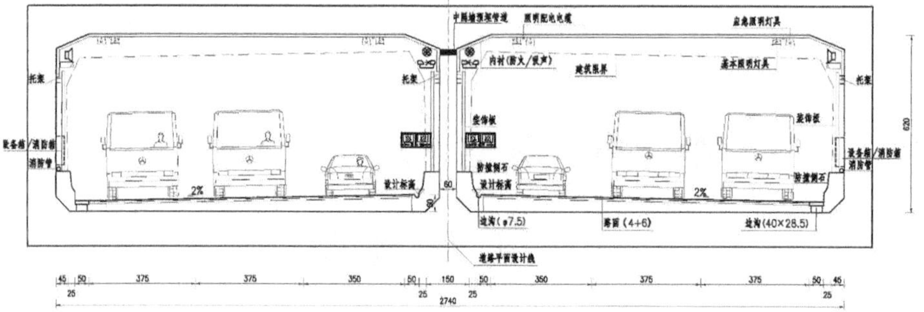

图 7.2　暗埋段建筑横断面一

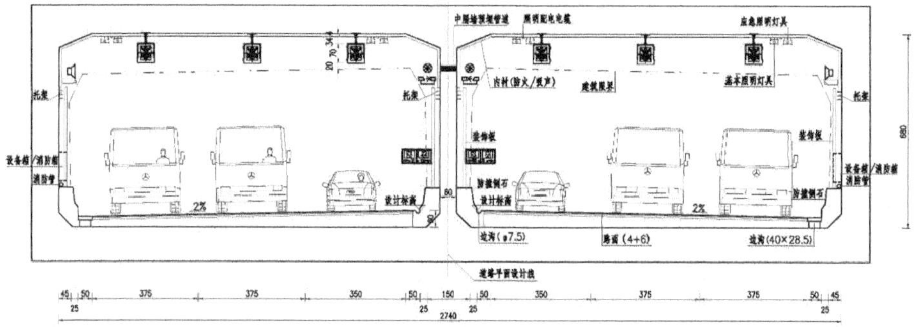

图 7.3　暗埋段建筑横断面二

注：永定路一号隧道暗埋段大于 500m，设置纵向机械通风，局部采用风机加高断面。

永定路一号、二号隧道位于泰州市海陵区，周边以住宅、金融、文化区为主(见图 7.4)。隧道南侧为万象城、华润国际社区、福泰大酒店、正太周山汇水、华润国际社区、泰州人社局、百得装饰城；北侧为泰州市金融服务区、恒景国际花园、永兴花园、上海大花园。

图 7.4　永定路隧道平面总体布置图

隧道建成后，洞口周边交通噪声预测增量的计算结果见表 7.3。隧道洞口两侧住宅小区分布密集，总体上对声环境质量要求较高。依据表 5.3，本工程属于 A1 类隧道，应当对其采取噪声控制措施。同时，考虑到隧道建成后车行噪声对周边的影响，为了降低噪声所带来的损失，在隧道设计阶段就考虑多种隔声降噪方案。

表 7.3　隧道建成后洞口附近交通噪声预测增量

1/3 倍频程中心频率/Hz	100	125	160	200	250	315
预测增量/dB	15.17	23.02	23.25	23.64	24.75	26.65
1/3 倍频程中心频率/Hz	400	500	630	800	1000	1250
预测增量/dB	24.17	23.36	22.79	22.29	21.72	21.25
1/3 倍频程中心频率/Hz	1600	2000	2500	3150	4000	5000
预测增量/dB	20.81	20.22	19.63	19.01	18.29	17.37

7.2　降 噪 方 案

1. 方案一

在隧道建设初期，提出了两套设计方案，其中方案一为：采用侧墙穿孔板+吊顶吸声喷涂处理的方式进行降噪设计，如图 7.5 和图 7.6 所示。

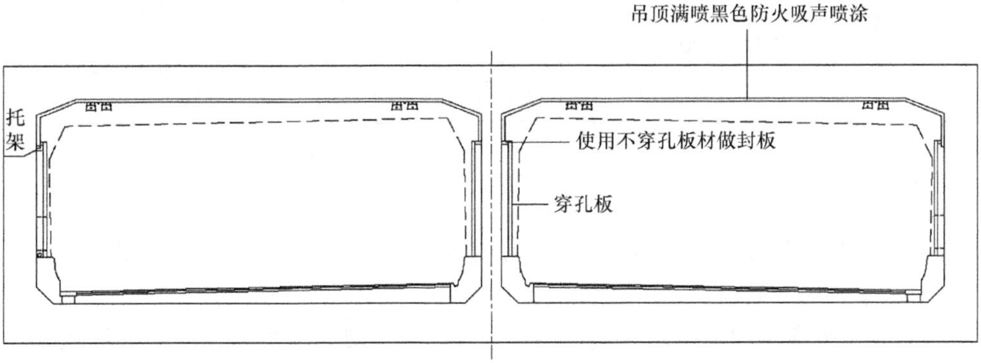

图 7.5　方案一暗埋段降噪设计

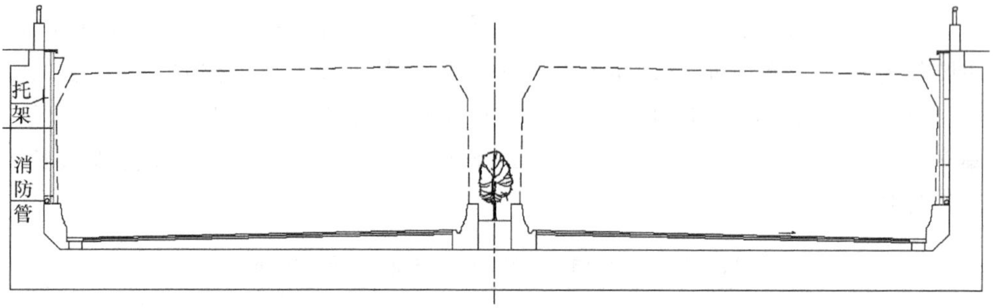

图 7.6　方案一敞开段降噪设计

吊顶：吊顶使用黑色防火吸声喷涂处理。喷涂要求≥25mm 厚，使用 K-13B 型喷涂。如有光学上的需要，吸声喷涂亦可更换其他颜色。

侧墙：侧墙使用穿孔板材，板材可以是卡索板、搪瓷钢板、隧道装饰板、金属板等材料穿孔制成。侧墙主要以吸收低频噪声为主，尤其是吸收 50～80Hz 的噪声为主。对此，要求空腔 200mm，穿孔率 6%，其中孔径 5mm，孔距 18mm，圆孔按方形排列。板厚可根据工程情况进行选择，但不宜过厚，板后需覆一层吸声无纺布。

穿孔板上方需要增加一层不穿孔的封板，以使其形成封闭的共振结构。按前述条件安装降噪措施后，预计吸声系数见表 7.4。

表 7.4　穿孔板吸声系数表

频率/Hz	50	63	80	100	125	160	200	250	315	400	500
吸声喷涂	0.04	0.06	0.08	0.10	0.12	0.15	0.29	0.38	0.51	0.73	0.88
穿孔板	0.56	0.61	0.69	0.67	0.63	0.59	0.53	0.48	0.46	0.42	0.40
频率/Hz	630	800	1000	1250	1600	2000	2500	3150	4000	5000	
吸声喷涂	0.92	0.95	0.96	0.96	0.96	0.96	0.97	0.97	0.97	0.97	
穿孔板	0.38	0.36	0.33	0.28	0.26	0.25	0.22	0.20	0.18	0.16	

2. 方案二

方案二采用侧墙无机发泡吸声砖+吊顶吸声喷涂处理的方式进行降噪设计，如图 7.7 和图 7.8 所示。

吊顶：吊顶使用黑色防火吸声喷涂处理。喷涂要求≥25mm 厚，使用 K-13B 型喷涂。如有光学上的需要，吸声喷涂亦可更换其他颜色。

侧墙：侧墙使用无机发泡吸声砖。发泡砖属于泡沫吸声结构，在全频带都有着较高的吸声系数。无机发泡吸声砖的顶部不需要增加封板，敞开的设计有利于其提高吸声系数。

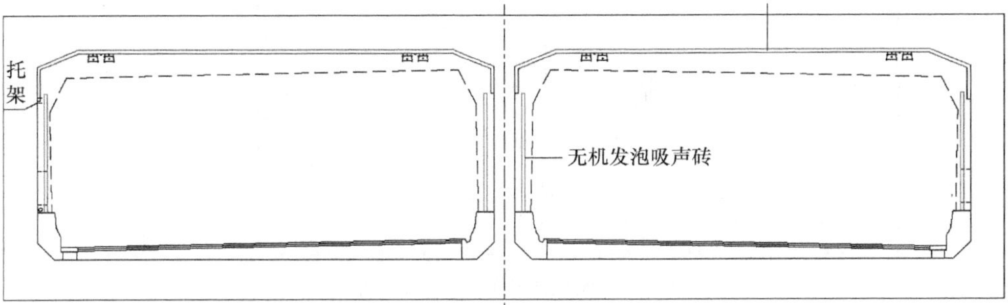

图 7.7　方案二暗埋段降噪设计

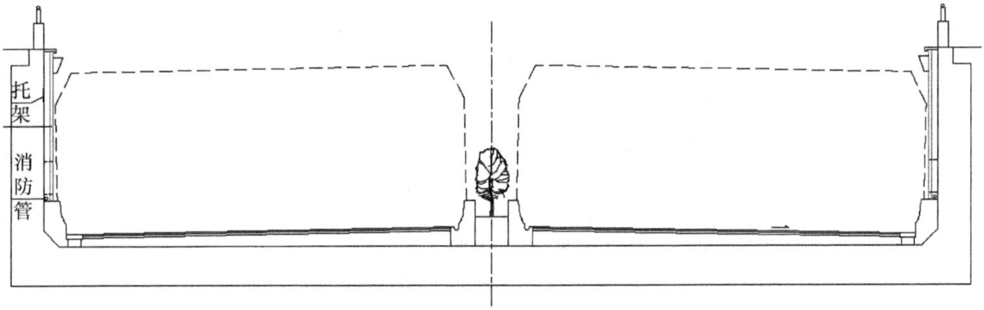

图 7.8　方案二敞开段降噪设计

无机发泡吸声砖需要使用 50mm 厚度以上的材料。后空腔预留 200mm 空气层。前述条件安装降噪措施后，预计吸声系数见表 7.5。

表 7.5　无机发泡吸声砖吸声系数表

频率/Hz	50	63	80	100	125	160	200	250	315	400	500
吸声喷涂	0.04	0.06	0.08	0.10	0.12	0.15	0.29	0.38	0.51	0.73	0.88
穿孔板	0.48	0.65	0.78	0.67	0.63	0.42	0.34	0.32	0.33	0.30	0.31
频率/Hz	630	800	1000	1250	1600	2000	2500	3150	4000	5000	
吸声喷涂	0.92	0.95	0.96	0.96	0.96	0.96	0.97	0.97	0.97	0.97	
穿孔板	0.33	0.35	0.42	0.44	0.46	0.51	0.55	0.62	0.68	0.74	

3. 隧道风机降噪设计

泰州永定路隧道项目中，使用风机作为辅助通风手段。当风机运行时，噪声值较高。风机降噪可以使用隔声罩+消声器的形式。将风机的进、出风口使用消声器连接，风机的主体部分使用隔声罩进行隔声处理(如图 7.9 和图 7.10 所示)。使用隔声罩+消声器的形式，一般可以将风机噪声降低 10dB 以上。

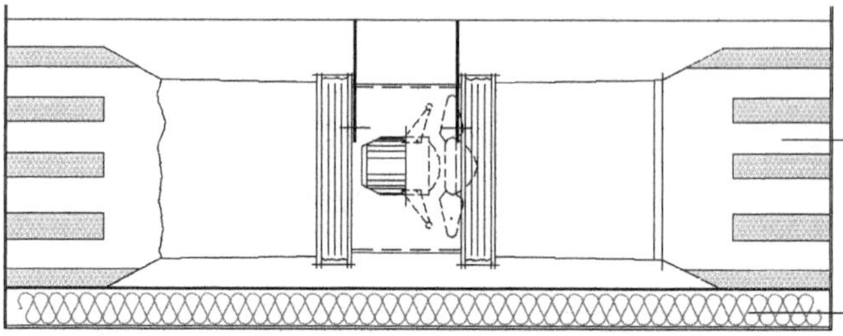

图 7.9　风机隔声罩侧剖面示意图

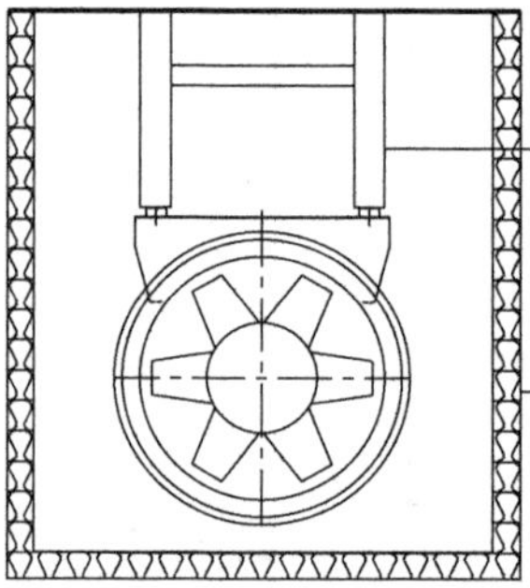

图 7.10　风机隔声罩剖面示意图

4. 方案比选

方案一与方案二所采用的材料都在一定程度上与一般隧道所使用的壁面材料有所不同，综合考虑隧道内装饰材料的耐久性、易清洗性、强度、易安装性、反光度等众多因素，最终吸声方案为侧墙采用“穿孔搪瓷钢板+微穿孔铝板”的结构，顶板未采用特殊吸声材料。该侧墙装饰结构壁面材料与一般隧道相近，反光度、强度等经受了许多项目的测试，效果佳。同时，穿孔与微穿孔铝板的组合吸声效果在实验室测量也非常优秀(表 7.6)。

表 7.6　搪瓷钢板吸声系数检测结果

频率/Hz	背腔尺寸		
	0mm	100mm	200mm
100	0.19	0.47	0.86
125	0.25	0.52	1.13
160	0.54	0.89	1.18
200	0.80	1.03	1.27
250	0.87	1.05	1.27

续表

频率/Hz	背腔尺寸		
	0mm	100mm	200mm
315	1.03	1.09	1.05
400	1.08	1.21	1.07
500	1.07	1.12	1.02
630	0.96	1.12	1.07
800	0.98	0.97	0.98
1000	0.87	0.93	0.94
1250	0.82	0.93	0.89
1600	0.74	0.82	0.80
2000	0.69	0.73	0.73
2500	0.63	0.69	0.67
3150	0.59	0.63	0.60
4000	0.51	0.59	0.57
5000	0.54	0.54	0.55

穿孔搪瓷钢板与微穿孔搪瓷钢板组合的结构，其表面为穿孔搪瓷钢板，穿孔率 22%，孔径 9mm；微穿孔铝板孔径 0.25mm，穿孔率 2.1%，板厚 0.5mm。该结构实验室吸声系数见表 7.7。

表 7.7　穿孔搪瓷钢板+微穿孔铝板吸声系数检测结果

频率/Hz	吸声系数	频率/Hz	吸声系数	频率/Hz	吸声系数
100	0.19	400	1.08	1600	0.74
125	0.25	500	1.07	2000	0.69
160	0.54	630	0.96	2500	0.63
200	0.80	800	0.98	3150	0.59
250	0.87	1000	0.87	4000	0.51
315	1.03	1250	0.82	5000	0.54

5. 设计方案

1) 总体布置方案

永定路一号隧道：暗埋段自洞口向内 70m 范围内采用吸声搪瓷钢板，暗埋段其他范围采用普通搪瓷钢板，装饰板高度为防撞侧石顶以上 3.5m 范围；敞开段全部范围采用吸声搪瓷钢板，装饰板高度为防撞侧石顶至隧道侧墙顶。

永定路二号隧道：隧道暗埋段仅 160m，考虑短隧道实际吸声效果，隧道内侧墙装饰材料均采用吸声搪瓷钢板，其中暗埋段装饰板高度为防撞侧石顶以上

3.5m 范围，敞开段装饰板高度为防撞侧石顶至隧道侧墙顶。

永定路一号隧道与二号隧道敞开段及暗埋段现场施工情况见图 7.11、图 7.12。

2) 吸声搪瓷钢板设计方案

吸声搪瓷钢板由“搪瓷板(1.5mm)+方管背衬(1.5mm)+微穿孔铝板(0.5mm)”组成，穿孔搪瓷钢板穿孔率约为 20%，钢板厚度不小于 1.5mm。吸声搪瓷钢板的平均吸声系数 NRC 不应小于 0.65。

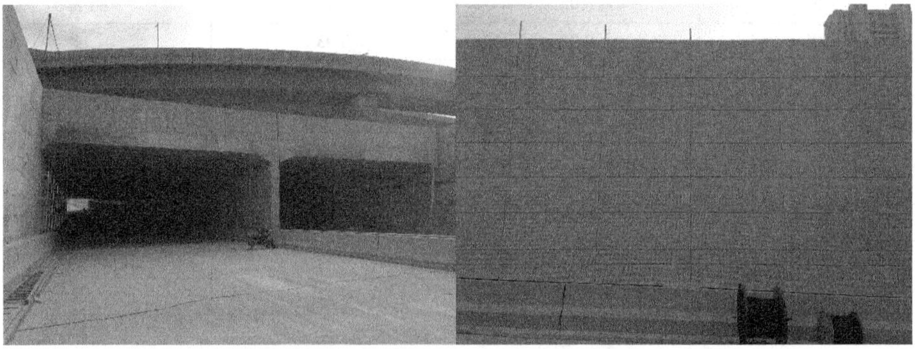

图 7.11　敞开段现场施工照片

图 7.12　暗埋段现场施工照片

7.3　降 噪 效 果

1. 吸声材料检测

吸声搪瓷钢板厂家将工程样品送江苏省建筑工程质量检测中心有限公司进行检测，单块检测试件长 2000mm×1000mm。6 块试件 3 排 2 列排布，板块密拼，下部由钢架支撑，留 70mm 空腔，空腔四周密封(图 7.13)。检测报告结果如见表 7.8、图 7.14。

图 7.13　吸声搪瓷钢板室内检测

表 7.8　工程样品吸声系数检测结果

频率 f/Hz	吸声系数	频率 f/Hz	吸声系数	频率 f/Hz	吸声系数	频率 f/Hz	吸声系数
100	0.31	315	0.93	1000	0.76	3150	0.31
125	0.39	400	0.96	1250	0.66	4000	0.15
160	0.64	500	0.91	1600	0.58	5000	0.12
200	0.57	630	0.9	2000	0.51		
250	0.9	800	0.8	2500	0.42		

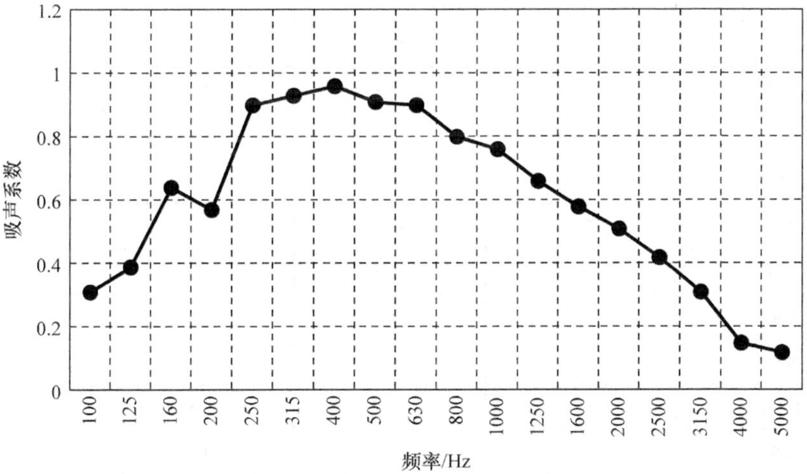

图 7.14　工程样品吸声性能频率特性曲线

检测结果显示该吸声搪瓷钢板对 160～1600Hz 频率内的噪声有较好的吸声效果，检测结果降噪 NRC 系数 0.77，满足降噪设计要求。

2. 隧道混响时间检测数据

泰州隧道的检测分装修前(图 7.15)与装修后两种情况，两种工况下隧道混响时间检测结果见表 7.9，相应的曲线见图 7.16 和图 7.17。

图 7.15　隧道装修前现场检测

表 7.9　泰州永定路隧道装修前、后混响时间测量结果

1/3 倍频程中心频率/Hz	装修前		装修后	
	敞开-暗埋交界/s	隧道中央/s	敞开-暗埋交界/s	隧道中央/s
100	4.0	1.8	2.9	4.6
125	5.6	10.5	2.4	2.4
160	17.4	11.1	2.2	2.5
200	6.8	12.1	1.2	1.2
250	7.1	15.6	1.1	1.5
315	8.2	24.1	1.9	1.2
400	7.0	13.7	1.8	1.9
500	6.8	11.3	1.9	1.6
630	6.8	9.9	2.0	1.8
800	6.6	8.9	1.9	1.7
1000	6.0	7.8	1.8	1.8
1250	5.7	7.0	1.5	1.7
1600	5.4	6.3	1.5	1.5
2000	4.7	5.5	1.4	1.5
2500	4.2	4.8	1.3	1.3
3150	3.7	4.2	1.1	1.1
4000	3.2	3.6	0.9	1.0
5000	2.6	2.9	0.7	0.8

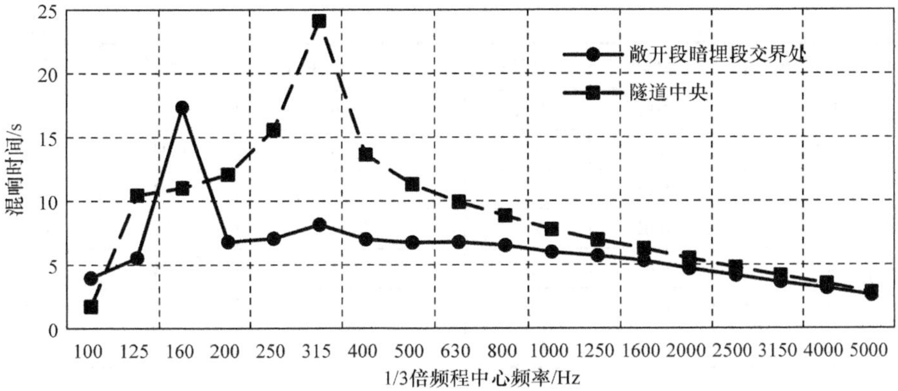

图 7.16　装修前混响时间

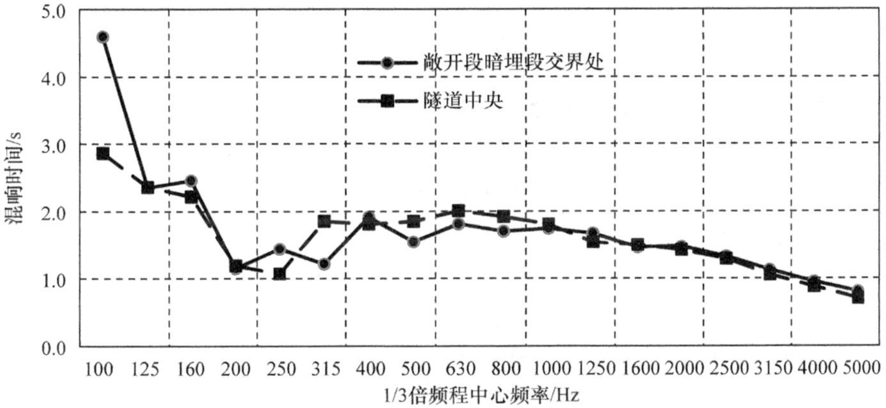

图 7.17　装修后混响时间

隧道装修前，隧道内几乎没有任何吸声处理。因此隧道内的混响时间普遍偏长，其中低频甚至超过 10s，而随着空气吸声作用的影响，高频混响时间在 5s 以下。隧道装修后，隧道侧墙使用了穿孔吸声板+微穿孔吸声板的降噪材料。经过吸声处理后，全频带的混响时间降低到 5s 以下，其中大部分频带都在 2s 以内，隧道的混响时间得到了很好的控制。

3. 隧道平均吸声系数

根据表 7.9 测量结果，反推出隧道的吸声系数见表 7.10。

表 7.10　隧道装修前后吸声系数

1/3 倍频程中心频率/Hz	装修前	装修后	1/3 倍频程中心频率/Hz	装修前	装修后
100	0.12	0.08	800	0.03	0.11
125	0.02	0.09	1000	0.03	0.12

续表

1/3 倍频程中心频率/Hz	装修前	装修后	1/3 倍频程中心频率/Hz	装修前	装修后
160	0.02	0.10	1250	0.03	0.14
200	0.02	0.18	1600	0.04	0.14
250	0.01	0.20	2000	0.04	0.15
315	0.01	0.12	2500	0.05	0.17
400	0.02	0.12	3150	0.05	0.20
500	0.02	0.12	4000	0.06	0.23
630	0.02	0.11	5000	0.08	0.28

表 7.10 中数据根据隧道平均自由程进行推算：

$$\overline{L}=\frac{L}{N}=\frac{2n\pi c_0}{2nc_0\frac{C}{S}}=\frac{\pi S}{C} \tag{7.1}$$

于是在 60s 后平均能量密度就变为

$$\overline{\varepsilon_t}=\overline{\varepsilon_0}\left(1-\overline{\alpha}\right)^{\frac{60c_0C}{\pi S}} \tag{7.2}$$

由此得吸声系数为

$$\alpha=1-10^{-\frac{6\pi S}{c_0CT}} \tag{7.3}$$

式中，S 为隧道横断面的面积，C 为隧道横断面的周长，c_0 为声速，T 为混响时间。

4. 隧道降噪预期

根据 3.2.2 节给出的方法，在测量位置相同时，所得到的噪声增量如下：

$$\Delta L_1=10\cdot\lg\left(\frac{7.5}{r}+\frac{148\left(1-\overline{\alpha}\right)}{C\overline{\alpha}}\right) \tag{7.4}$$

本项目中，r 取 6m，可得装修前后噪声增量和预期降噪量如表 7.11 所示，相应的曲线见图 7.18。

表 7.11　永定路隧道装修前后噪声增量和预期降噪量

1/3 倍频程中心频率/Hz	装修前增量/dB	装修后增量/dB	预期降噪量/dB	1/3 倍频程中心频率/Hz	装修前增量/dB	装修后增量/dB	预期降噪量/dB
100	15.17	17.34	-2.17	800	22.29	15.57	6.72
125	23.02	16.49	6.53	1000	21.72	15.30	6.43
160	23.25	16.21	7.04	1250	21.25	14.59	6.66

续表

1/3 倍频程中心频率/Hz	装修前增量/dB	装修后增量/dB	预期降噪量/dB	1/3 倍频程中心频率/Hz	装修前增量/dB	装修后增量/dB	预期降噪量/dB
200	23.64	13.45	10.19	1600	20.81	14.47	6.34
250	24.75	12.97	11.78	2000	20.22	14.24	5.99
315	26.65	15.42	11.23	2500	19.63	13.80	5.83
400	24.17	15.31	8.85	3150	19.01	12.90	6.11
500	23.36	15.41	7.95	4000	18.29	12.07	6.21
630	22.79	15.76	7.02	5000	17.37	11.08	6.29

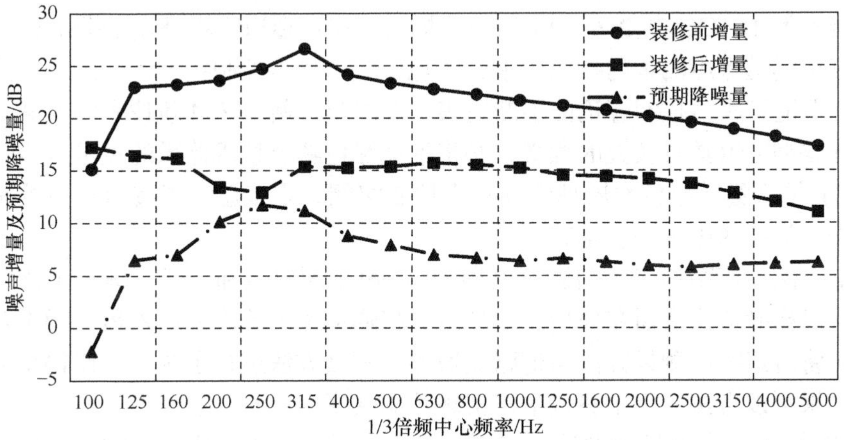

图 7.18 隧道吸声板安装前后预计降噪量

装修前后 100Hz 的降噪量不明显，但 125～5000Hz 间的平均降噪量在 6dB 以上。其中 200～315Hz 的降噪量超过了 10dB。

第 8 章　总结与展望

8.1　总　　结

隧道噪声控制技术是“绿色隧道”技术体系的重要组成部分。近年来隧道噪声控制技术发展非常迅速，尤其是国内外首部技术标准——《城市隧道噪声控制技术规程》(DGJ32/TJ 216—2016)——提出了城市隧道噪声环境的分类标准，明确了城市隧道噪声测量的技术要求，实现了隧道噪声控制技术体系的一大技术跨越。随着隧道噪声控制理论的不断完善，新材料、新工艺和新技术的不断进步，建设环保型隧道具有较大的意义，必将推动绿色隧道技术体系的技术进步。

(1) 结合隧道绿色发展理念和噪声控制实例，系统总结了隧道噪声控制的发展历程，为技术进步提供基础。

(2) 给出了系统的隧道内、隧道洞口噪声预测模型和公式，填补了该领域的空白，以指导道路交通在规划、设计阶段将隧道噪声等因素纳入道路噪声范围。同时，将隧道噪声测量方法与道路交通噪声测量方法进行了统一，使得交通噪声测量结果可以直接应用于隧道中，实现数据共享。

(3) 提出了隧道降噪设计、施工、验收与运维系统集成技术体系，可指导隧道规划、建设和管理。

(4) 人车混行隧道中行人的通行噪声安全问题得到了系统性的解决，通过改善隧道内的人行噪声环境实现了以人为本的社会发展理念。

(5) 泰州永定路一号隧道系统性的降噪方案设计、混响时间检测和降噪效果预测、实测实践，给未来的隧道噪声控制技术提供了完整的样本，可推广应用。

8.2　展　　望

隧道工程的噪声控制技术属于交叉学科，其噪声治理需要隧道工程界有更深层次的认识，需要从隧道内噪声的发生、传播、治理以及相关技术和工艺等进行多方面、系统性的了解。隧道所属区域、形式的复杂性和多样性，尚有诸多需要后续研究的工作。

(1) 高海拔区的隧道往往长度超过 3km，隧道内通行人、车，且双向行车，隧道建设困难，通行环境恶劣，需要重点关注。

(2) 隧道的交通功能越来越复杂，地下互通逐步出现，隧道匝道曲线半径较小，主线隧道与匝道隧道交叉叠合情况较为普遍，其噪声分布更为复杂，影响因素众多。这方面的样本数量还需要进一步积累。

(3) 吸声材料与隧道刚性壁面结构之间所预留的空气层，对于隧道内部的吸声效果起着至关重要的作用。对于隧道工程，在满足车辆通行限界的前提下，就需要为这一空气层的预留而增加开挖断面，隧道结构的工程难度、工程造价以及工期长短等与开挖断面成正比。因此，需要解决两者之间的矛盾，实现环保和经济的平衡，并积极研究新型吸声材料或吸声结构。

(4) 吸声材料、低噪声路面、隔声棚、声屏障以及绿化林带都是能够有效降低洞口噪声的几种手段，需要对隧道降噪结构体系进行系统性的拓展研究。

参 考 文 献

[1] 杨阳. 我国城市交通噪声污染防治研究[D]. 山东:山东科技大学, 2008.

[2] 李洁, 沈毅, 王新民. 城市道路交通噪声污染经济损失及评估[J]. 西部交通科技, 2013, (9):33-37, 83.

[3] INFRAS, IWW. External costs of transports-update study. Final Report [R]. Zurich/Kurlsruhe, 2004.

[4] 中华人民共和国生态环境部. 中国环境噪声污染防治报告2019 [R]. 中华人民共和国生态环境部, 2018.

[5] 城市道路工程设计规范(2016 年版): CJJ 37-2012[S] , 2016.

[6] 丁亚超, 周敬宣, 李恒. 国外几种道路交通噪声预测模式的对比分析[J]. 交通环保, 2004, (2): 5-7.

[7] Department of Transport of U. K. Calculation of road traffic noise [J]. London: HMSO, 1988.

[8] Probst W. Prediction of sound radiated from tunnel openings[J] Noise Control Engineering Journal, 2010, 58(2): 201- 211.

[9] Guan P H. Pediction of sound attenuation in the tunnels using sound absorber [D]. Singapore: National University of Singapore, 2005.

[10] Davies H G. Multiple-reflection diffuse-scattering model for noise propagation in street [J]. Journal of the Acoustical Society of America, 1978, 64(2): 517-521.

[11] Davies H G. Noise propagation in corridors [J]. Journal of the Acoustical Society of America, 1973, 53(5): 899-909.

[12] Yang L N, Shied B M. The prediction of speech intelligibility in underground stations of rectangular cross section [J]. Journal of the Acoustical Society of America, 2001, 109(1): 266-273.

[13] 陈方荣, 嵇正毓. 类比测量城市隧道交通噪声预测法介绍[J]. 江苏环境科技, 2005, (1): 42-43.

[14] 师利明. 高速公路隧道内交通噪声预测和降噪措施[J]. 噪声与振动控制, 2010, (2): 66-68.

[15] 师利明, 罗德春, 邓顺熙. 公路隧道内噪声预测和降噪措施的理论研究[J]. 中国公路学报, 1999, (1): 103-107.

[16] 陈立平, 方继伟, 干啸洪, 等. 隧道噪声传播扩散规律及其检测方案探讨[J]. 隧道建设, 2016, (12): 1442-1448.

[17] 黄俊, 虞辰杰, 张忠宇, 等. 城市隧道噪声实测与降噪措施研究[J]. 城市道桥与防洪, 2016, (4): 164-168.

[18] 史小丽, 王选仓, 贾奇英. 公路隧道内交通噪声预测[J]. 公路交通科技, 2010, (2): 147-151.

[19] 王尧, 刘岩, 杨冰, 等. 城市主要道路交通噪声测试及分布规律[J]. 大连交通大学学报, 2013, (6): 14-15.

[20] 玄东兴. 公路隧道降噪材料研究[D]. 武汉: 武汉理工大学, 2005.

[21] 杨书祥. 道路隔声屏障材料研究技术进展[J]. 公路交通科技(应用技术版), 2009, 5(6): 198-200.

[22] Shao W, Lee H P, Lim S P. Performance of noise barriers with random edge profiles [J]. Applied

Acoustics, 2001, 62: 157-170.
[23] Fahy F J, Ramble D G, Walker J G. Development of a novel modular form of sound absorbent facing to traffic noise barriers [J]. Applied Acoustics, 1 995, (44): 39-51.
[24] Jiwara K F, David C, Hothersal C K. Noise barriers with reactive surfaces [J]. Applied acoustics, 1998, 53(4): 255-272.
[25] 声环境质量标准: GB 3096-2008[S], 2008.
[26] 冯励凡. 上海新建路隧道浦西主线隔声棚设计[J]. 建筑, 2012, (2):64-66.
[27] 吕玉恒, 王兵, 金忠民. 上海中环线越江隧道口噪声治理[C]//第十一届全国噪声与振动控制工程学术会议论文集. 中船第九设计研究院, 上海新华净环保工程有限公司, 北京, 2009: 209-212.
[28] 郃惠鑫, 柳孝图. 玄武湖隧道噪声控制对策研究与实践[C]//第九届全国建筑物理学术会议论文集, 南京, 2004: 326-329.
[29] 孔祥金. 玄武湖公路隧道防止洞内外噪声的措施[J]. 公路隧道, 2005: 34.
[30] 苏交科集团股份有限公司. 建宁西路过江通道江南连接线-惠民大道综合改造工程初步设计文件[R] , 2019.
[31] 苏交科集团股份有限公司. 扬子江大道快速化改造工程施工图设计文件[R] , 2018.
[32] 高山. 城市道路下穿隧道噪声传播特性及防治措施效果研究[J]. 四川环境, 2017, 36(6): 134-140.
[33] GBZ 2. 2-2007, 工作场所有害因素职业接触限值 第2部分: 物理因素: [S] , 2007.
[34] 盛美萍, 王敏庆, 孙进才. 噪声与振动控制技术基础[M]. 北京: 科学出版社, 2001.
[35] HJ/T 90-2004, 声屏障声学设计和测量规范[S] , 2004.
[36] 陈继浩, 冀志江, 徐晖, 等. 声屏障顶部结构研究进展[J]. 噪声与振动控制, 2008, 28(6): 1-4, 12.
[37] Defrance J, Jean P. Integration of the efficiency of noise barrier caps in a 3D ray tracing method, case of a T-shaped diffracting device[J]. Applied Acoustics, 2003, 64: 765-780.
[38] 公路林带声衰减量及其应用研究[D]. 西安: 长安大学, 2009.
[39] Cook D I, Haverbeke D F V. Tree, shrubs and landforms for noise control [J]. Journal of Soil and Water Conservation, 1972, 27(6): 259-261.
[40] Fang C F, Ling D L. Guidance for noise reduction provided by tree belts [J]. Landscape and Urban Planning, 2005, (71): 29-34.

附录 A 南京市辖区声环境功能区划分方案

附表 A.1 玄武、鼓楼、建邺、秦淮四区声环境功能区划分方案

区划类别	所属行政区	片区简称	区域范围	面积/km^2
0 类区	玄武区	东郊风景片	太平门路—陵园路—灵谷寺路—青年路—紫金山观光索道—紫金山天文台—太平门路	11.3
1 类区	鼓楼区	模范马路片	福建路桥—福建路—黑龙江路—金贸大街—芦席营—童家巷—东南大学丁家桥小区西界河道—金川河—南瑞路—模范马路—广东路—新门口—福建路桥	1.6
	鼓楼区	中山路以西片	华严岗—察哈尔路—虎路北路—模范中路、康藏路—山—水佐岗—宁夏路—江苏路—山西路—中山北路—中山路—华侨路—管家桥—汉中路—汉中门外大街—城墙—石头城—城墙—华严岗	8.3
	鼓楼区	江东北路以西片	江东北路—汉中门大街—长江夹江段—定淮门大街—江东北路	3.2
	鼓楼区	幕燕风光带	永济大道—中央北路—幕府山边界—下关与栖霞边界	2.0
	玄武区	玄武湖—紫金山—东郊片	北京东路—太平花园—玄武湖边城墙—龙蟠路—板仓路—蒋王庙街—环陵公路—宁杭公路—中山门大街—中山门城墙—太平门—太平花园(扣除东郊 0 类片区)	32.0
	秦淮区	月牙湖片	中山东路—宁杭公路—白下区界向下至卫桥—万达新村—光华路—苜蓿园大街—紫金路—蓝旗街—御道街—中山东路	5.0
	小计		—	52.1
2 类区	—		玄武、鼓楼、秦淮、建邺区范围内扣除 0、1、3 类区域以外的区域	186.8
3 类区	玄武区	黑墨营片区	新庄广场—红山路—玄武区北区界—恒嘉路—华飞路—墨香路—玄武大道—新庄广场	5.2
合计				255.4

附表 A.2　雨花台区声环境功能区划分方案

区划类别	片区简称	区域范围	面积/km^2
1 类区	雨花台片	共青团路—雨花南路—雨花东路—雨花西路—共青团路	1.4
	将军山、牛首山风景区	将军山、牛首山风景区内属于雨花台区的区域	3.5
2 类区	—	全区除 1、3 类区以外的区域	104.76
3 类区	梅山冶金片	宁芜公路—板江路(双拥路)—长江边—沿江—雨花台区南界—宁芜公路	16.9
	雨花经济开发区	大江路—龙飞路—汽渡路—长江边—大江路	8.04
合计			134.6

附表 A.3　栖霞区声环境功能区划分方案

区划类别	序号	片区简称	区域范围	面积/km^2
1 类区	1	栖霞山片	北至长江，南至 312 国道，西临栖霞街	8.6
	2	幕燕风景区	幕府东路—和燕路—长江—栖霞西边界围城的区域	3.57
	3	南京师范大学、南京财经大学所在大学城	文苑路—仙境路—仙林大道—九乡河—G312—绕城高速所围成的区域	24
	4	南京大学所在的大学城	九乡河—仙林大道—毕升路—纬地路所围成的区域	9.785
2 类区	1	江苏生命科技创新园	东至元化路、南临仙霞路、西起规划河道、北至齐民西路	0.47
	2	南大科学园	地块位于元化路以西，九乡河以东，南大仙林国际化样校区以南，纬地路以北	0.298
	3	仙林软件与服务外包产业园	位于大学城白象片区鲤鱼山地块，东临毕升路，西近元化路，南靠鲤鱼山，北依齐民路	0.247

续表

区划类别	序号	片区简称	区域范围	面积/km²
2 类区	4	—	全区其余除 1、3 类区以外的区域	246.56
3 类区	1	南京经济技术开发区(新港片区)	西至兴武沟，南至栖霞大道，东抵炼西路，北至新港大道	27
	2	龙潭新城片区	七乡河至靖安东路区域	33.5
	3	新型显示产业园(液晶谷)区片	位于开发区东区中国南京液晶谷范围内，北至 312 国道、经天路，南至樟木山，东至宁镇市界，西至毕升路、江南小野田专用铁路、公路三环	13
	4	马群工业园区	东至宁芜铁路、南至沪宁高速公路、西至绕城公路、北至徐庄软件园	4.2
	5	南京经济技术开发区(东区)	东至七乡河，南至疏港大道，西至栖霞山风景区，北至长江	13.77
合计				385

附表 A.4　江宁区声环境功能区划分方案

区划类别	片区简称	区域范围	面积/km²
1 类区	—	全区除 2、3 类以外的区域	1269.41
2 类区	各街道建成区	见附表 5，共计 10 片	201.24
3 类区	江宁高新园	二期：北至 104 国道—南至规划道路—西至宁杭高速—东至规划道路(27.95km²) 三期：北至宝鼎路—南至 104 国道—西至赤乌路—东至神凤路(4.8km²)	32.75
	滨江开发区	1. 锦文路—G205—纬一路—丽水大街 2. 智慧路—地秀路—普惠路—景明大街—汤铜路—丽水大街—G205	21.6
	空港工业园	凤凰山—胜利河—诚信大道—建设路—纬八路—西环路	33
合计			1558

附表A.5　江宁区各街道划分及面积

序号	街道名称	区划范围	面积/km^2
1	东山街道	绕城高速—万安路—天元路—秦淮河—河定桥—秦淮新河—双龙大道—金盛路—宏运大道—京沪高铁—万安路	41.3
2	麒麟街道	沪宁高速—天和路延伸至明外城墙—绕城公路—明外城墙	8
3	秣陵街道	1. 秣陵集镇：欣旺花苑二期北—兴旺路—龙秣路—秣陵农行—秣陵初级中学—双龙大道—苏源达到南端—秣周中路—阳山河—双龙大道金村桥—双龙大道—正方东路—天秣路(9.07km^2) 2. 百家湖街道：秦淮河河定桥—天元中路—秦淮河大桥—吉沙嘴—新河村—双龙大道—苏源大道—将军大道—麻田路—秦淮路—双龙大道—河定桥(扣除百家湖片：双龙大道—天元西路—利源中路—胜太路—双龙大道)(57.73km^2) 3. 东善桥集镇：将军大道吉印大道口—秣周中路口—基督教东善桥教堂—东虹花苑东—东善桥中心幼儿园—丹阳大道—丹阳大道铁路口—东阁街西头—吉印大道—将军大道(7.54km^2)	74.34
4	禄口街道	禄口：将军大道—汤铜路—宁溧路—保税大道—将军南路 铜山：横曹路—石曹路—禄铜路	9.7
5	淳化街道	104国道(梅龙加油站)—新陵北路—新104国道—淳化新商业街—淳湖路临川街(X202)	13.3
6	江宁街道	江宁集镇：宁芜铁路—江宁北河—宁芜公路长兴大街—宁桥南路—宁芜铁路(3.6km^2) 铜井集镇：宁芜公路长兴大街铜井桥—铜虹街—复兴大街—宁芜公路长兴大街(0.6km^2) 陆郎集镇：陆郎桥—东虹街—汤铜路—龙坊路—陆郎中学—神山路—陆郎河—陆郎桥(0.8km^2)	5
7	汤山街道	汤泉路—沿山路—汤朋路—芋场路—林场路—汤二路	15.78

续表

序号	街道名称	区划范围	面积/km²
8	湖熟街道	1. 湖熟集镇：瑞泽路—X202—友谊路—南街—刘家庄—灵汉西街—宝塔南路—灵顺南路—河南东街—姚东后街—灵汉东街—梁台街—民族大道—S337—瑞泽路(13.65km²) 2. 龙都集镇：X303—府南街—泉都街—陵园路—东阳路—虹南路—X303(3.1km²) 3. 周岗集镇：齐尚路—同创路—集贤街—齐尚路—X101—长干路—康庄路—齐尚路(4.3km²)	21.05
9	谷里街道	板霞路—兴谷路—庆缘路—庆兴路—大谷路—邻里大道—陈塘路—正方大道	6
10	横溪街道	1. 丹阳集镇：宁阳大街—七仙街—东山大道 2. 横溪集镇：新宁丹路—吴楚路—横曹路 3. 陶吴集镇：宁丹路—桃盛路—文理路	6.77

附表 A.6 浦口区声环境功能区划分方案

区划类别	片区简称	区域范围	面积/km²
1 类区	老山森林公园	老山林场边界	80
	—	全区除 2、3 类区域以外的区域	666.38
2 类区	珠江片	浦口大道—中心大道—团结路—雨山南路—雨山西路—公园北路—龙华路—宁合公路	6.5
	顶山、泰山、沿江片	沿山大道—七里北路—七里河—点将台路—滨江大道	44.7
	东南大学校区	星火路—东大路—大桥北路—东江路	1.2
	陆军指挥学院校区	朱家山河—航家楼—沈庄—对门李—余家营—朱家山河	1.49
	舟桥旅营区	浦泗路—泰工路—朱家山河—永宁镇与泰山分界线	0.8
	南京浦口软件创新特区	三桥连接线—浦乌路—外江路—中心大道—城南河路—临江路—滨江大道	17.7
	浦口新城片	中心大道—城南河—七里河合围地块	3

续表

区划类别	片区简称	区域范围	面积/km^2
2类区	各镇中心	见附表A.7，共10片	19.63
3类区	南京高新开发区片	北至宁启铁路—浦泗路—星火路—宁六公路—永锦路	17.51
	浦口经济开发区(三桥片区)	北至绿水湾路，南至外江路，西至浦乌路，东至中心大道	1.73
	江浦街道珠江工业园	北至沿河路，南至绿水湾路，西至浦乌路，东至中心大道	3.67
	浦口经济开发区(隧道片区)	北至七里河，南至总部大道，西至浦珠路，东至中心大道	4
	浦口经济开发区(桥林片区)	北至绕城公路，南至林中路，西至渔火路，东至浦乌路	18.7
	各镇工业区	见附表A.7，共10片	14.99
合计			203

附表A.7 浦口区各乡镇中心及乡镇工业区名称及面积

序号	乡镇名称	镇中心面积/km^2	镇工业区面积/km^2	序号	乡镇名称	镇中心面积/km^2	镇工业区面积/km^2
1	桥林街道	2.64	3.3	2	石桥镇	1.68	0.4
3	星甸镇	1.82	1.5	4	乌江镇	1.21	1.69
5	汤泉街道	1.94	/	6	永宁镇	1.63	1
7	顶山街道	2.86	0.1	8	沿江街道	1.64	4.72
9	盘城街道	1.38	0.5	10	泰山街道	2.83	1.78

附表A.8 六合区各乡镇中心及乡镇工业区名称及面积

区划类别	片区简称	区域范围	面积/km^2
1类区	新华路西侧片	新华路以西，凤滨路以北，江北大道以东，平顶山路以南	9.3
	灵岩山森林公园片	公园规划红线以西，金江公路以东，山北村水泥路以南，西气东输管线以北	13.7
	—	全区除灵岩山、新华路西侧片1类区、2、3类以外的区域	1236.85

续表

<table>
<tr><th>区划类别</th><th colspan="2">片区简称</th><th>区域范围</th><th>面积/km²</th></tr>
<tr><td rowspan="5">2 类区</td><td colspan="2">新华路东侧片</td><td>平顶山路以南，新华路以东，凤滨路、经一路以北，凤凰南路、纬五路、兴达路以西</td><td>7.9</td></tr>
<tr><td colspan="2">化工园绿化隔离带</td><td>岳子河以东，长江以北，滁河以南，通江集路以西</td><td>3.3</td></tr>
<tr><td colspan="2">葛塘及中山科技园东片</td><td>经三路以北，浦淮路以东，江北大道以西，葛关路以南；马汊河以北，浦淮路以西，宁洛高速公路以南，新长路以东；宁洛高速公路以南，盘祝线以西与马汊河所连成片</td><td>11.5</td></tr>
<tr><td colspan="2">雄州中心片</td><td>宁连公路以东，雍六高速以北，机场东路以西至雄州东路以南，宁启铁路至金江公路以南至六合经济开发区北界；宁连公路以西，龙池以北与滁河所连成片</td><td>29.4</td></tr>
<tr><td colspan="2">各街镇中心</td><td>见附表 A.9，共 9 片</td><td>28.2</td></tr>
<tr><td rowspan="10">3 类区</td><td colspan="2">南钢—南化片</td><td>大丁路以南，凤凰东路以东至长江边南化、南钢、南热、南京华能电厂</td><td>13.1</td></tr>
<tr><td rowspan="6">化学工业园</td><td>扬子—巴斯夫片</td><td>高水路以西，马汊河以东，扬子石化至巴斯夫</td><td>13.1</td></tr>
<tr><td>东片</td><td>雍六公路、四柳河以南，火炬路以东，新华东路以北，方水路和芳烃南路以西</td><td>5.4</td></tr>
<tr><td>西片</td><td>规划中的外环路以南，撇洪河以东，通江河以北，长丰河以西</td><td>4.2</td></tr>
<tr><td>玉带组团片</td><td>滁河以西，长江以北，沿江高等级公路以南，通江集路以东</td><td>19</td></tr>
<tr><td>红山新材料产业园</td><td>滁河以东，康强路以北，双巷路以南，金江公路以西</td><td>3.29</td></tr>
<tr><td colspan="2">六合经济开发区</td><td>按《六合区总体规划》工业用地确定</td><td>15</td></tr>
<tr><td colspan="2">葛塘及中山科技园西片</td><td>宁洛高速以南，盘祝线及滁河以东，江北大道以北，新长线以西</td><td>36.4</td></tr>
<tr><td colspan="2">各街镇工业区</td><td>见附表 A.9，共计 8 片</td><td>17.36</td></tr>
<tr><td colspan="3">合计</td><td></td><td>1467</td></tr>
</table>

附表 A.9 六合区各乡镇中心及乡镇工业区名称及面积

序号	乡镇名称	镇中心面积/km^2	工业区名称	镇工业区面积/km^2
1	龙袍街道	6.5	龙袍工业集中区	1.4
2	程桥街道	2.8	程桥工业集中区	1.8
3	竹镇镇	2	竹镇工业集中区	0.8
4	金牛湖街道	2	金牛工业集中区	1.5
5	横梁街道	4	横梁工业集中区	3
6	冶山镇	2	冶山工业集中区	0.6
7	马鞍街道	3.4	马鞍工业集中区	3.26
8	雄州街道瓜埠片	2.5	雄州工业集中区	5
9	龙池街道	3	—	—

附表 A.10 溧水区声环境功能区划分方案

区划类别	片区简称	区域范围	面积/km^2
1类区	—	全区除2、3类区域以外的区域	831.63
2类区	永阳镇片	宁宣高速—机场路—宁杭高速—中山路—东环路—南环路—宁宣高速	77.4
	各乡镇中心	见附表 A.11，共计6片	16.56
3类区	溧水经济开发区	二干河—宁杭高铁—中山路—宁杭高速—交通路—机场路—宁宣高速—一干河—秦淮河—二干河	118
	乡镇工业区	见附表 A.11，共计6片	23.71
合计			1067.3

附表 A.11 溧水区各乡镇中心及乡镇工业区名称及面积

序号	乡镇名称	镇中心面积/km^2	镇工业区面积/km^2	序号	乡镇名称	镇中心面积/km^2	镇工业区面积/km^2
1	白马镇	2.3	5.06	2	东屏镇	3.6	2.28
3	晶桥镇	1.86	3.6	4	和凤镇	1.7	4.5
5	洪蓝镇	3	3.17	6	石湫镇(含明觉)	4.1	5.1

附表 A.12　高淳区声环境功能区划分方案

区划类别	片区简称	区域范围	面积/km^2
1 类区	城东片	新戊路、漆桥河以西，石臼湖路以东，芜太路、唐家、潘村北(无名路)以南，湖滨大道东沿线以北	18.79
	—	全区除城东片 1 类区、2、3 类以外的区域	693.93
2 类区	淳溪镇片	北岭路以南，石臼湖路以西，湖滨大道以北，官溪路、官溪河以东	6.51
	城北商务区	官溪河以东、芜太高速以南，北岭路以北，石固河以西	10.4
	城东北片	新戊路以东、芜太路以南、漆桥河以西、唐家、潘村北(无名路)以北	5.54
	各乡镇中心	见附表 A.13，共计 7 片	19.33
3 类区	高淳经济开发区	石固河以东，漆桥河以西，芜太路以北，宁高高速(高淳段)以西	42
	乡镇工业区	见附表 A.13，共计 6 片	5.5
合计			802

附表 A.13　高淳区各乡镇中心及乡镇工业区名称及面积

序号	乡镇名称	镇中心面积/km^2	镇工业区面积/km^2
1	桠溪镇区	3.46	1.07
2	固城镇区	1.66	1.17
3	东坝镇区	2.82	1.16
4	漆桥镇区	2.43	1.28
5	古柏镇区	1.52	包含在开发区内
6	阳江镇区	2.86	0.32
7	砖墙镇区	4.58	—
8	淳溪镇	—	0.5

附录 B　常用材料(结构)吸声系数表

附表 B.1　常用吸声材料吸声系数表

分类及名称		厚度/cm	背腔/cm	倍频程中心频率/Hz					
				125	250	500	1000	2000	4000
建筑材料	混凝土			0.01	0.01	0.02	0.02	0.02	0.03
	大理石、水磨石、花岗石等光滑石材			0.01	0.01	0.01	0.02	0.02	0.02
纤维材料	玻璃棉吸声板		9～15	0.30	0.75	0.65	0.60	0.55	0.65
	玻璃棉吸声板		30	0.80	0.65	0.60	0.55	0.60	0.65
	矿棉吸声板	1.2	0	0.07	0.26	0.47	0.42	0.36	0.28
	矿棉吸声板	1.2	5	0.44	0.57	0.44	0.35	0.36	0.39
	矿棉吸声板	1.2	10	0.55	0.53	0.38	0.33	0.40	0.37
	有机纤维吸声喷涂	1.6		0.05	0.16	0.44	0.79	0.90	0.91
	有机纤维吸声喷涂	2.5		0.08	0.29	0.75	0.98	0.93	0.96
	有机纤维吸声喷涂	3.8		0.15	0.51	0.95	1.06	0.99	0.98
	有机纤维吸声喷涂	5.0		0.26	0.68	1.05	1.10	1.03	0.98
	有机纤维吸声喷涂	6.3		0.41	0.84	1.05	1.07	1.02	0.99
	有机纤维吸声喷涂	7.5		0.57	0.99	1.04	1.03	1.00	1.00
	半硬质硅酸铝板 290kg/m^3	4	0	0.48	0.58	0.80	0.91	0.99	0.93
泡沫吸声材料	铝泡沫板毛坯板	0.8	10	0.14	0.24	0.48	0.48	0.34	0.43
	铝泡沫板，表面喷涂	0.8	10	0.14	0.29	0.48	0.53	0.38	0.43
	阻燃聚氨酯泡沫塑料吸声板	1	10	0.11	0.29	0.72	0.74	0.73	0.82
	阻燃聚氨酯泡沫塑料吸声板	2.5	10	0.17	0.56	1.13	0.80	1.17	1.27
	阻燃聚氨酯泡沫塑料吸声板	5	10	0.47	0.87	0.94	0.90	1.12	1.21
	阻燃聚氨酯泡沫塑料吸声板	7.5	10	0.60	0.97	1.16	1.26	1.29	1.29

续表

分类及名称		厚度/cm	背腔/cm	倍频程中心频率/Hz					
				125	250	500	1000	2000	4000
泡沫吸声材料	吸声砌块	4	5	0.38	0.51	0.37	0.34	0.46	0.72
	吸声砌块	4	10	0.76	0.34	0.29	0.42	0.51	0.67
	镁水泥泡沫吸声板	5	10	0.81	0.53	0.62	0.72	0.86	0.96
	泡沫陶瓷	4	10	0.16	0.48	0.69	0.53	0.74	0.89
吸声材料颗粒	珍珠岩复合板	3.5	10	0.28	0.85	0.90	0.84	0.64	0.83
	珍珠岩蜂窝板	5	5	0.13	0.43	0.81	1.01	0.96	0.91
	耐高温陶瓷颗粒板	2	10	0.43	0.89	0.89	0.61	0.73	0.88
	耐高温陶瓷颗粒板	2	15	0.49	0.95	0.81	0.50	0.68	0.92
	耐高温陶瓷颗粒板	2	20	0.51	0.85	0.70	0.57	0.68	0.90
	砌筑膨胀珍珠岩吸声砖勾缝	11		0.43	0.50	0.51	0.53	0.69	0.81
	砌筑膨胀珍珠岩吸声砖未勾缝	11		0.50	0.56	0.61	0.50	0.69	0.89
	微孔陶土吸声砖	9.5		0.41	0.60	0.55	0.63	0.68	0.75

注：由于测量过程中边缘效应等因素的影响，材料吸声系数≥0.95 时均按 0.95 取值。

附表 B.2　穿孔吸声结构吸声系数表

名称	厚度/mm	穿孔率/%	背腔/cm	倍频程中心频率/Hz					
				125	250	500	1000	2000	4000
单层金属微穿孔板	0.8	1	200	0.28	0.67	0.52	0.42	0.40	0.30
	0.8	2	150	0.18	0.43	0.87	0.32	0.33	0.34
	0.8	3	200	0.19	0.50	0.45	0.35	0.36	0.18
石膏板，板后贴桑皮纸+50mm 厚吸声面	9.5	8	5	0.17	0.48	0.92	0.75	0.31	0.13
石膏板，板后贴无纺布+50mm 厚吸声面	12	8	50	0.14	0.39	0.79	0.60	0.40	0.25
穿孔 FC 板，板后贴吸声无纺布	5	18.5	20	0.72	1.08	0.92	0.52	0.64	0.52

注：由于测量过程中边缘效应等因素的影响，材料吸声系数≥0.95 时均按 0.95 取值。